非物质文化遗产

# 小架梅花桩拳

玉昆子 / 著

神拳梅花桩系列丛书
（一）

养生之道

华夏出版社
HUAXIA PUBLISHING HOUSE

图书在版编目（CIP）数据

小架梅花桩拳: 养生之道 / 玉昆子著 . -- 北京 : 华夏出版社，2017.10（2018.2 重印）
（神拳梅花桩系列丛书）
ISBN 978-7-5080-9248-5

Ⅰ.①梅…  Ⅱ.①玉…  Ⅲ.①梅花桩－套路 ( 武术 )   Ⅳ.① G852.191.9

中国版本图书馆 CIP 数据核字 (2017) 第 174547 号

版权所有，翻印必究。

## 小架梅花桩拳——养生之道

| | |
|---|---|
| 著　　者 | 玉昆子 |
| 策　　划 | 陈小兰 |
| 责任编辑 | 增　慧　陈小兰 |

出版发行　华夏出版社
经　　销　新华书店
印　　装　三河市兴达印装有限公司
版　　次　2017 年 10 月北京第 1 版
　　　　　2018 年 2 月北京第 2 次印刷
开　　本　710*1000　1/16 开
印　　张　19.25
字　　数　320 千字
定　　价　59.00 元

华夏出版社　地址: 北京市东直门外香河园北里 4 号　邮编: 100028
　　　　　　网址: www.hxph.com.cn　电话: （010）64663331（转）
若发现本版图书有印装质量问题，请与我社营销中心联系调换。

韩氏讳其昌公画像

玉昆子奉茶图

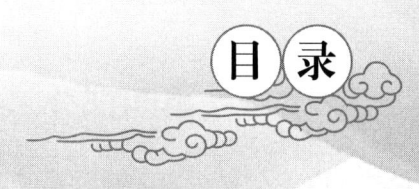

# 目 录

序 / 001
前言 / 001

## 第一部分　小架梅花桩拳的历史、文化和新规

第一章　小架梅花桩拳的渊源与发展……………………………003
第二章　梅拳的尊师重道文化……………………………………029
第三章　小架梅花桩拳新规………………………………………038

## 第二部分　静功练习法及理论

第四章　静功练习原理及注意事项………………………………045
第五章　八段锦功法练习…………………………………………053
第六章　道家周天功法……………………………………………065

## 第三部分　动功练习法及理论

第七章　金钟罩、铁布衫与十三太保功…………………………077
第八章　动、静兼修的养生原理…………………………………095
第九章　小架梅花桩拳里的养生之道……………………………101
第十章　小架梅花桩拳练习法……………………………………108
第十一章　小架梅花桩拳里的经络学及其养生作用……………221

## 第四部分　梅拳内修及武道观念

第十二章　小架梅花桩拳与道家、医家的关系……………………………… 233

第十三章　何时习武为宜及练梅拳五忌………………………………………… 245

第十四章　古人的天人合一观和小架梅花桩拳拳理…………………………… 264

第十五章　以武入道……………………………………………………………… 274

第十六章　修德与养生及搏击的关系…………………………………………… 281

# 序

　　我受邀为神拳梅花桩拳系列丛书作序，开篇却忍不住先讲一些做父亲的感慨。本系列丛书的作者是我的儿子，他为武术而生，是把武术浇铸在灵魂之中的又一代辛勤耕耘的武术人。

　　韩超幼年就跟随在爷爷韩其昌先生的左右，整个童年和青少年时期都得到爷爷的言传身教。爷爷手把手地指点他拳脚，并给他起名为韩玉昆，意为昆仑山上的一块美玉，梅花桩拳属于昆仑派，这算是爷爷对孙子的一种期盼吧！

　　韩超很珍惜这段时光，用他的话说："我要做我爷爷的武术生命的延伸。"他从小练武不怯场，越是人多发挥得就越好。每当爷爷带着他在公园广场上练拳时，围观的人都会被他小小年纪那像模像样的拳脚架势吸引，向他投来赞许的目光。随着年纪的增长，他武术的"根须"吸收着家学源泉，我在一旁仿佛能听到他筋络舒展的咔咔声，感觉到他的血液中不断拓展的习武激情。

　　不偏私地说，韩超是当代优秀的武学人才。他最难能可贵之处在于他的广学，并能融会贯通，深挖整理，发掘武术中的武道精神。他先后系统地学习了太极拳、形意拳、戳脚、小架梅花桩拳⋯并在这些领域做了专项研究。他即将出版的神拳梅花桩系列丛书将展现了他对小架梅花桩拳多年来的理解。

在神拳梅花桩系列丛书中，《小架梅花桩拳——搏击之术》细致地说明了本门武术在搏击中的各种妙用，《小架梅花桩拳推广教材——段位考评细则》一书，则是他为更好地推广小架梅花桩拳，而重新编排撰写的。这些书不但在文字上有详细的呈现，更附有丰富的图解照片，凝聚了他的心血，是难得的武学大作。

令我尤其高兴的是这个系列中的《小架梅花桩拳——养生之道》一书。它深刻地回答了修习小架梅花桩拳为什么能够提升人类的生命质量，将小架梅花桩拳从拳脚技法，提升到"人与自然""天人合一"的高度。

《养生之道》着重阐述了梅花桩拳是挑战现代病癌症、心血管疾病和脑血管病这"三大杀手"的最有效的手段之一，同时还以"松、静、通、意、气、神"六字阐释了小架梅花桩拳在健身养生方面的独特功效。本书不仅详尽地阐述了它的理论与实践，同时还论述了它与道家和传统中医学的千丝万缕的联系，让人们从更高的视角全方位地认识小架梅花桩拳。他把它的功用概括为"五身"：健身、修身、医身、乐身和防身；其理论体系梳理为"五学"：哲学、力学、中医学、兵学和美学。"五身"与"五学"简明扼要、精辟难忘。——看到小超这样为小架梅花桩拳呕心沥血，我为他感到骄傲与自豪。

韩超现任北京梅花桩拳研究会长。他把重心放在传统武术的传播与研讨上，这是一件好事。作为父亲我希望他成功。他投身于武术研究的热忱，来自祖父韩其昌传递的武术魂：于武术，我可以燃烧，在地上成炭，在地下变煤。因为身为韩其昌的子孙、身为小架梅花桩拳的传人，将中国国术精粹小架梅花桩拳沿袭传承、发扬光大，是我们韩家永生永世不可抛弃也无法抛弃的责任。

希望大家能支持小超，阅读神拳梅花桩系列丛书，更希望广大读者能来学习小架梅花桩拳，一同将它发扬光大，振奋我们的民族精神。

小架梅花桩拳传人　韩建中

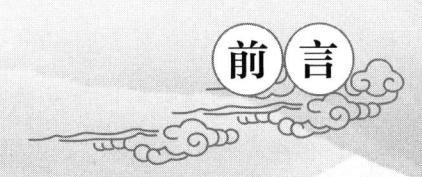

# 前言

中华武术经过几千年的演变,已形成博大精深的武文化体系。目前武术家的目的只有一个,就是想方设法地培育德艺兼优的武术人才。他们不仅功力浑厚,而且品德高尚,能让传承几千年的武术源远流长。所以,武林界在注重培养内力及搏击技巧的同时,更注重德育及自身修为的培养。小架梅花桩拳就是这样育人的。

功和拳是分不开的,(这里所指的功是指内功与外功并练所养成的能瞬间调动一切能量外发制敌的功夫。)有些人偏重功法,有些人则偏重打法。只练功不练打法,会因打斗技巧及经验的不足,导致自身的运动知觉不灵敏,不能使自身功力得到及时的调动与发挥,行家称这为死拳;只重打法不练功,会得不到瞬间调动一切的能量,在搏击时再好的招法也是无用的,没功力打不倒人。在武术界,老师在传授拳法时,都会提醒自己的学生要下功夫。若不下功夫苦练,到头来也只能是徒有空法骗己而已。俗话说:"练武不练功,到老一场空。"内功修炼是离不开道家的内养之术的,内养之术是对生命的养护及提升,是一个完整的炼养体系,而武术里的内家拳就是把这种炼养体系,逐步演变为内家拳独有的拳术特色。

小架梅花桩拳法含有阴阳变化、五行相生相克之理,步法是其精华所在。习练者"走如风,站如钉,拳似流星,眼似电,进之则长,退之则促,随东就西,声左则右"。这不仅是单纯地训练搏击之术,更是训练人们的阵法、兵家思维,如此练拳怎能不启迪人的智慧、开发人的心灵呢?

祖父常说:"不怕千招会,就怕一招灵。"练了很多功夫、招式,最后到了运用就是一两下,但是这一两下绝对是最适合自己的,这就要选出实用有效的、适合自己的那几招认真加以练习,久之自然就灵了。祖父还讲"一树开花满树红,后来结果几个成。可惜无才终无用,可叹奇才不多生",意思是要想当武术里的奇才就跟着师父认真刻苦地去练，除此别无他法。

习武者要想达到好的练功效果，就必须牢牢掌握好练功的时间和锻炼的节奏。什么样的时间练功最佳呢？这是练功者必须掌握的知识，本书也着重写了这个问题。还有四时行功加减论，如春、夏、秋、冬四季气候的变化是生物生长、收藏的重要条件之一，但有时也会成为生物生存的不利因素。在四时的气候变化中，气候变化的不同，人的气血及体内阴阳也会随之发生不同的变化，所以练功要掌握其规律，否则便会对身体造成伤害。所以习武者懂得四时行功加减论后再练功效果会好些。祖父说："练功要紧了崩，慢了松，不紧不慢才成功。"大家要注意这一点，不要练伤自己。

生命是美好的，所以人们不停地去研究并追求所谓的健康长寿。秦始皇曾派遣徐福率领五百童男童女去海外寻找长生不老药；汉武帝也曾追求过长生，虽然他们没有成功，但追求长生的精神是可贵的！现代人都已明白生命是有终的，所以他们不再奢求什么长生，但是延年益寿的想法还是有的。在有生之年健健康康地活着，也算是人生的一大美事了。这种想法通过正确的武术锻炼是能办到的。

长期的武术锻炼，自然能起到强身健体、益寿延年的作用。这是因为在习武的过程中是内外兼练的，在外练筋骨皮的同时，还在内练一口气，这就形成了"养"与"练"的巧妙结合，能让习武者的身体由内到外发生变化。所以，武术的内外兼练，也是武术区别于其他体育锻炼形式的重要标志。但武术内外兼练的本意还是为了搏击。平时内外兼练使得内气充盈，不怕踢打，具备抗击打能力，在搏击中以意运气，以气运力，将真气外放来制敌。倘若把武术单纯地搞成健身运动，或单纯的心理修炼，这就必然失去武术的本来面目。武术是研究如何打人的一种艺术，所以各门派在传授武术功夫的同时制定了许多戒律门规，用来约束习武者的行为，并以武德来衡量习武者的思想品质。这就形成了武术特有的武德文化。

为什么要习武？习武到底为了什么？是为了强身健体，防身自卫，还是为了寻得工作，或者是能在江湖上行侠仗义？这些习武的理由似乎都成立，但是，其中缺少精神层面的内容。习武若缺少精神层面的升华，最终会步入歧途！

人是由肉体与精神两大主体组成的。良好的身体素质，是享受健康生活的基

础,而能让精神健康并练出神色具可伤人的地步才是习武者要的。武术前辈练武是通过练习武术里的动功与静功来修炼自己,达到精神与肉体的统一,也就是内形的"真我"(元神、识神、魂、魄、意、志等),待修炼完整后,所形成的真形再与外形的"假我"肉身相统一,最终合于道。内家拳管这叫形形相合,练内家拳不懂这些何称内家!

有人讲我不懂什么是魂、魄,老师从来没教过。听后我很为他们惋惜。魂魄是道家和中医的基本概念,医家讲:"不知魂魄,何谈中医!"魂魄在西方叫灵魂,他们认为灵魂与肉体的关系就有点像肉体与衣服的关系。一个肉体可以有套衣服,衣服坏了肉体还在;一个灵魂可以有肉体,肉体死了灵魂还在。肉体只会阻碍灵魂的发展。因为肉体会饿、会累、会生病……,但灵魂不会!追求灵魂方面的修行是道教界所倡导的。葛洪在《抱朴子》中说:"人无贤愚,皆知己身有魂魄,魂魄分去则人病,尽去则人死。"神有天神和人神,道家认为二者是一个,二者相互感应,故能天人合一。《说文解字》中讲:"天神,引出万物者也,从示申。"示是"天垂象,见吉凶,所以示人也。从二三垂,日月星也。观乎天文,以察时变。示,神事也。凡示之属皆从示"。申是引申、延伸的意思,人以及人神是自然的产物,为神所引申。《灵枢·本神》讲:"天之在我者德也,地之在我者气也,德流气薄而生者也。"个体的人以及人神是父母之精结合的瞬间诞生的。《灵枢·本神》又说:"故生之来谓之精,两精相搏谓之神。随神往来者谓之魂;并精而出入者谓之魄。"来自父母的精也就是说精子和卵子结合的一瞬间,新生命的"神"就诞生了。

《灵枢·天年》讲:"血气已知,荣卫已通,五藏已成,神气舍心,魂魄毕具,乃成为人。"神又分先天的元神和后天的神,神可以细分为魂、魄,魂随着无形的神气运动,魄则伴随着有形的精出入。《人身通考·神》中说:"神者,阴阳合德之灵也。惟神之义有二,分言之,则阳神曰魂,阴神曰魄,以及意智思虑之类皆神也。"又说:"盖神之为德,如光明爽朗,聪慧灵通之类皆是也。魂之为言,如梦寐恍惚,变幻游行之境是也。神藏于心,故心静则神清。魂随乎神,故神昏则魂荡。"

《灵兰秘典论篇》讲:"心者,君主之官,神明出焉。"心藏神是指白天的时候，魂魄皆藏于心（囟）中，胸腔之内，膻中两侧有神封、灵墟、神藏三穴，颅顶有本神、百会（百神之会）两穴；到了夜间，魂入血，藏于肝休眠，魄司职，藏于肺，故在背俞穴肺俞旁有魄户，肝俞旁有魂门。

孔颖达先生说："魂魄，神灵之名，本从形气而有，形气既殊，魂魄各异。附形之灵为魄，附气之神为魂也。附形之灵者，谓初生之时，耳目心识、手足运动、啼呼为声，此则魄之灵也。附气之神者，谓精神性识渐有所知，此则附气之神也。"魂控制无形的能量、信息、思想、意识、情绪、情感、智慧；魄控制有形的身体，影响人的知觉、饥渴、需要、冷暖、排泄等诸多本能的神。可以粗浅地说，魂是脑和心的功能，魄是脊髓的功能。医家曾做过这样一个实验。先用钢针从椎空捅进青蛙的脑袋，把大脑破坏了，再把浸泡有浓硫酸的小纸片放到青蛙的肚子上，这时候已经死了的青蛙蹬动双腿，往下拨拉烧灼自己的纸片，这就是典型的魂去魄在。

汪蕴谷在《杂症会心录》中指出："人之形骸，魄也。形骸而动，亦魄也。梦寐变幻，魂也。聪慧灵通，神也。分而言之，气足则生魂，魂为阳神，精足则生魄，魄为阴神。合而言之，精气交，魂魄聚。其中藏有真神焉，主于心，聪明知觉者也。若精神衰，魂魄弱，真神渐昏。"人们常说的锻炼体魄、培养魄力，是从物质层面上说的。其实人通过锻炼，可使"聪明知觉者也"，也就是内在的感知力增强。跟随我练过拳的学生曾说，他练拳最大的收获是本能反应增强了，他的出手动作比别人快很多。这其实就是神足了。

道家细分魄为七魄，即尸狗、伏矢、雀阴、蚕贼，非毒、除秽、臭肺。医家讲："想了解魄的功能，观察一下人睡觉就可以了。"正常人睡觉时，呼吸是均匀的，心跳也正常；伤魄或落魄的人则会打鼾、憋气，甚至会呼吸、心搏骤停。正常人睡觉时肠胃仍然在消化，头天晚上虽然吃得很饱，但早晨起来会觉得饥饿；反之就会出现食积不化、嗳腐吞酸、口臭咽干的症状。正常人睡觉时小肠在泌别清浊，膀胱在贮存尿液；反之就会出现遗尿、起夜。正常人在沉睡之中是知冷热的，会热蹬被子，冷加覆盖，当人不知冷暖，受寒凉邪风之袭时，就是魄擅离职守了。睡梦之中人有惊觉、随时觉醒，这是魄的功劳；睡死过去、梦魇不醒，或者警惕过度、睡眠浅显，这是魄的问题。

要想了解魂的功能，观察人的精神、情绪、情感、智慧，以及晚上的梦境就够了。道家细分三魂为胎光、爽灵、幽精。胎光就是生命之光，故称神明，是人最宝贵的。所谓黯然神伤者，就是胎光晦暗，人就会出现抑郁，满脸灰色，人会了无生趣，甚至求死。若失胎光，就是所谓的行尸走肉，虽然身体仍然存在，也有思想意识，但是在道家和中医眼里已经是死人一个。胎光是人的生命力和自愈能力的源泉，医家判断可治不可治的标准是看有神无神。胎光泯灭，就是司命之所属，扁鹊、华佗也无能为力。爽灵就是人们常说的聪明、智慧。灵是有沟通天地之鬼神的功能的，也就是人们常说的直觉、第六感。灵的繁体字写做靈，是巫师念动咒语、祈求下雨的意思。人之神沟通天地之鬼神谓之灵应、灵验。国人话中的灵不灵也是此意。人们常说的灵魂，本义就是单指三魂之中的爽灵。小孩子聪明伶俐也就是天赋爽灵出色，弱智的孩子要么是丢了爽灵，要么是爽灵发育不良。腧穴中有灵台、灵道、青灵三穴，是提高智力的要穴。幽精相对低调、冷静，是控制人体性腺、性器官、性取向、性高潮的关键。女子十四岁或男子十六岁天癸至，来月经或出现遗精，就是幽精在发号施令。同性恋、恋物癖、裸露癖、异状癖、兽交、恋童等等，都与先天的幽精有密切的关系，当然也受三至七岁时后天环境的影响。人成年以后幽精已经定型，想变也不可能。当然情爱也出自幽精，是精神享受的范畴。

医家认为男人看见异性，就非常兴奋，瞳孔放大，这是魄的反应，未必触动心神，只有同所爱的人性交，才会有愉悦的享受，才是触动幽精。很多人找妓女性交或者手淫以满足身体欲望，但事后感觉悔恨、内疚，就是魂伤神伤的表现。医家还认为精气不足是神明泯灭的根本原因，所以本书将描述积精累气与身体健康之间的关系。

三魂夜晚藏于肝，本当静养休息，但是如果各种原因搅扰神魂，就会出现魂不附体，出现难以入睡、早醒的症状，或魂魄飞扬，出现多梦浅睡的问题。有人整夜无眠，睁着眼睛到天亮，时间长了就会痛不欲生，但求一死。其实这是魂魄不得交替、有动无静所致，所以静功的练习是对魂魄有滋养作用的。

医家认为伤魂之最，莫过于情绪和情感刺激。《灵枢·本神》曰："肝悲哀动中则伤魂，魂伤则狂，妄不精，不精则不正，当人阴缩而挛筋，两胁骨不举，毛悴色夭，死于秋。"张仲景在《金匮要略》中有"邪哭使魂魄不安者，魂魄妄行，阴气衰者为癫，阳气衰者为狂"之说。养魂之法全在养心："恬淡虚无，真气从之，精神内守，病从何来？"平时还要增强心包的功能，使心安而不惧。已经失魂者，古有招魂的法术，现代人很少知道和相信。中医使用艾灸神阙，针刺神门、人中等办法也能快速回神。

伤魄之最，莫过于纵欲无度，所以欲要有节制。《灵枢·本神》又曰："喜乐无极则伤魄。"养魄之道全在调息，魄藏肺中，有意识地掌握呼吸方法，调节呼吸的节奏，有利于安抚及滋养魄。如何调吸将在有关八段锦功法的章节里讲述。肛门又称魄门，有意识地做提肛动作及站小架梅花桩也是存魄的好方法。

小架梅花桩拳的前辈就是用练形以养神、用神以领形的方法来达到神形合一的。所以小架梅花桩拳是修炼身心的好功法，它是一种把精神意识在身体上用物质体现的拳法，在拳法姿势的动静互换中用意引身行，身随意转，以神来驱动肉身的变换，来达到虚灵独存，真气在周身内外激荡回旋的。这种练法还能让身体在出汗的同时，扫除思想上的忧患，使思想能默对长空、悠扬自得，使其习练者真正达到其乐无穷的状态！

一个称得上完美的习武者需要有涵养及好的品质。习武者应该有正直善良、心怀勇气、扶助弱者、严于律己、以和为贵的品质。这些好的品质是如何养成的？习武练拳是对肉体的锤炼，可以从弱不禁风到健步如飞，可以从手无缚鸡之力到能自卫防身，但一个好的心理素质如谦和、善良、勇武等，才是一个习武者要拥有的品质，拥有这些品质才能对人生有百益。习练武术的真正魅力其实就在于如何形形相合具有一身的功力及如何培养完美的品质上。其他诸如钱财、名利等皆是身外之物，是不要特意去追求的。所以我认为习武就是一种修行，就是一种能让自己的人生变得更加美好的修行方式。我写了一首《练真功—七古》：梅拳变换阵法精，五势开合气弘浓。僧门道宗源自古，凭此可把天梯登。练小架梅花桩拳的朋友们应视习武如修行，要以尊师重道、行善积德为自己的行为宗旨，这样才能不落武夫之名！

再者，武术是要学会如何放松的，而放松不是压腿、拉筋这么简单。放松是训练出来的，小架梅花桩拳里的桩法就是最好的放松训练法。这种通过桩法训练

出来的松是相对而言的,是讲松而不懈、紧而不僵,站桩时要心与意合、意与气合、气与力合,当小架梅花桩拳练到一定功夫时是不怎么感觉累的。练完小架梅花桩拳时全身是松弛的,很舒服!习练过小架梅花桩拳的人都知道"要把骨髓洗,先从站桩起"的话,大家可别小瞧了这个站桩,"万动不如一静,万练不如一站"。站桩是一种法门,能调动全身的气机,促进气血的流通。站桩既能保养心神,又能锻炼形骸;既能健强脑力,又能增长体力。

还有一个现象,就是人在年轻时,一般下焦比较实,上焦比较虚,上焦是指心与肺,下焦是指肾及膀胱等。上虚下实,元阳充足,头目清醒,人就充满了活力,这就像晴朗的天空一样,天上风轻云淡,地面绿树成荫。然而到了老年,人会渐渐地变为下焦虚,下虚上实,头重脚轻,人就会昏昏沉沉。所以,医家认为上虚下实是身体健康的标志,上实下虚则是病态的表现。

人为什么会上实下虚呢?这是因为气的流动不通畅,气都集中在上部,不下降,下面当然虚了。天地是个大宇宙,人体是个小宇宙,人体的法则是遵循天地的法则的。天地之间清气上扬、浊气下沉,人体之内也应该清气上升、浊气下降。要让上焦的心肺之气降下来,必须先要让下面的肾及膀胱之气充实才行,充实下焦的方法之一就是站小架梅花桩。

站小架梅花桩,关键是一个桩字,桩就是要让身体的下半部分稳定下来,要有生根之感。当你在站小架梅花桩时,头顶着天,脚踏着地,身体好似有了根,体内的气机在站小架梅花桩的过程中自会慢慢地回归原位,该上升的上升,该下降的下降,清气上升,浊气下降,时间一长,身体就恢复到上虚下实的状态。祖父讲"把握阴阳,呼吸精气,独立守神,骨肉若一,故能寿蔽天地……"

关于梅花桩拳,在民间有一种说法:"一年四季春为首。梅花是春天最早开放的花朵,所谓'桃未芳菲杏未红,冲寒先已笑东风。'梅花拳以梅花来命名,就是因为它历史悠久,经历了许多风风雨雨,能战严寒、傲风雪。"而且几千年来的实践证明,练梅花拳是补充元气最好的方法之一。元气充盈以后,人就会身强力壮,具有抵抗一切疾病的能力。一些体弱多病之人,通过站桩也一样能从中获益。站桩不仅可以疏通经络,调和气血,使阴阳相交,加速新陈代谢,还可以加强各脏器、器官以至细胞的功能,对许多慢性病都有很好的疗效,如高血压、心脏病、糖尿病、肥胖症、高血脂症、痛风等。本书已将着重描写练梅花拳能治疗上述疾病的原理。

　　写作这部书的初衷就是希望读者在习练梅花桩拳的过程中，能强健体魄、磨炼意志、增长智慧、提升自己的素质，顺天应道地做一个完美的习武者，若您能够如此本人就知足了！

# 第一部分

小架梅花桩拳的历史、文化和新规

# 第一章

# 小架梅花桩拳的渊源与发展

梅花拳是干支五势梅花桩的简称，又叫花拳、梅拳、父子拳等，因有些技法在桩上练习而得名梅花桩拳。据《梅拳秘谱》记载："五势梅花桩为昆仑派。昆仑派祖师化名云盘老祖，在西域天盘云程孝县清静宫玄金殿传道授拳。"梅花桩拳创始人住在西域的昆仑山上，那里满山遍野都是梅花，金碧辉煌的宝殿掩映于梅林之中，一派梅园仙境气象。传说云盘老祖在下山传授拳法时，漫山间梅花须臾怒绽在大道两旁，朵朵梅花皆对应着世间的每个弟子，保佑他们健康长寿、事事如意。梅花拳弟子亲如兄弟，他们互相帮助，像一家人一样的生活。

祖父讲："梅花桩拳属僧门道派，在家为僧门，出门为道派，属于道教全真龙门派一枝。梅花桩拳是在长方形拳场上按照套路，每步一桩，约栽桩百根，每根桩为三四寸粗，人在高于地面的木桩上进行练习。"这种练习方式源于古代战场。过去打仗经常野外行军，当大军在野外扎营时，为了防备战车及骑兵的冲击就得依地势立木桩来加以防范。光有木桩不行，还得有士兵在桩上及桩下进行防守，故有这种技法传承下来。过去，在桩上练习的梅花拳为走桩练习法，习练者如果注意力一分散就会从桩上掉下来，因此在桩上行进时需要注意力高度集中。到了清乾隆年间，梅花桩拳开始有了较大的改变，由此小架梅花桩拳诞生了。

随着时代的变迁，因为栽桩练拳费钱、费时、费力又占用很大的地方，所以渐渐地由桩上演练改为地上练习，其套路风格及招式发生了根本的改变，由原来的走桩练法变为站桩练法，五势姿势不但要求横平竖直还要保持三四口呼吸不变，以此来加强底盘功夫。行步的打法也改变了，增加了小八方、中八方、大八方等的搏击方法及四门兜底阵法，其实战性更强了。目前的小架梅花桩拳在演练桩步五势时是左右对称的，宛如盛开的梅花，它的行步"三法、四门、大换头"犹如梅花枝干相连，所以被称为落地干支五势梅花桩。

## 一、梅花桩拳起源说

关于梅花拳的起源,历来说法不一,大致有以下几种。

### 1. 起源于开天辟地之时

1993年韩建中教授在河北广宗县调研梅花拳时,曾遇到十三代王孟庚。王老反复强调梅花桩拳乃开天辟地已有之,以吟诗一首为证:"先有武当后有天,俺比武当还占先。开天辟地治世界,留下树木共山川。"

### 2. 起源于西周

据梅花桩拳的内部经卷记载:周昭二十五年,古佛生焉,居伯阳后,占仲尼先。祖师化名云盘,住昆山传拳,所以梅花拳在民间有属昆仑派的说法。传说云盘老祖创造了两种拳法,一为"八卦",二为"梅花拳"。其中八卦为行路拳,梅花拳为看家拳。有"出门合八卦"、"回家踏梅花",又有"东昆仑八卦神掌、西昆仑梅花神拳"之说。

### 3. 起源于春秋战国时期

在民间有梅花桩起源于春秋战国时期之说,为著名军事家孙武子创编,故称武子梅花拳。还有的说起源于公元前447年,创始人为王秋白。

### 4. 起源于秦汉时期

起源于秦汉时期的说法大致有这几种。

据《梅拳秘谱》中载:梅拳之始因久远而不可知,传秦汉时已有之。有的据《后汉书》认为汉时已有练梅花桩者。另据民间所传,梅花拳六次重大变革的第一次变革为公元前213年,由七位结义兄弟创拳定名为七兄弟梅花拳。

### 5. 起源于宋朝时期

流传于浙江、河南的部分梅花拳师称梅花拳起源于宋朝杨家,以练内外五行著称。梅花拳的兵器歌诀里云:"杨家花枪扎得凶,大宋驾前称英雄。手持三节棍一根,大宋堂前镇乾坤。"他们认为传至民国初期已80多代。

### 6. 起源于明末清初

有两种说法:一种是为纪念崇祯,组成梅花门反清复明。相传明末李自成攻陷北京,崇祯皇帝在煤山上吊身亡,一些明朝遗老为反清复明,组成秘密组织梅花门,将煤山之煤易为梅,正好梅字早期写法为楳,与煤字偕音并字近,以示纪

念；一种是明万历年间，江苏徐州铜山县小尖庄的百姓偶遇一僧人才学得此门绝艺。

以上这六种起源说法是各地梅拳弟子所传。不过，还需梅拳弟子及社会各界学者共同努力来加以研究考证才行。目前梅花拳的谱系只有自明末清初以来流传、记载得较为清晰，可信程度较高。

## 二、韩建中先生研究的梅花拳变革史

据《梅花拳秘谱》载："夫我国拳术派别之众百有余门矣，但溯其源泉则一也。盖学者侧重于身体之一部，而展其所长另创一家，而门派生焉。迄今犹能保持原有状态俱存者，仅梅花拳耳。"这就是说，在众拳派中，最早创拳者只是改变其拳术的一部分而自立门户，根本就没有继承它的全部。而梅花拳则不同，在长达3000年的梅花拳史上，虽然经过几次较大的变动，至今仍然保持着拳术的精髓和原貌，这真是我国武术界的一大奇迹！它的每一次变革都使它更加完善。

### 1. 第一次变革

具体时间不详。当时有七人：董法利、关凤龙、于进海，河北省平乡县人；杨天峰、江海青，河北省曲周县人；刘进玉、张玉峰，山东省泰安黄家岭村人。这七位先师写拳谱、拳书、拳规传于后人，书名叫《七星花拳》。

### 2. 第二次变革

是在唐贞观十七年，梅花拳第二大谱形成。有十二位先师在河南嵩山少林寺立足，他们是关青玉、杨玉海、王金停、张建才、张建生、吴世江、吴风芩、王纪论、江玉凤、杨忠、马金华、孙可升。这十二位先师修书写成拳谱、拳规传于后人，书名叫《梅花·杆枝梅》。

### 3. 第三次变革

王重阳在梅花桩拳的基础上创立"全真教"，在昆嵛山收马钰、谭处端、刘处玄、丘处机、王处一、郝大通、孙不二为徒，称"全真七子"。

据记载，周伯通历史上确有其人，而且和王重阳相交甚密，但真实的周伯通却不是全真教教徒。周伯通是宁海洲人氏，当地的土豪，文武双全，属于上流精英人物。王重阳在宁海洲传道的时候认识了周伯通，受到了周伯通的资助和支持，周伯通还捐出了整栋豪宅，让王重阳居住传道。周伯通不但利用人脉关系协助王重阳传播教义、广收信众，还帮他在当地创立了"金莲会"这样一个组织，并自任会长。王重阳也是因为有了周伯通的大力支持，才站稳了脚跟，并顺利地收到了第一个大徒弟马钰，马钰就是周伯通交际圈里的人。周伯通担任会长的金莲会这样的组织，在当时的民间有很多，会长都是民间意见领袖，而非全真教中人。

全真教祖王重阳仙师创立全真教之初，即以"性理"学说融贯三教，认为道家之清静无为、释家之禅定、儒家之真实无妄，三者均可使人在精神上达到超脱之目的。关于三教合一的思想，王重阳仙师有一首诗写道："儒门释户道相同，三教从来一祖风，悟彻便令知出入，晓明应许觉宽弘。"王重阳仙师也是文、武举子出身，他传授给弟子的不光是丹法及武术，还教授弟子道家思想及做人的道理。

全真七子中真正把梅花拳发扬光大的只有丘处机仙师。他把佛、道、儒文化融入到梅花拳中，改变了王重阳"不入仕途，自放草泽"的初衷。他和周伯通、郭靖等爱国将士在襄阳城拒敌，成为梅花拳史上第一次爱国运动的倡导者和参与者。丘处机仙师还是"龙门派"的始祖。丘处机卒于公元1227年，享年79岁，葬于北京白云观，留有一首五言绝句："道德通玄静，真常守太清。一阳来复本，合教永圆明。至理宗诚信，崇高嗣法兴。世景荣惟懋，希夷衍自宁。"明万历年间，师祖张三省将这首五言绝句作为梅花拳的排辈宝号。

乾隆年间，小架梅花拳祖师张从富和北京白云观主持首明道人又将丘祖这首五言绝句合续至一百字，从此有了小架梅花拳的百字排谱，他们加了："微修正仁义，超升云会登 。大妙中黄贵，圣体全用功。虚空乾坤秀，金木性相逢。山海龙虎交，莲开现宝身。行满丹书诏，月盈祥光生。万古续仙号，三界都是亲。"共六十个字。从张从富祖师开始，梅花桩弟子就用这一百个字的宝号排辈了。而自张三省往前是用什么辈谱传承的，目前还无法考证。

不过，这个说法只是梅花拳门内所传，我查阅了大量有关白云观的记录，均未查到首明道人。而且，祖师张从富与白玉观住持首明道人整理百字排谱一事，只是梅花拳门内所讲，白云观的记载里均无此说。不过，梅花桩拳师祖张三省在明万历年间开始用这首五言绝句排辈，却是不争的事实。这应该是当时梅花桩拳与道教龙门派有一定的渊源才会有的现象，只是如今没有寻到证据而已。

4. 第四次变革

是在明朝洪武年间，由定国公徐达、张长卫、王大山、杨传中、丁继芹、周定来、徐光心、曹新明、金龙（刘爱斗）这十人修书，写成拳谱、拳规，传于后人。

5. 第五次大变革

是从公元1628年有了新的发展和变化，它将前四大谱尊为祖谱，在祖谱上分为十二小谱，成为十二支，这十二支开始在全国广为流传。前四大谱被尊为梅花令，以正忠令为祖。自此，全国各地的梅花拳共分十二支、三大派（三大家），即龙门派、青龙派、金龙派。

龙门派是第一家，掌门人张三省。龙门派分四支：龙门支、向阳支、桃梅支、杆枝梅支。其中龙门支掌门人张三省，家住徐州铜山县小尖山村；向阳支掌门人苗进凤，家住河北省邢台风门村；桃梅支掌门人张程，家住河北省平乡县王杨村；杆枝梅掌门人李全生，家住曹州。

青龙派是第二家。掌门人周传玉。青龙派分四支：青龙支、迷忠梅、见地生根无龙手、笑梅连声不问门。其中青龙支掌门人周传玉，家住黑龙江省放牛村；迷忠梅掌门人王志心，家住黑龙江省黑河柳村；见地生根无龙手掌门人孙大海，家住牡丹江柳林村；笑梅连声不问门掌门人杨忠天，家住牡丹江拉勾村。

金龙派是第三家，掌门人赵忠武。金龙派分四支：金龙支、一枝梅、落地梅、无叶杆枝梅。其中金龙支掌门人赵忠武，家住山西省辽县；一枝梅掌门人李春虎，家住山西省榆社县；落地梅掌门人徐伟胜，家住山西省平顺县石城；无叶杆枝梅掌门人张龙生，家住山西省襄恒县土苍底村。

6. 第六次大变革

是在清乾隆年间，小架梅花拳祖师张从富将梅花拳大架改为小架。这在小架梅花拳《根源经》中有明确记载："清乾隆年间，师祖张从富，自幼天资聪慧，拜本村赵学义为师，习练梅花拳十二庚，内外兼修，文成武就。他在梅花拳大架的基础上取其精华，去其糟粕，加上自己独到的见解，独创小架梅花拳。"张从富创小架梅花拳后，继续秉承"天下梅花是一家"的传统理念，所以，梅花拳没有因此产生分歧和矛盾，这是在其他任何拳派中绝无仅有的。

7. 第七次大变革

这次变革是由于晚清梅花拳大架弟子赵三多发起义和团运动的失败所造成

的。当时清朝军队和八国联军见义和团的拳民就杀，甚至信洋教的当地中国人带领士兵进村挨家指认拳民，可以说只要是练梅拳的就是义和团分子，就是拳民。所以当时梅花拳损失惨重，从此转为父子拳，不敢再公开露面，致使梅花拳在当时已接近失传的境地。此后梅花拳的振兴是离不开韩其昌先生的，可以说目前留传的小架梅花拳都出自他老人家。

韩其昌1893年9月21日出生于直隶深州（今河北省深州市）。自幼酷爱武学，十二岁起即随韩玉庭、王玉栋、李题明习练戳脚拳，后师从著名武术大师李存义学习形意拳。二十岁时，拜在小架梅花桩拳赵英廉门下，成为小架梅花桩拳第十六代传人。在滹沱河南岸武艺出众，且行侠仗义，素有铁臂沱南侠之称。1920年，韩其昌并任曹锟的武术营的教官。1929年，代表河北省赴杭州参加由国家主办的"国术游艺会"擂台赛，并在上海举行的有2000多名武林高手角逐的比赛中力挫群雄，荣获刻有"赛孟贲"字样的银樽一座，从此在全国名声大振。

1932年，韩其昌来到北平，先后在志诚中学、师大女附中、贝满女中和中国大学、北平师范大学担任武术教师。1933年冬，创办北平健族国术研究社，亲任社长。他把一生所学的武艺进行挖掘整理，进一步丰富了小架梅花桩拳的内容，还开创了在北平传授小架梅花桩拳的先河。新中国成立后，韩其昌先后在北京大学、清华大学教授小架梅花桩拳，培养和造就了一大批小架梅花桩拳的研究者和习练者，并因此享誉海内外，被北京的学子们风趣地称为燕北翁。可以这样说目前留传的小架梅花桩拳都出自他老人家！1984年，他成立北京梅花桩拳法研究会，任会长。1988年9月3日病逝于北京，享年九十四岁。

## 三、传承谱记载的梅花桩拳后百代人物

据梅花拳《根源经》记载，梅花拳有前、后百代之分，前百代沿用的百代谱不详，后百代沿用的百代谱就是道教龙门派的百代谱。后百代是从"甲社开始（甲社，本名不详，明隆庆年间人士。）"的。

后百代第二代：明万历戊子年（公元1588年）始祖传拳至徐州城南铜山县小尖山村张三省。

后百代第三代：张三省传徐州沛县八里庄周安邦（曾做过陕甘宁总督）的六

个儿子，即周正元、周正亨、周正利、周正贞、周正传、周正法。周正法向外传拳成为梅花拳后第三代师祖。

后百代第四代：周正法传至河南省开州蔡起屯蔡兴道。蔡兴道为梅花拳后第四代师祖。

后百代第五代：蔡兴道传于河北省平乡县前马庄张复和直隶大名府内黄县八里庄村杨炳。杨炳和张复为河北梅花拳后第五代师祖。

后百代第六代：张复传于河北省平乡县前马庄张好学及南和县郑庄郑守掌。郑守掌、张好学为梅花拳后第六代师祖。

后百代第七代：郑守掌传于河北省平乡县八辛庄赵学义、张从灵。赵学义为梅花拳后第七代师祖。

后百代第八代：赵学义传于第八代张从富，张从富为梅花桩拳后八代师祖。张从富又为小架梅花桩拳始祖。相传师祖张从富曾于北京月明楼救乾隆圣驾，辞封赏取朝服，只求传道为宽，教授了无数弟子。

后百代第九代：河北省南和县善友桥候魁元、河北省曲周县耶律寨耿茂春、河北省曲周县香城古刘士英、河北省平乡县马第二町李进友（李老奎）、河北省平乡县史第二町史聪明（史孝彦）、河北省平乡县冯马张老敬等，他们都是张从富的弟子，为梅花拳后第九代师祖。

后百代第十代：河北省平乡县五座楼王河清（张老敬之徒）、河北省平乡县东田庄王法胜、河北省平乡县王杨村王文道（李进友之徒）等为梅花拳后第十代师祖。

后百代第十一代：河北省平乡县王杨村王荣贵（王文道之子）、河北省平乡县旧城东大街路天祥等为梅花拳后第十一代师祖。

后百代第十二代：河北省平乡县王杨村王山根（王荣贵之子）、河北省平乡县史二町傅金铭等为梅花拳后第十二代师祖。

后百代第十三代：河北省威县沙柳寨赵三多、河北省威县翟庄李廷吉、李廷贵等为梅花拳后十三代传人。

后百代第十四代：河北省平乡县张第二町张洪印、河北省平乡县田第二町田尚田、河北省武强县西王庄任俊杰、段步元、赵锡三、赵泰和等为梅花拳后第十四代师祖。

后百代第十五代：河北省武强县西王庄赵英廉等为梅花拳后第十五代传人。

后百代第十六代：河北省深州市北院头村韩其昌等为梅花拳后第十六代传人。

后百代第十七代：北京中国警官大学武术教研室教授韩建中（韩其昌之子）、山东大学数学系教授燕子杰、广东佛山大学教授李铭清、中国地质大学李佩基、清华大学王志忠、北京市粮食局李念周、河北威县张文州、辽宁营口丁宝源等。

后百代第十八代：韩建中之子韩超及安家臣、魏巍、曹炜、陈德久、李湘贤、王亮、钱春皓等。

后百代第十九代：韩超传韩小洋、雷清心、雷清奕、李雪梅等。（十九代以下暂无）

台湾地区分支：由第十三代掌门吴体胖首传，后由第十六代弟子张武臣接管，目前由张武臣的大弟子翁正茂负责。因为与国际交流得早，曾传艺到达过三十多个国家和地区。台湾地区还有刘派梅花，是曹州的分支。

## 四、梅花拳传承的疑问及猜想

### 1. 昆仑山及其所处西域到底在哪里？

上面说过梅花拳的发源地在昆仑山，弄明白它在哪里是很有必要的。有大量史籍和民间传说都对周穆王西巡昆仑山会见西王母一事有过描述，近代更发现了一些崭新的证据，咱们就从这里说起。1993年，奥地利考古学家在一具古埃及女性木乃伊的头发上发现了一块丝绸，丝绸与木乃伊同属古埃及二十一王朝，年代相当于中国的商周。商周之际的中国是世界上唯一的丝绸出产地。

传说周穆王享寿105岁，在位时间约为公元前976-前922，另一说为公元前1001-前947，与埃及二十一王朝（公元前1090-前945）正好对上！蜀锦在当时是非常昂贵和稀有的，埃及是不产丝绸的，如果不是周穆王带过去的还能有谁？研究的结果是丝绸之路早在公元前1000年就有了，这是周穆王出访西王母的又一佐证。

西晋时，战国魏襄王墓被时人盗掘，墓中发现了一批古简，其中有一册记载了西周一个君王西游的故事，这就是非常著名的《穆天子传》。据记载，西周鼎盛时期，周穆王为了宣扬其国力强盛，带着大队人马，浩浩荡荡沿着渭水向东前

进，经孟津渡过黄河，然后沿太行山西麓向北直达阴山脚下，转而长途西行到昆仑山，又向西走了几千里到达一个风景秀丽的国家。这就是西王母之国，"周穆王相会西王母"的故事就在此地发生。

西王母在瑶池盛宴款待穆王，席间二人言谈甚欢。穆王赠送给西王母大批中原特产和锦绸美绢，西王母回赠穆王各种当地的奇珍异宝，并邀请穆王游历了当地的山川名胜。分手时，两人恋恋不舍，并约定了下次再见面的日期。还立了一块石碑，上面刻着"西王母之山"五个大字，作为永远的纪念。唐朝著名诗人李商隐对此有过描写："瑶池阿母倚窗开，黄竹歌声动地哀。八骏日行三万里，穆王何事不重来？"

周穆王在历史上确有其人，他是西周第五位君王，姓姬名满。在位时，西周的西部地区经常受一些游牧部落的攻掠，为保卫西部边防，周穆王曾两次率军西征，大败西戎各部落，俘虏过五个部落首领，并因此得到了两件至宝，一件是昆吾剑；另外一件至宝叫火浣布。

西域打通之后，公元前964年，周穆王开始了浩浩荡荡的西游活动。据史书记载，周穆王自镐京至西王母之邦，行程共12000里。有些学者认为，按照故事中所说的里程，西王母之国应在西亚或欧洲。1992年，在中日两国关于《穆天子传》的学术研讨会上，学者们指出，中国秦以前的里指的是短里，约合今77米，因此，西王母之国应在今甘肃新疆一带，它以西宁、兰州为前庭，以新疆为后庭，中心在敦煌、酒泉一带。这一观点与班固在《汉书·西域传》中长安至锡尔河流域的康居有1.23万里的记述是一致的。在著名的敦煌423号洞窟壁画中，对周穆王西巡会见西王母的故事作了详细的展现，这是又一个有力的证据。所以地理观念上的昆仑山，是指西起帕米尔高原东部，横贯新疆、西藏间，延伸至青海境内，全长约2500公里。

古代神话中的昆仑则不然。据史料记载："昆仑山，又称昆仑虚、昆仑丘或玉山。"《山海经·海内西经》载："海内昆仑之虚，在西北，帝之下都。昆仑之虚，方八百里，高万仞。"《淮南子·地形篇》说："昆仑之丘，或上倍之，是谓凉风之山，登之而不死；或上倍之，是谓悬圃，登之乃灵，能使风雨；或上倍之，乃维上天，登上乃神，是谓天帝之居。"其实，昆仑变为仙境是有一个过程的。如《西次三经》说，昆仑是天帝在地上的都城，那里除了有九尾虎身的陆吾神守护外，还有一种有些像羊的四角兽，名土鳞，能吃人；那上面的鸟，形状像马蜂，大小类似鸳鸯。有一种开黄花结红果的树，果子味道如李，无核，名叫沙棠，吃了能御水而不溺死。这明明是怪异的神话世界了。同样是昆仑，在《淮南子·地形训》则是别样的景状：昆仑有增城九重（一层比一层高的城池），其高万一千一百一十四步二尺六寸。上有木禾，其修五寻。珠玉树、璇树、不死树在其西，沙棠、琅玕在其东，绛树（赤色玉树）在其南，碧树、瑶树在其北。旁有四百四十门。门间四里，里间九纯，昆仑山纯丈五尺。旁有九井，玉横（承受不死药之器）维其西北之隅。北门开以纳不周之风。倾宫（占一顷地之宫）、旋室（用玉所饰之室）、县圃、凉风、樊桐，在昆仑阊阖之中。疏圃之池，浸浸黄水（疑为泉水），黄水三周复其原，是为丹水（赤色水），饮之不死。仙界所需之物，这里应有尽有，有不死树、不死药、不死水等等。装饰以玉为基本材料，异兽之类已无踪影，纯属于理想的仙境。据说，早期仙人，不必修炼，只要吃些以上的不死之物便可达到长生不死的目的。传说中的昆仑，既高且大，为中央之极，也是连接天地的天柱，仙人想上天这里便是绝妙的歇脚之处。

昆仑是黄河之源，黄河是母亲河，古人出于崇拜心理将昆仑由山转化为仙山便顺理成章了。所以中国人眼中的昆仑山有两重意思，一是上述地理观念上的昆仑山；二是人们心目中的神山。

西域在西汉时期是指汉朝郡县辖区以西的地区，并没有严格的界限。在汉班固撰写《汉书·西域传》之后，西域一词才作为一个地理概念开始固定。而且西汉的西域有广义和狭义之分：广义的西域是指玉门关、阳关以西至中亚、西亚的部分地区；狭义的西域是指玉门关、阳关以西，天山以南、昆仑山以北，葱岭以东的地方，以及乌孙游牧之地。

西域自古就是一个多人种、多部族、多民族的聚居地区。西域各民族的发展史是多民族迁徙流动、融合的历史；今天西域地区各民族的分布格局，是历史上各民族不断迁徙、融合的结果。一些民族在迁徙、融合中消失了，另一些民族却得到了新生。因此西域地区，是一个多元文化、多种宗教并存的地区。古时的西域居民最早信仰原始宗教和萨满教。随着汉武帝往西域地区移民政策的实施，大批的

内地汉族人不断进入，汉人的宗教信仰开始传入西域，并在吐鲁番地区盛行起来。

公元前1世纪，佛教经克什米尔首先传入新疆于阗（今和田地区）。不久，佛教又经中亚传入疏勒（今喀什地区）。此后佛教沿着丝绸之路南北两道传播到且末、若羌、莎车、叶城、库车、阿克苏、焉耆、哈密等塔里木盆地周围的各个绿洲。当时，在塔里木盆地周围的各绿洲，佛教寺塔林立、僧侣成群；于阗、龟兹、疏勒、高昌等佛教中心相继形成；佛学研究和佛经翻译十分兴盛且达到了很高的水平，出现了鸠摩罗什等许多著名的佛学大师和佛经翻译家。因当时翻译佛经采用的是意译法，其中加入了中国人能够理解的词意，所以也完成了佛教与中国传统文化及道学的第一次融合。

公元5到7世纪，由于柔然、突厥等游牧民族的不断袭扰和各割据政权间的兼并战争频繁发生，新疆社会经济受到严重破坏。大规模佛事活动的频繁举行，以及僧侣队伍的不断扩大，加重了百姓的经济负担，人们逐渐失去了对佛教的热情，佛教在新疆开始趋向衰落。

有学者考证在公元3世纪末，已有拜火教和摩尼教传入中亚地区。摩尼教和拜火教都是典型的二元神论宗教，摩尼教在形成和传播过程中，吸收了拜火教的教义并与其融合。摩尼教教义崇拜光明、崇拜日月，倡导哪里有压迫哪里就有反抗，光明必会战胜黑暗。有学者考证摩尼教正是明教的前身。因此我认为在公元4到5世纪前后的西域地区，佛教、道教、儒教、拜火教和摩尼教应该有过大融合的经历，这是各民族不断迁徙及不断融合对方文化的必然结果，所以处在西域昆仑山的梅花桩拳，有"僧门道派，在家为僧门，出门为道派"的说法是有一定历史依据的。

**2. 为何云盘老祖或者收元老祖和法王老祖是虚拟的？为何祖师张三省以前的记录不详？**

冀、鲁、豫广大农村的梅拳弟子都知道梅花拳的始祖是云盘，梅花拳从西域传来。过去，梅拳弟子们第一次见面都要问："你是那边来的？"若答"西边来的"，就知道他是有传承的自家人，因为梅花拳是西域传来的。另据燕子杰本人讲，《梅拳秘谱》是他在20世纪50年代在北大读书时，从恩师韩其昌先生处所抄，恩师只让他抄了一部分，原稿目前由其师兄韩建中保管。原书为竖行楷书抄本，系统地论述了梅花拳武功、拳理，该书立论精粹、言简意赅、寓意深奥，实为至宝，对后世梅花拳的流传、发展作用极大。据考证，此书为清乾隆年间当时著名的武术家苌乃周和同乡所作。从时间上看，该书为活动于河南一带的梅拳后百代第四、五辈老师所写，书中提到昆仑派祖师化名云盘老祖，在西域天盘云程孝县清静宫玄金殿传道授拳。

燕子杰等人在冀、鲁、豫一带调研发现了十多种梅花拳辈谱，显然各省各地区梅拳辈谱的记载不尽一致，特别是第一辈人物。有的记载第一辈是收元老祖，有的记载是云盘老祖，还有的记载是法王老祖，那么，到底谁是梅花拳的鼻祖？

先分析收元老祖指的是神还是人。据梅花拳内部人说"收元老祖是虚拟的人物"，看来收元老祖是位神仙。从后百代第二辈开始才有了具体人名，第二辈师祖是张三省，第三辈是邹宏义。梅花拳《根源经》上说"张三省是在明朝万历（公元1588）年学的梅花拳，明朝崇祯癸未（公元1643）年归位。"梅花拳的《皇极宝卷》等经书上都有关于张三省传拳的记载。该书的后半部《佛说一字根源真经》中记载着天真古佛和璃呖古佛临凡普度众生的说教，天真古佛系指张三省，璃呖古佛系指邹姓师祖。这里很明显有利用宗教神化自己的目的。

另外，各地梅花拳弟子中流传的《皇极宝卷》一书（手抄本），经历史学家考证，该书前半部与无为教的《皇极宝卷》相似，只是没有分二十四品（章），后半部说的全是张三省、邹宏义传拳的事情，该书最后是无为老母给东土大地众生、指导如何返本还原修炼内功的12封家书，梅花拳内许多老人至今还能背诵。

据历史学家研究，罗祖的无为教是罗教的黄九祖（名黄德辉）所创。雍正十年（1732）开始流传于湖南，称为无为金丹道。乾隆四年（1739）黄德辉被捕，后死于狱中。值得注意的是，乾隆九年以前正是邹宏义、邹文聚等在河南濮阳一带传拳的时候，而书中关于梅花拳的事仅写到张三省、邹宏义为止，可见流传于梅花拳内的《皇极宝卷》，是梅花拳四辈以后的人根据南方无为金丹道的《皇极宝卷》修改写成的。这也正说明梅花拳第四、五辈以上的祖师主要在江苏、河南一带活动，梅花拳的一些重要经卷《皇极宝卷》、《根源经》，即是讲解梅花拳文理、武功等方面的著作，而《梅花拳秘谱》、《习武序》等也都是这一时期在这一带地区写成的。除上述事实外，从流传各地的梅花拳辈谱中历代宗师籍贯的演变

情况，也能看出，从张三省在江苏徐州开始，梅花拳是由南向北流传发展的。乾隆九年（1744），梅花拳虽已发展到了冀中南地区，但河南、苏北一带仍是梅花拳的故乡和基地。后由于拳民日多，特别是上述文理、武功等方面的经典著作问世后，梅花拳在理论上也初具规模。到了第五、六辈以后，梅花拳迅速地向北方的河北、山东等地传播开来，很快就出现了一个更加兴盛的局面。

本文认为，燕子杰等人对这段传承的考证的真实性是有的，不过没有考证出梅花拳有三千多年的拳史！本文的研究思路是：战争是离不开武术的，招兵买马、聚众起事又离不开宗教来笼络人心，所以武术、宗教、农民起义必然会混在一起。公元4～5世纪，西域地区佛教、道教、儒教、拜火教和摩尼教有过文化的大融合，西域昆仑山地区有过僧门、道派出现。有学者提出，从当时的历史来看，唐以前的一些农民起义明显受到摩尼教的影响。我们先从摩尼教开始研究。

摩尼教本是波斯人摩尼于242年左右创立的。摩尼糅合基督教、佛教、拜火教的教义，以拜火教之善、恶二元论为基础，将一切现象归纳为善与恶，善为光明、恶为黑暗，而光明必会战胜黑暗，故人当努力向善，以造成光明世界。所以，它带头反抗官府的暴政并在民间秘密结社，蓄积力量，反抗官府的黑暗统治。

此教是分两路传入中原地区的，一路从北传入北方；另一路经过海上丝绸之路，由波斯商人传入江浙一带。摩尼教传入中土后，终究不被官方所认可。摩尼教因教义崇尚光明，唐武则天时改称明教。明教教徒服色尚白，教徒亲如兄弟，他们团结互助，称为一家。宋后明教的一支与白莲教融合，不断发动农民起义。我国旧时的白莲教就是伪托弥勒教，混合了摩尼教、道教、白莲宗及民间信仰的秘密教会，北宋方腊、南宋钟相和杨幺、元末韩山童和刘福通、明代赵全和徐鸿儒，都是此教中人。综观白莲教发展过程，其名称迭经变迁，支庶繁衍，可说是名目百出，而各派的教义、组织、仪规、活动方式仍多相似。

据学者考证，明朝的创建者朱元璋本身就是白莲教徒。当时号称明王出世的韩山童、刘福通发动红巾军起义反抗元朝，各地纷纷响应，以红巾军为号，朱元璋也在其中。朱元璋深知他是借助信奉弥勒的红巾队伍取得天下的，同时他也造就和丰富了红巾队伍中的宗教分子，使他们有了更多的斗争及推翻既有统治的经验（退却和隐匿的经验以及联络群众使自己生存壮大的经验），所以决心禁绝他们。明朝中期，白莲教及明教组织的大规模农民起义失败后，其中一支为了躲避追杀，便与全真教的龙门派结合，从此这一支就隐匿起来，从这一点不难看出梅花拳与全真龙门派的渊源，梅花拳为什么用龙门派的百字谱可以在这里找到答案。

那么，白莲教里的分支收元教与梅花拳里的收元老祖有关联吗？梅花桩拳所讲的第一代祖师收元老祖主张一元之炁化生万物，要有成始成终之意。简单说，就是目前这个世界是元古人层层界界走下来的，现在到了末法时期，要把已下来层层界界投胎的灵收起来往回走，故叫收元。这里有浓重的民间宗教信仰的味道，本文就沿着民间宗教信仰来研究一下梅花拳。

## 五、民间宗教与梅花拳的关联

梅花拳后第五代传人杨炳的《习武序》中称梅花拳祖师是收元老祖，而其内部抄件《三百六十处》则说是始于古佛，一份《梅花拳秘谱》中说是昆仑派祖师云盘。值得注意的是，根据梅花拳内流传的《邹氏家谱》所记，其一世为法王老祖。

法王老祖是谁？有学者认为是如来佛。当然，法王一名来源于佛家用语，但被民间教门吸收后，成为对某些教首的封号，明嘉靖年间东大乘教教主王森就被称为法王石佛。无独有偶，法王老祖在梅花拳中有着举足轻重的地位。除了上面《邹氏家谱》所记外，梅花拳内部的另一份抄本《根源经》中也记有"拜法王，真佛祖，凡圣交参"的文句。梅花拳内有关法王的记述，在其他一些材料中也能见到，如周伟良先生在广宗县东召乡得到的《三时香》中有"焚香问心几叩首，清净宫里拜法王"之句；一份字迹抄写颇为工整的《佛祖经》中亦曰"法王老祖下天盘，带领佛孙治人缘"；当地一位梅花拳的第15代传人明确告诉周伟良先生："我们大架梅花拳敬六炉香，第一炉就敬法王老祖。"

周伟良先生还讲："厘清梅花拳之梅花一名的真实含义和文化渊源，才是探寻梅花拳与东大乘教关系的唯一线索。拳名梅花，是梅花拳历代相传的一个文化符号，但'梅花'一词到底是何种含义，则说法不一。"周伟良先生在"梅花拳

拳理功法的历史寻绎"一文中提出，梅花一词在梅花拳中并非是一般日常生活中的审美概念，而"被赋予了神圣的'开道度人'的宗教情感，成为一个具有特点内容的宗教（教门）文化符号"。支撑该观点的材料就是梅花拳内部的《佛祖经》。《佛祖经》通篇记述了佛祖悲悯众生迷恋世俗红尘，虽劫难将至但仍不思归家认祖，所以降临尘世传授武艺兵法，继而"广谊武艺开大道，香礼妙法度人来"之事，同时对梅花所具有的宗教含义进行了明确无误的诠释。如该经的头两句就写道"佛祖西域坐法台，治世干枝梅花开"，显然，这里的梅花是作为其治世理念的一个象征；又如"面前有棵梅花树，梅花能收万道来……开道法名为梅花，梅花能把人度开"，显然，这里的梅花已成为开道度人的一个观念符号，是对原教门文化中神道设教的延续。

明末时的大乘圆顿教就以梅花作为教门的文化标记。据宋军先生介绍，在顺治九年（1652年）誊青的《古佛天真考证龙华宝经》和顺治十六年（1659年）写成的《销释接续莲宗宝卷》中有关于该教的三宗五派、九干十八枝均以红梅为记的记载，还有"有一红梅天然子，引领八家头续"的话。那么梅花拳的梅花与大乘圆顿教的红梅有何联系？目前尚无具体资料说明，但该教的三宗五派、九干十八枝的组织形式对进一步研究梅花拳与东大乘教的关系无疑具有启示意义。

周伟良先生认为梅花拳的文武场这一组织形式与乾隆时期的清水教有关。当年清水教教首王伦就是凭借文武场发动了一次令清政府胆寒的武装起义。尽管王伦起义不久就被镇压下去，但文武场的组织形式随即为各地的教门、拳会所效仿，如稍后天理教的文卦和武卦，青莲教的"教分文武，文斋武荤"等，名称不一，实质相同。由此可见，梅花拳内文武场的出现，本身就是一个在民间教门的影响下发生组织结构变化的典型事例，它在农耕社会中为梅花拳组织的凝聚、发展起到了作用。

《佛祖经》起首两句"佛祖西域坐法台，治世干枝梅花开"中的干枝，习武者们往往习惯从梅花拳的技术层面来解释，认为梅花拳有五势，犹如五瓣梅花，故梅花拳又称落地干枝五势梅花拳。这样的解释不能说毫无道理，但如果以此来解释治世干枝，根本无法自圆其说，而把它放入教门文化背景中加以考察，其源流、意义就立即彰显出来。干枝，有的材料中记作杆枝，原为清代民间教门的一种组织形式，如1817年清嘉庆帝就弘阳教案下发的谕旨中说"红阳邪教共九干十八枝，一枝中又各自分派"。九干十八枝是教门的一种组织结构，历来被视为教中秘密而不能随意外泄。九干十八枝最早创于何教已难以考究，目前看来，较早记有这一组织形式的是明代东大乘教的《皇极宝卷》，该经卷中有"立九杆，十八枝，将法开通"及"九杆一十八枝护教"之语。其他民间教门深受九杆十八枝的组织形式的影响，它们按各自需要对其加以变化，如有的教门依旧称九干十八枝，有的则为六枝杆或左右三枝等。这一组织形式同样影响了具有教门色彩的梅花拳。了解了这一点，《佛祖经》中所谓的"治世干枝梅花开"一语的旨意就不难明白。

周伟良先生讲："有位梅花拳传人向我介绍了梅花拳内的干枝情况，说梅花拳历史上共分十二干枝。这充分说明，梅花拳内的干枝源于东大乘教，是一种开道度人的掌教秩序与组织形式。也正因为这个缘故，所以《佛祖经》中才称其为治世干枝。"他认为，梅拳应与民间教门尤其是明末东大乘教有着十分紧密的关系。

周伟良先生讲的明代东大乘教又名闻香教，其教派思想是"三教应劫"思想。此教有意把道、释、儒捏合在一起，称燃灯、释迦、弥勒各应三劫，即无相劫、庄严劫、星宿劫，出在正逢"劫变"即世界末日，信其教可以获得解脱，但解脱的方法是行气功导引即内丹术。这是与其他民间宗教显著的不同之处，此法也为后世创教者广为采用。

关于闻香教创始人王森，《辞海》是这样说的："王森（？-1619），明代闻香教首领，原名石自然，蓟州（天津蓟县）人，迁居滦州石佛庄。创立闻香教（也称大乘教清茶门，为白莲教的一支）。秘密组织群众，河北、山东、山西、河南、陕西、四川信徒极多。万历二十三年（1595年）被捕，判死罪，行贿得释。继又入京师传教。四十二年又被捕，五年后死于狱中。其子王好贤，后与徐鸿儒发动起义，起义失败而死。"

闻香教重视炼丹和气功，气功导引重在修炼自身，与外界阻隔，表面上与政治无关，可以躲避政府对"邪教"的追查，与一般宗教劳师动众千万人聚会传道相比，闻香教较为适应明、清时代严厉的宗教政策，所以发展很快，信徒众多。

王氏族人世代相传，历十代200余年，全盛时期传教遍及直、晋、豫、鄂、苏、皖六省。嘉庆二十年治方荣升邪教案，闻香教在北方受挫，辗转发展到福建、广东、台湾，在台湾地区的一支称为金幢教，至今仍十分活跃。

王森生前没有留下经卷，东大乘教的传教经典《皇极金丹九莲正信归真还乡宝卷》为其门徒所撰。从该部经卷中可以看出，王森以罗清为祖师，以《五部六册》为教中圣典，其核心思想是继承与发展无为教的三世三佛理论，所不同的是，它以弥陀佛代替弥勒佛，向往的是弥陀治世。

闻香教是盛行于元、明、清三代的白莲教的一支。东晋高僧慧远于庐山创建白莲社，精修念佛三昧，祈愿往生西方净土。南宋初年，慈照子元（茅子元）崇慕慧远建白莲社之遗风，倡导一庶民念佛宗团，即白莲宗（信徒被称为白莲菜）。以后白莲信徒里的各路豪杰在不同年代以不同名义分别成立了不同的教派组织与官府对抗。

元顺宗时，栾城韩山童父子，诡言白莲花开，弥勒降世，依托白莲会，造作经卷符箓，传布民间，于至正十一年（1351年）率愚民为乱，未久俱被处死，此即为"红巾贼"，明太祖时曾加以禁抑。

明正德以后，白莲会受罗教（明代罗清所创，宗旨近于禅宗南派）之影响，汲取"真空家乡，无生父母"之思想，奉无生老母为创世主，宣称无生老母派弥勒等神佛下凡，将迷失于红尘中之皇胎儿女收回真空家乡。此后教派林立，名目繁多，各派之间互不相属，教主独揽大权，父死子继；等级森严，教徒入教时举行一定的仪式，交纳钱财，定期集会，烧香礼拜，宣讲经卷，教习拳棒。迄神宗万历年间，徐鸿儒、王森又起，提倡白莲教。

乾隆三十九年河南邑县人樊明德创立混元教，于次年被捕处死。他的徒弟王怀玉逃脱，王怀玉的徒弟刘松和刘松的徒弟刘之协，在甘肃戍地改混元教为三阳教，并至河南、安徽、湖北等地传教，吸取了收元教教首宋之清入教。宋之清是收元教孙贵运之三代弟子。后来宋之清又创西大乘教，广收徒众，成为白莲教中一个强大的教派。

提一下教主安徽刘松。他曾被捕充军甘肃，又谋反，事败被杀。其后刘之协、宋之清、王三槐、冷添禄等人再起，号召教众，谋起兵覆清，事发，先后被杀。而官吏大肆搜索，株连甚多无辜。于是荆州、襄阳、四川、陕西、甘肃等处之余众，以官逼民反为由，纷纷揭竿而起，蔓延达五省，时称川楚教徒之役。清军与之战，无功，乃行坚壁清野之策，由额勒登保、杨遇春、杨芳等次第平定之。然白莲教之根株，仍未净绝。

又如有东方震宫王老爷之称的王中，在乾隆三十七年被处刑后，他的教派并未因此中断。他的儿子王子重接替了他。王子重虽然被遣送新疆，发配给回人为奴，但仍为复兴震卦教而不懈努力。他和广西、广东、山东等地的教犯仍有联系，以震卦掌教的身份和名义，继续发号施令。刘照魁在广西拜八卦教犯刘书芳为师，刘书芳传给教内口诀和理条。王子重即封刘照魁为"东震至行开路真人名号"。

这些事实，充分反映了民间秘密宗教的坚韧性、延续性及名称的多变性，不过，再怎么变其脉络是清晰的，都不会脱出白莲教这一体系。清中期的农民起义实际上也与白莲教有关。比如又称五荤道或收元教、清水教的八卦教，是康熙年间山东单县人刘佐臣自创的教派，其实是白莲教的一支。刘佐臣早年曾加入白莲教、黄天道等教派，康熙初年自创教派，本名为收元教，教徒依八卦分为八股，故名八卦教。清初多传布于河北、河南、山西等地，强调儒、释、道三教合一，以修炼内丹为主，乾隆三十七年（1772年），遭到清廷取缔。乾隆十六年（1751年），山东人王伦入教，后开始传播清水教，自比皇帝，朝廷派大学士舒赫德前往镇压。

八卦教的主要经书有《五女传道书》（亦称《五圣传道书》）、《禀圣如来》、《锦囊神仙论》、《八卦图》和《六甲天元》等，其中最重要的《五女传道书》是一部讲修炼内丹，追求长生不死的传教书。炼内丹（气功）修长生的教理，深受下层民众广泛信仰，使八卦教在山东、山西、河北、河南等地滋长、蔓延。从这里不难看出关于云盘老祖创造了八卦拳和梅花拳两种拳法之说的来路。其实上述各教本身就属于同一个组织，都是白莲教的一个分支。还有学者考证说梅花拳后百代中有众多后世门人与反清活动有关，而且影响非常大，例如滑县分支后四辈弟子冯克善是天理教领袖之一，是李文成的副手；冠县分支后三辈弟子杨四海，以义和拳邪教被清廷捕拿；山东分支后三辈弟子王伦是清水教起义领袖；南宫县后三辈弟子李存仁、魏学宗、简七、王三、严龄等都是白莲教起义成员。到此读

者可能理解了为何道教全真派里没有梅花拳的记载，因为道教全真派是以护国利民的姿态存世的，而梅花拳一直与官府作对又被定为邪教，所以怕受连累而人为地删除了相关记录。不过，可以从梅花拳的起事中看到全真道长的影子。

## 六、义和团运动时期的梅拳信仰

义和团领袖赵三多是练大架梅花拳的高手，他于光绪二十二年发动义和团运动。还有学者考证说赵三多的义和拳的主体是梅花拳和阎书勤领导的红拳。梅花拳是当时影响最大的拳种之一。当时的梅花拳组织既是民间武术会社，又是具有民间宗教特色的拳会，而且义和团自身就源多流杂，是与白莲教有关联的组织。当时梅花拳文场管着武场，文场老师不同意赵三多搞这个运动，怕被牵扯进去，赵三多为了保护梅花拳，所以以义和拳的名义来发起。他不敢暴露梅花拳，故另辟蹊径，重新建立了一套体系。

学者指出，义和团运动时期的义和拳，无论是梅花拳、红拳还是神拳和金钟罩，都带有浓重的神秘主义色彩。大量的文献，特别是义和团的揭帖都表明义和团具有多神主义的倾向。不管其信仰多么繁杂，总会有其主要的神灵信仰作为信仰的核心。学者在对义和团的研究中发现，其信仰的一个主要特征是玉帝信仰。庚子年间流传的《玉帝（或关帝）十怒（或十愁）》的揭帖，曾发出"山东饿死人"、"四川起狼烟"、"洋人闹直隶"、"处处不得安"、"有饭无人吃"、"有衣无人穿"的愤怒呐喊。再如义和团的传单宣告"世道将大乱"，玉帝"率领天兵天仙下降凡间"；"义和拳流传世界，神力借人力，扶保中国，度化人心，剿灭洋人洋教"。这类传单说："庚子年的解灾救劫是以玉帝为首的诸神的旨意。诸神在劫期下降人间，附在拳民身上，护善除恶，灭洋保国。"1899年，朱红灯在山东平原、茌平一带遍设拳场，"其说，则谓明年为劫年，玉皇大帝命诸神下降"。义和团揭帖《告白》中说："天帝遣神佛下界灭洋。首批下界战魔遣顽者乃红灯照、义和拳。"另外义和团运动时期的《北京西城义和团揭贴》、《玉皇示梦庆亲王奕劻》、《马兰村坎字团晓谕》、《圣谕增幅财神札》和《灭清剿洋兴汉帖》等揭帖中提到的天地、上帝和玄天大帝都指的是玉皇。这类传单在义和团运动中不胜枚举。特别指出的是《北京西城义和团揭帖》一开始便说："我非别人，乃玉皇大帝现身下凡。"写传单者在传单背后写道："上天愤怒，皆因毁了玉皇庙。玉皇大帝看出只有义和团虔诚信天，向天祈求。"这说明梨园屯事件对赵三多领导的义和拳有很大的影响，不仅反映了当时基督教和中国传统的礼俗政教之间的矛盾，更重要的是表明了中国人民和外国侵略势力之间的尖锐矛盾。从其信仰层面，可以明显看出带有汉教奉玉皇大帝为最高神灵的信仰印记。

另外揭帖中出现的最多的神灵之一还有关帝。关帝在直隶、山东民间的汉教信仰中是处于第二位的尊神，在春节供奉的神仙中，他与玉帝并称为文、武玉皇。在大多数武术拳派中，他被奉为武圣。佛、道二教也把他请进自己的神佛系统，赵三多领导的义和拳也把关老爷请来护法。赵三多的义和拳中重要的一支是阎书勤的义和拳。正定大佛寺会议后，阎书勤等率义和拳深入山东腹地开展斗争。在山东他与朱红灯领导的义和拳以及鲁西南大刀会（坎字团）"声气相通"，共同斗争。阎书勤的红拳一支的民俗信仰是玉皇信仰，据说阎书勤转战直隶、山东，身上一直背着玉皇庙的"神主"（玉帝神像）。其信仰的坚定可见一斑。山东平原朱红灯的义和拳最初是神拳会，其核心信仰是玉皇大帝和真武大帝，大刀会的核心信仰也是真武大帝。在1898年至1899年这一特定的历史时期，冠县、威县的义和拳、大刀会和朱红灯的神拳，共同集结在义和拳的旗帜下，充分发挥梅花拳的搏击优势，并将神拳与金钟罩相结合，在河北、山东交界一带，把义和拳斗争推向一个新的阶段。这其中的凝聚力就是他们共同的汉教信仰。

经学者考证，在义和团的告白、揭帖等文献中，除以上所说的汉教的尊神玉皇和关帝外，佛道的神佛，教门中的祖师，神话中的神祇，小说、戏文中的英雄，都被请来上法附体。"满地红灯夜烛天，小家儿女尽神仙"。原始的神拳就在这种特定的年代，在义和拳的包装下被推到历史舞台的前列，英勇但又显然力不从心地迎接新的斗争。

义和拳的主体是直隶及山东的广大农民。他们都是汉教的信众，有着共同的玉皇、关帝信仰，义和拳、梅花拳的"天地君亲师"信仰，则是中国文人士大夫的传统信仰，因为"天地君亲师"代表着人间的五恩，是必须要报答的。其中，关帝信仰不仅是汉教信仰，更是武术界的普遍信仰，而当时各个武术团体的特色信仰，又能充分体现出其自身的特点与传承。阎书勤的红拳的武门中没有特色信

仰，也就是说红拳本身不是文武教门，它没有文场。阎书勤虽然拜赵三多为师，但后者只是名义上的老师，并非教门师父。据一位资深老拳师讲，红拳是我国最古老的拳术之一，属于"上四门"，包括"红拳、梅花、弹腿、迷踪"，但红拳在历史上很少被官府查禁，不像梅花拳那样多灾多难。所以，天理教起义、义和拳失败后都以红拳为幌子，蒙蔽官府。

据学者考证，汉教信众奉玉皇大帝为最高尊神，是"天地三界十方主宰"，所信奉的神灵涉及玉帝、关帝、民间创世神话中的人物、儒释道三教神灵共73位之多。汉教有自己的创世的神话。汉教的创世说是中国古代神话传说的盘古治世。在漫长的流传过程中，受到白莲诸教门的影响，把无生父母纳入自己的神系，但他们仍位于玉皇大帝之下。汉教的神系很庞杂，最有代表性的是汉教《天棚大会全神神谱》（亦名《天棚大会全佛殿神谱》）。汉教把纳入其神系的佛教、道教和儒教中的诸神概称为佛，自称为佛门大教。汉教有自己的经卷，其中大部分是关乎儒、释、道三教之神的宝卷。汉教宝卷不同于佛、道、儒三教的经卷，也不属于教门宝卷和民间劝善书之类。汉教信众把朝拜活动、民俗活动时诵念宝卷和平时做善事都叫做行好。遇有僧门和道派的斋醮法事，他们都积极参与。据学者考证，赵三多领导的义和拳的前身梅花拳在历史上曾一度归宗于道教全真道北七真之龙门派，梅花拳内部自称为"金莲正宗龙门法派"。因而梅花拳在汉教信仰的基础上，又融进了道教的信仰成分。如奉"三清"为最高神，三清即道教中的上清元始天尊、玉清灵宝天尊、太清道德天尊（即太上老君）。玉帝本是道教神仙谱系中的四御之一，在道教神系中四御位列三清之下，但在梅花拳诸宫的神仙中，却把玉皇大帝（居通明宫）与万寿宫的皇帝万圣并列为天上和人间的圣主。这种信仰在梅花拳的《根源经》中可以看出。更耐人寻味的是，三清中本已有太清宫道德天尊，却又列出了太赤宫太上老君，出现了重复。

所以梅花拳创造了自己的一套特色信仰，那就是其神坛上所供的神佛与祖师。据《梅花拳史料》记载，梅花拳诸宫供奉天神地祇、神佛祖师共52位。而且还不限于52位。另据梅花拳资深师父所提供的梅花拳《宫阙坛口》记载，梅花拳各宫阙供奉有神佛170位。梅花拳打"黄（皇）醮"、还愿时所供的神佛祖师更为繁杂。毛泽东在《新民主主义论》中曾用多神主义一词概括了我国农民宗教意识的基本特征。按照本人的理解，它是指下层民众对各种正统宗教和民间诸神的融化、整合后产生的一种信仰心理。梅花拳信仰是在汉教信仰的基础上，融进道教成分，又颇具自身特色的多神信仰的民间宗教组织。

梅花拳的祖师崇拜也十分盛行。近年平乡的八辛庄、马庄都重修了祖师墓地，建了碑林。每逢道祖（丘长春）和师祖诞辰，梅花拳弟子都要去纪念、祭祀和演武，且规模越来越大，影响十分深远。从梅花拳师祖张从富的纪念活动和墓地的祭祀活动看，正在形成一个巨大的庙会，每次聚会有上百万之众。其实师祖敬拜，是传统农耕社会诸多文化领域中一个非常普遍的现象，它一方面体现传统道德要求，另一方面对维系武文化载体发展的规模、凝聚具有重要作用。就传统武林而言，当一个拳门中对师祖的价值认同发生动摇，那么也就意味着这个群体自身已发生裂变，不久就会消亡，所以梅花拳弟子特别注重尊师、敬师，以此来维护这个群体。

综上所述，梅花拳的历史是与中国的农民运动分不开的，它有一个清晰脉络的。其实梅花拳的历史是与义和拳、白莲教、明教、摩尼教及秦汉以前兵家的演变分不开的，所以要想厘清梅花拳的历史非得从中国的农民运动史这个角度来研究不可。梅花拳的云盘老祖或者收元老祖和法王老祖为何在各省各地区的拳辈谱中的记载不尽一致？我认为这是因为梅花拳在每个时期的变革有关，比如收元老祖和法王老祖是与白莲教的运动分不开的。从这个逻辑来看梅花拳改为父子拳肯定不止一次，当官府缉拿时就改为父子拳隐秘起来，以此来保留火种，好等待时机发展。

目前是新社会，不是冷兵器时代。我希望梅花拳弟子积极投身到祖国的建设中来，爱国、爱民族，积极发扬梅花拳有利于社会的一面，摒弃古时遗留下来的一些糟粕。我祖父就嘱咐自己的儿孙不要参与政治，而要把梅花拳这个宝贵的武文化遗产传承下去，并发扬光大，造福于人类。所以北京韩氏小架梅花拳一脉不设文场，除去了旧时梅拳宗教、武术不分的弊病。北京韩氏的小架梅花桩拳只是单纯的习武健身及如何养心、养德、修成武道上，早已没有宗教色彩。我本人出家修道是我个人的意愿，我的恩师是正一派张天师的后人张继禹先生，乃龙虎山天师道一脉，这与梅花拳的文场传承并无关联，大家不要误解。

## 七、国家指定梅花拳（小架）非物质文化遗产传承人简介

### 1. 韩其昌（左图）

小架梅花桩拳传入北京是从韩其昌先生开始的。韩其昌（1893-1988）系河北省深州市院头村人，自幼聪慧、勤奋过人。

二十二岁时拜河北省武强县赵英莲门下系统地学习小架梅花桩拳。1929年，参加了由全国14省共2000多名武林高手参加的杭州"国考"擂台赛，取得优异成绩，荣获"赛孟贲"银樽奖一座。当时的《杭州早报》头条名为"雄霸天下无人能敌的韩其昌"，从此威名传遍武林。

20世纪30年代中期，韩其昌先生来到北京创建了燕京健族国术研究社，亲任社长。他还任教于志诚中学、师大女附中、贝满中学等地，教授小架梅花桩拳，并在此期间多次救助和掩护共产党的地下党员。新中国成立后在北大任武术教师，还在中央警卫二师做武术教官，同时在北京市公安学校教授擒拿格斗。韩其昌先生抗美援朝期间，亲自带领学生参加捐献飞机、大炮的义演活动。50年代以后，在北京大学等高等学府培养了一大批小架梅花桩拳的精英骨干。八十年代，创建了北京梅花桩拳研究会。他在选材和教学中，不仅继承了梅花拳收徒严谨的制度，而且注重对习武人的品德的考查，要求弟子以德服人、以理服人，不能做一个没有头脑的武夫！目前小架梅花桩拳在北京已繁衍了五代，韩其昌先生的理论、观念已经在小架梅花桩拳传入北京的这八十多年得到了最有力的体现和证明。

韩其昌先生在梅花桩拳的传播和普及上具有承前启后的重要意义，是中国武术界一座不朽的丰碑。正可谓：年少英豪，痴拳艺，名师门下，戳脚始。再习形意，百家兼纳。深县搏击多问鼎，沪杭攻擂逐争霸。侠肝胆，称铁臂沱南，传佳话。京城勇，云叱咤，国术社，情无价。助清贫弟子，万难不怕。面命耳提言艺

理，苦心孤诣催白发。平生愿，唯遍地梅园，同桩踏。

2. 韩建中（左图）

1941年生于北京，中国人民警官大学高级教官（三级警监），现系北京梅花桩拳非物质文化遗产传承人。韩建中自幼随其父韩其昌先生习武，深得梅花桩拳真传，是享誉中外的武林名家。

韩建中先生在公安大学的教学过程中多次获得教学质量奖和教学管理奖。1983年荣获全国优秀武术辅导员，1984年被评为北京市优秀武术辅导员。1988年编导了第二十四届汉城奥运会"空中彩虹"武术交流节目。1990年任第十一届亚洲运动会大型团体操"中华武术"刀术表演总教练。1991年代表北京市赴日本进行武术交流表演，获得一等奖。1995年7月和1997年4月任两届河北省深州国际形意拳交流大会开幕式总策划、总编导、总教练和副总评议长，1999年10月任首届中国武当拳国际联谊大会武术比赛总评议长。2005年任中华龙第二届世界太极拳健康大会开幕式三千多人大型团体表演的总策划、总编导、总教练。2006年，担任第一届"中国功夫之星全球电视大赛"评委会总裁判长，并先后到美国、法国、德国、荷兰等国进行武术交流和访问。2007年担任CCTV-5"武林大会"总评判长。2009年CCTV-5中国武术首届WMA职业赛事中担任现场直播总裁判长。2010年任全国梅花拳武术比赛总裁判长。2011年任"武行天下"中泰国际大赛总裁判长。2011年任由陈凯歌导演、五百人参加的实景剧"西夷之大理"的武术设计和总指导。

韩建中先后被少林寺拳法研究会、少林寺聘为武术指导，全美国少林拳法总会、全球洪门联盟、台湾洪拳武术协会、香港形意拳李老能研究会、北京大学武协技击研究会、北京大学武术研究中心、中国国际文化艺术交流促进会、广东省梅花拳研究会、武当拳拳法研究会、峨眉拳拳法研究会、海南师范大学、安阳师范学院、博武网等几十个单位聘为顾问、名誉校长、名誉教授或名誉馆长。1999年被法国巴黎市长特别签署并授予"体育贡献奖"。2006年被评为"全国体育贡献十佳风云人物"。

韩建中著作颇丰，著有《梅花桩》、《梅花桩续集》、《五式梅花桩》、《五式梅花桩实用技击术》、《擒敌制胜八十八法》、《神招克敌》、《实用擒拿术》、《擒拿反擒拿》、《夺凶器基本技法》等十几本著作，并参加公安部擒敌技术教材的编辑工作，在全国多家刊物上发表近百篇文章。1998年8月至2004年间，韩建中在中央电视台"康乐年华"、"早安中国""早晨"栏目中主讲"擒拿一招"，在中央电视台播讲了长达近五年的时间，受到社会各界人士的关注与赞誉。2011年深入基层走访四十多个市县一百多个乡镇，进行梅花桩拳的挖掘整理工作，用电脑记录了容量多达300多G的文献资料。

《人民日报》、《工人日报》、《中国体育报》、《中国教育报》、《中国政协报》、《人民画报》、《徐州日报》、《衡水日报》、《中华武术》、《武魂》、《武当》、《武林》、《精武》、《香港中国功夫》等报纸杂志，中央电视台、北京电视台、山东卫视电视台等多家新闻媒体都对他进行过采访和专题报道，表彰他的业绩。近五年电视新闻媒体对武术赛事及武术健身等的报道，使他成为对中国武术贡献最突出的核心公众人物。他的名字被收录在《世界名人录》、《中国杰出人物大典》、《世界优秀人物大典》、《中国专家大词典》等中。现在韩建中的博客"武行天下"，已成为弘扬武术精神和文化的平台。

身为武术高级教官，韩建中对中华武术的发展、传播、提高及国家的安定团结做出了积极的贡献。他培养的上千名弟子中，有的获得世界冠军及全国或市级武术比赛的金牌或银牌，有的走上了特殊工作岗位，成为维护社会治安的中坚力量，可谓桃李满天下。

韩建中对武术的追求始终没有停止过。为了发掘搜集、分类编整、考证注解武术史料，他行走于山水之间。他说："中国的武术培养了我，我是这个肌体中的一个细胞。虽然渺小，但我终身将为我从事的事业竭尽全力，报效生我、养我的中华民族。"这就是毕生武学无止境、放踵磨顶、寸心至死如丹的韩建中先生。

### 3. 韩超（左图）

韩超是梅花拳一代大宗师韩其昌的嫡孙，中国人民公安大学高级武术教官韩建中之子，道名韩罗超，道号玉昆子。韩超1968年9月2日出生于北京，六岁起随祖父韩其昌、父亲韩建中习武，系统地学习了

梅花桩拳、形意拳、戳脚拳、太极拳及气功等，对武术颇有造诣。著有《道家内丹修炼秘笈》、《太极拳真义》、《太极拳秘谱》、《形意拳真义》、《戳脚拳秘谱》、《阴阳五行的奥秘》、《中华剑道》、《内功是怎样练成的》、《铁臂侠韩其昌》、《旨琴问道话养生》等著作。1993年曾任海南省边防部队武术教官，2010年代表北京市道教协会去台湾地区进行学术交流，受到台湾地区的武术界及道教界的好评。

韩超曾就读于中央民族大学宗教专业，现任北京市梅花桩拳法研究会会长、福建泉州玉虚观住持、北京第六届武术运动协会理事、广东省梅花桩拳法研究会顾问、台湾太上传真道教会顾问、台湾红门总会武术顾问等。

韩超练功四十余年，非常重视武学思想中道的内涵。他秉承祖父韩其昌先生"尊师重道，习武修德"的宗旨，注重心、意、性、命的修炼和道德教化的践行。除了武术，还酷爱古琴艺术，现今正在挖掘整理古琴、瑟、箫、木鱼、磬等乐器组合的道家题材的曲目。近年来在武道与古琴艺术领域广收门徒，志在弘扬武术和道教文化，力争把武术与道家文化推向世界。

北京的小架梅花桩拳是由著名武术家、曾誉满中外的"铁臂沱南侠"韩其昌老师所传。韩氏梅花拳在北京已繁衍了五代，目前在北京学练梅花桩拳法的人数已过数万。在举世瞩目的第二十四届奥运会国际交流节目中，韩氏小架梅花桩拳作为中华武术瑰宝通过卫星向世界传播，受到五洲四海人士的喜爱。1984年，北京成立了第一个梅花桩拳法研究会，其后在河南、河北、广东、西安等地相继成立了梅花桩拳研究会。迄今，韩氏小架梅花桩拳越来越引起海内外武术界人士的重视，成为我国颇有影响的拳种之一。

# 第二章

# 梅拳的尊师重道文化

目前大家都在讲如何弘扬传统文化，可传统文化是分主流文化和非主流文化的！所谓主流文化，是以文、武为代表的，能增加个人实力、国家实力的文化。这种文化能强身、育智、磨炼精神，使人得到根本的改变。它是富国强民的基础。否则便是非主流文化。习近平总书记最近讲："中国传统武术是中国的一种特有文化，是中国的一种文化品牌，是国家形象的代表，它具有深厚的文化底蕴。通过武术作为载体进行教育，对传承与弘扬中国传统文化、增强民族认同感和凝聚力都具有重要价值，练习武术对提高国民身体素质、增强民族自信心和增加民族凝聚力显得尤为重要。武术教育迎合了中国梦的需求，能助推中国梦的实现。而9.3阅兵更是中国尚武精神的最好体现！"由此可见传统武术在民族复兴中的地位。

练字、操琴、吟诗、作赋等是文人文化的代表，练字、操琴可使人凝神聚气、磨炼心性、抒发心怀，吟诗、作赋可增加个人魅力及修养。中国的文人还传秉承着儒家的仁、义、礼、智、信等信念，并以此处事、修身。骑射、习拳、研究兵法、阵法，熟练应用十八般兵器是武人平时做的功课。他们冬练三九、夏练三伏，既磨炼意志又练就一身钢筋铁骨。他们同样推崇儒家的仁、义、礼、智、信等信念，讲究尊师重道、以德服人。文人与武人都有一套自己的内养之术，此术来源于中国医家的哲理，故此他们的寿命能过百岁。所以学习传统文化、发扬文武之道精神是一个习武者应该做的。

传统武术是中华民族之魂，是民族昌盛、国力强大的根本。它既是国粹，又是文化。传统武术融合了中医学、中国古典哲学、兵法学、文学、伦理学、力学、心理学等一系列学科，是中国传统文化里的精髓，能使中华民族更加强大。练武术还会使人具备一种能力，即"修身、齐家、治国、平天下"的能力。用什么来约束拥有这种能力的人呢？那就得靠德和道。

其实练武者都知道练拳如同修道，因为武道能净化心灵、善化社会、美化人生，因此习武者的人生是快乐的。武术里的修道，是一种修行式的生活方式，遵循养德、习练、弘扬的途径。可以这样说武道是、身、口意的自律及人的自我净化，否则将沦为武夫，让人看不起。修行是需要内心宁静的，人在练拳中所得到的宁静才能够起到养生作用，才能够开悟生智慧。长久地保持内心的宁静，其实是一种修养，是一种气质，更是一种境界。宁静不是平淡，更不是平庸，而是一种充满内涵的幽远。当一个人真能在宁静中触景的时候，这才是大彻大悟之时。诸葛亮在《诫子书》中提到："夫君子之行，静以修身，俭以养德，非淡泊无以明志，非宁静无以致远。夫学须静也，才须学也，非学无以广才，非志无以成学。慆慢则不能励精，险躁则不能治性。"所以学会宁静是一个君子修身的基础。

练拳者应该有高尚的举止、文雅的行为规范。习武者可用这些外在的形式来培育与发展内心的端正与仁慈，借此提升自己的人格。所以习修武道之人要外练筋骨、内炼调息，通过以外带内，实内而强外的方法来健身、治病、养生、御敌；同时还要通过修心养德，使心神安定，达到内生情愫而不动、外应声色而不染的状态。可见武道的修行不是整天练武、打坐，那些只是武修的形式罢了。习武既是改变又是修行，所以才叫武修。武修的修有修正、修理和修除等意义；行是言行，武的修行，就是修正、改变我们的言行，也就是说，不该说的不要说、不该做的不要做、不该想的不要想，就叫修行。修行的先决条件是信奉武道、不犯禁戒、依法而修、勤练不懈。

道教有句名言："道本无名，非经不可以明道，道在经中，幽深微妙，非师不能得其理，经无师不明。"目前武术教材很多，但不能代替老师的口传心授，武术中的微妙之处，往往是文字难以表述的，需要老师的点拨及示范，这也是武术传播中的一大难点。特别是对习练梅拳功法中火候的掌控，更需要梅拳老师根据每个人的身体状况以及领悟力的差异逐个施教。祖父讲："师父教徒言不明，徒弟必定艺不精。"所以，练武的关键在于找一位名师。名师除道德高尚、武艺卓绝外，还应有育人招贤的才能。所以一个真正的名师必定是一个头脑聪慧、知识渊博、品高德尚、功高技巧、正气凛然、尊长敬幼、慈善儒雅的长者。祖父

讲："名师必须具备三明：一为眼明，能洞察是非、辨其奸雄，能引人入正途，从而弘扬正气、报效国家；二为手明，武艺高强，能够春风化雨为众人之师；三为知明，博学多技尽得真传，能够引领徒弟知拳理、练其艺、悟其道。"师父与徒弟之间的关系必须是亲密的。因为武术教育关注的是心灵，要求师父与徒弟之间互相了解、互相信任、互相喜欢，这样才能传道，即把师父的人生态度和价值观传给徒弟。如果徒弟和师父之间互相不了解、不信任，那么只能传知识和技艺，是传不了道的，更不能把师父的思想传承下去！师徒之间关系的好坏离不开两个因素：一是师慈，师父有一颗仁德之心，能爱护徒弟，平时不要以老为尊，有时也要向年轻人学习；二是徒孝，徒弟知道尊师重道，能维护师父的尊颜，知道孝敬师父。

梅花拳的弟子们深知一个道理，若一个拳门中对师祖的价值认同发生动摇，那就意味着这个群体自身已发生裂变，不久就会消亡，所以梅花拳弟子特别注重尊师、敬师，以此来维护整个群体。小架梅花桩拳教言讲："梅拳珍珠倒卷帘，徒弟倒把师父传。皆因徒弟遵师命，传授初学访高贤。遍游各处来教会，师父面前诉一番。所传某人什么艺，所访何人艺哪般。从头至尾仔细讲，本性不敢把师瞒。师亲徒来徒遵师，彼此谈心艺业传。莫笑师徒传换艺，梅拳本是父子拳。武艺高强遵师训，哪个胆大不听言。徒儿不能比师大，浮云不能漫过天。学艺曾立宏誓愿，忘师背祖誓偿还。鸿蒙未开从头论，万古千秋往下传。"梅拳中师徒的关系如同父子，师父鼓励徒弟到外面去学艺，而且徒弟学艺归来后还可教师父，师父的这种胸怀及以慈父般的心态来对待徒弟，他们的感情能不深吗？武艺能不高吗？所谓武道修行，就是学道、悟道、行道、证道的一个过程。不管师父还是徒弟其实都是有些小毛病的，人无完人嘛！所以要修，要改掉身上的毛病。要修正自己的行为，使身心趋于武的正道，最终达到武道的最高境界。

近些年来，门派之见与中国社会的劣根性导致中国武术在逐渐衰落、失传，虽然在民间还隐藏一些功夫高手，但基本上处于近乎绝后的状态。其原因是师徒传承及学艺的信念发生了问题。过去，师父与徒弟想的是演练文武艺，教授后来人。美名远近播，万古流芳传。可是现在就有些不同了，目前有如下几种现象。

1. 有些人论资排辈的现象比较严重，都想当大辈。他们拜师，先不管师父会多少、个人功夫如何、人品如何，这些关键问题在他们的眼里都不重要，重要的是先有个大辈分。试问，即便你的师父是师祖亲手嫡传，堪称辈分很高，但艺没上身，自身修为又尚浅的所谓大辈，能对你的身心教育有帮助吗？跟这样的人练功能有长进吗？所以求辈分的高低、不求实际的真功是最愚蠢的行为。

一个想拜师者，首先要从根本上了解你所学门派的历史渊源，其次是多观察师父的言行，要选其中有修养、有真功的进行交往，甚者还要看师父所传弟子的言行及他们的功夫。所以拜师不是盲目的，是需要认真斟酌的，只有当你真正了解了师父，才能考虑入门问题。

在武林界拜师、收徒是双向选择的，是你选我、我选你的一个过程。师父不随便收徒弟，师父要考问你对练武的心坚不坚、你为什么来练等问题，还要考察你的人品；一旦拜了师，师徒俩的情分就算定了，从此师徒俩就开始在严寒和酷暑中一起习武磨炼。拜师收徒在武林界是件大事，不能等同儿戏。

2. 有些想学武的人跑来问我：道长，我真的很想学习武术，但是我不想太吃苦，也没有时间天天坚持练习，您有没有什么秘诀神功可以传授一下，让我们能像电影里演的那样，没几天就成为大侠客？我左思右想，真想不出什么神奇的方法。要知道，练功本就是一个先苦后甜的过程。诸君读本书时，只需翻翻纸页，看看文字、图片，这是何等轻松，可要将那些技法、动作练到心念专一、流畅准确，是需要受累流汗的，是要花力气才能将功夫练到身上的。仅仅掌握简单的技法并不能说明已得到武功，还需将武术的真谛融会贯通，真正记在心里、印在脑中，才能发挥自如。这个过程苦中有乐，持之以恒才会收获良多。有的人没有明确的学习目的，没有树立修习武道的远大志向，只是一时的心血来潮或抱有某种不切实际的幻想来练功，一味地好高骛远、急于求成，这当然是不行的。

现代人生活安逸不愿吃苦，加之生活节奏加快，迫于生活之累，没有时间去练拳。所以练武求省事、练功松懈是有些习武者的通病。他们给自己设定的练武标准低，能练十分钟，不练半小时，对所学的技艺浮皮潦草、不求甚解，平时不去吃苦练功，一味地追求什么奇迹发生在自己身上，其实这些都是徒劳的。试问这样的练习怎能出真功？怎能练出克敌制胜的身手？当他们面对强手受挫时，反

而埋怨师父平时如何如何地不传真艺!这些习武者,心存投机取巧的心理,想不出力气、不流汗水便身怀绝世武功,恐怕是武侠小说看多了的缘故吧!他们总想着能得到什么秘诀、秘笈、秘技,入了师门便求着师父传什么绝招之类,如果师父不讲便心生怨恨。试问,天下哪有什么绝招、秘诀、秘笈、秘技啊!实际上,你自身练出的反应能力、通过长久的练功自身积攒下来的功力再加上师父教你的招法才是你的绝招,才是一个习武者的资本。

我认为徒弟要想学本事,非常简单。多帮着师父干点活,别老让师父做事情,唯师命是从,这样老师才有空闲、有机会观察你的动作特点,给你切实、精确的定位,然后才能精准施教。

3. 我祖父讲"武术是活到老学到老的东西",他老人家的一生都是这样做的。每次他看到新技法,就会去认真研习。而现在有些习武者求速成,没真正沉下心去练拳、去做研究,而且门户之见越来越严重,什么都是自家的最好,不去研习他法,古人井底之蛙的寓言估计就是说给他们听的!尊重和爱戴自己的门派是对的,不过,这要看你怎样去尊重。比如,我是练梅花拳的,我逢人便说,我练的这种拳法有多好、有多么厉害,可当我被一个练形意拳的高手当众打败了,我将如何面对梅花拳的师父?其实我的失败是源于我不了解形意拳,不了解就要吃亏,这跟梅花拳技法的优劣没多大关系,是我自身见识短、功夫浅造成的。过去的习武者从不提及自己会什么,他见到好东西就学,可说是博采众长,与人动武赢了之后才说他是练何种拳法、师承是谁、属于哪一派,这样的所作所为能不为本门派争光吗?过去的习武人都知道武术是一家,见到好东西就学,哪有那么多门户之见!

4. 武林界自古以来就倡导重情、重义、侠义精神。老武术家都视金钱如粪土,他们豪爽大方,一直守着传艺不卖艺的规矩。我的祖父就曾讲过有人出二百两银子想学对劈刀他都没有卖的故事。他们这代武术家是多么的淳朴善良!他们在与徒弟交往时是出于真心、真义的,从不考虑个人利益得失,无偿地把自己多年所学传授给弟子,但现在这种无偿的付出换回来的却可能是冷漠,有些师生相见如同路人,还有的弟子在学完后音信全无,逢年过节连个问候都没有,这怎能不让老武术家心寒!

5. 有些习武者缺规少教，这也是目前武林界一个让人伤心的话题。这些习武者跟师父学艺多年后，身上有了点功夫便目中无人，言谈举止往往流露出老子天下第一的劲头，更不把师兄弟看在眼里，有的甚至辱没师门。

我认为，无论你习练过武术，还是正走在习武的路上，都应该感恩你的师父。他教你武德、教你本领，给了你健康的体魄，让你好似拥有了飞翔的翅膀。小架梅花桩拳的教言曾讲："为师不易，教徒更难。到处教授，众皆欣欢。留神细审，百无周全。有穷有富，有勤有懒。有拙有巧，有愚有贤。勿拘一体，规矩方圆。量才而教，思而后传。赤心彼众，终落怨言。远近亲后，正直思偏。彼不省悟，所遇无缘。前思后想，泪如涌泉。唉声叹气，回慎作欢。同一门下，不辞祖传。忍耐待时，天道循环。彼自警觉，师父传咱。不为饮食，不图银钱。不惮其劳，所为哪般。从此勤学，尽心精练。出类拔萃，文武双全。名扬四海，不愧师传。万古流芳，永不朽焉。"这些教言正好讲到了武文化的关键点"天地君亲师"及师德文化上。

在古人的观念中，天是人间祸福的主宰，地是人类生存的本源，明君将人从蛮荒年代引领至文明时代。如果说父母孕育了人的肉体，那么师就培育了人的心灵。这个师不仅仅是传授文化知识的教师，更是指心灵的精神导师。关于师道武林前辈总结了六条：一、师之重；二、师之责；三、师之慎；四、师之道；五、师之法；六、师之本。

第一、师之重

1. **生命之重** 人有三命，一为父母所生之命，二为师造之命，三为自立之命。父母生其身而师造其魂，而后自立其命。所以师者，再生父母也，一日为师终身为父，是为师父。

2. **圣学之重** 为往圣继绝学，为万世开太平，孰继孰开，师也。承前启后，继往开来，孟夫子继往圣，开来学，万世典范也。

3. **天下之重** 天下兴亡，匹夫有责，匹夫能责，在于务学，务学者，务经务师，然经师易遇人师难遇，所以为人师者，人之贵人也，天下之贵人也。所以师者，关乎人之生命，关乎圣学之传承，关乎天下之太平，成人子弟则天下至德，误人子弟则天下大失也，不可不重视而慎行。

第二、师之责

**1. 传道之责** 道者，良知也。人之初，性本善，因有良知也。所以师者，顺人善性，扬其善而抑其恶，是为传道。道者，创造也。道生一，一生二，二生三，三生万物。而道之创造，皆由人之创造而显，人之创造，与道同在，与生俱来，能生万物。所以师者，顺道而为，开人之创造，是为传道。

**2. 授业之责** 犬守夜，鸡司晨，蚕吐丝，蜂酿蜜，动物皆有所司，况人乎；花木司美，泥矿司器，水气司能，万物皆有所司，况人乎。工业、农业、商业、学业、职业、事业，世间千业万业，皆为人设，各有分工，各司其职，各取所需，是为业道。所以师者，因材授业，鼓之励之，以至成业，是为授业。

**3. 解惑之责** 惑者，迷也。人未有不学而知者。未知而学，学而后知不足，于是愈学，于是愈知不足，于是愈学，旋而复始，成长之道也。所以，师者，教其不足而解其迷也，是为解惑。

第三、师之慎

**1. 惰之慎** 学子少小好动，心性不定，未入正道，师不可惰而不严。《三字经》云：教不严，师之惰。严者，非怒也，非厉也，不惰也。不惰者，尽心也，必果也。

**2. 怒之慎** 为人师，压力烦恼，慎勿发怒，苟若发怒，过较常人更重。一者，学子少小，心性脆弱，易受伤害，苟受伤害，恐终生难愈。二者，为师者一人怒而众人受，一染十，十染百，受者甚众。三者，怒则失敬，失敬则学子不畏不信，恐有荒学业。所以师者应忍常人所不能忍，受常人所不愿受，受福受福，能有大受，必有大福。

**3. 利之慎** 庄子曰：众人重利，廉士重名（誉），贤士尚志，圣人贵精。孔子曰：君子喻于义，小人喻于利。师者，君子也，莫以利而教，莫以教谋利，苟以利教，苟以谋利，则失道亦。然师亦为人，人必计利，而教育之业，乃久利大利之业，所以师者，应以天下之久利大利而利。大利则大善，必有大庆。

第四、师之道

**1. 仁爱之道** 仁者德也；爱者慈也；师者父也；弟者，子也。故为人师者，唯以父母慈爱儿女之心爱人，方可行师道于天下，古今之圣王贤师，莫不以仁爱为教之本。师以爱子之心爱人，弟子自以孝亲之心尊师，父父子子，师师弟弟，父慈子孝，师慈子尊，孝亲尊师，道在其中矣。

**2. 师范之道** 言传身教，上行下效，学高为师，身正为范，乃教之根本。博学广闻，学而时习，教而时新，是以学高，可以为师。仁义礼智信，温良恭俭让，是以身正，可以为范。其身正，不令而行，其身不正，虽令不从。其身正而后能得敬，得敬而后能得信。其身不正则不能得敬，不能敬则不能得信。

**3. 谦德之道** 师者，勿以为师而自傲，人皆各有所长于天下，孔子曰：三人行必有我师。又曰：不耻下问。韩愈云：古之圣人，其出人也远矣，犹且从师而问焉。又云：弟子不必不如师，师不必贤于弟子，闻道有先后，术业有专攻。《学记》云：学然后知不足，教然后知困，知不足然后能自反也，知困然后能自强也，故曰教学相长也。

第五、师之法

**1. 鼓励之法** 气为人之能，有能而后能行，能行而后能果。所以善为师者，鼓其气，励其行。鼓者，使其动也。励者，劝其力也。动而力，力而动，愈动而愈力，愈力而愈动，周而复始，良性循焉。

**2. 诱导之法** 人之创造，与生俱来，善为师者，循循然善诱人。诱者，导也；导者，致其自达创造也。创造生其成就，成就生其信心，信心生其动力，动力生其创造，创造复生其成就。周而复始，良性循焉。

**3. 威严之法** 威于信，严于律，不怒而威，依律而严，是为威严。威者，信也。自信信他。信而能威，威而能敬，敬而能畏，畏而能严，严师出高徒；严者，律也。律己律人。律而能严，严而能行，行而能果，果而能成，成人子弟，方为人师。

第六、师之本

**1. 乐教之本** 好为而后能恒为，好教而后能恒教，十年树木，百年树人，不好不能为之恒也。而好之者不如乐之者，好教者不如乐教者，乐教而好学，学而不厌，诲人不倦，得天下英才而教育之，师之大乐也。师乐教而弟子乐学，教乐乐，学乐乐，教学相长，乐在其中矣。

**2. 修身之本** 学高为师，身正为范，身正在修身，修身之道，在《大学》，

《大学》之道即大人之道，大人之道，即修身之道，《大学》云：自天子以至于庶人，壹是皆以修身为本。师者，为人师范，尤当以修身为本，修身治教行大道。

3. **功德之本**　弟子以师贵，师亦以弟子贵，古之大成至圣先师孔子，西方耶稣夫子，释迦本师，老庄皆因其弟子而成其德。今天下之为师者，皆当以为天地立心，为生民立命，为往圣继绝学，为万世开太平而治教，贤德桃李满天下，是为师之大功大德也。

师父有上述六德，弟子才尊之。所以为师者要提高自己的教学水平，以上述六德为自己的为师标准；弟子要培养自己高尚的情操，以武道的修炼形式来净化自己的心灵，改掉自身的毛病，树立尊师重道精神，要以道和德来行事。师徒双方只有这样才能提高自身的思想境界，师徒之间才能团结，门派才能发展。一个有道有德的武林界才是武文化发展的乐园，希望这一天早日到来，为助推中国梦的实现做出贡献。

# 第三章

# 小架梅花桩拳新规

一树开花满树红，后来结果几个成，可惜无才终无用，可叹奇才不多生。每颗珍珠原本都是一粒沙子，但并不是每粒沙子都能成为珍珠。习武者若忍受不了磨炼与挫折，承受不住忽视和平淡，不私下苦练功夫，想要在武林界一呼百应是件难事！而且光有功夫没有德行也是不行的，习武者要有海纳百川的心胸、谦虚待人的品格才能受到大家的尊重及拥戴。为了培养有修养、有道德、有功夫、尊师重道的武术奇才，特设本入门新规，以此筛选优秀弟子作为小架梅花拳的传承人，让祖父他老人家在天之灵安心！

## 一、北京韩氏小架梅花桩拳门规

1. 尊师重道。不尊师重道，则失做人之根本，触犯者革出梅花门。

2. 心系祖国，以热爱祖国为荣，危害祖国为耻，触犯者革出梅花门。

3. 练习武艺不可懈怠。学习技艺要日夜勤习、勇猛精进，不可恃强凌弱、危害社会，触犯者革出梅花门。

4. 团结师兄弟，不可自私自利、自立门户，触犯者革出梅花门。

5. 凡传教武艺者，要诚实守信，绝不可重利轻义、欺师灭祖，更不可败名丧德，触犯者革出梅花门。

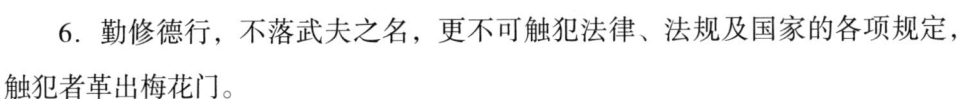

6. 勤修德行，不落武夫之名，更不可触犯法律、法规及国家的各项规定，触犯者革出梅花门。

7. 嫉贤妒能、造谣生事、毁人声誉者革出梅花门。

8. 拉帮结派、破坏师兄弟和谐者，革出梅花门。

9. 寻衅滋事、打架斗殴者，视情节轻重予以惩处，如触犯法律者革出梅花门。

10. 滥收徒弟，乱吾拳门，或以收徒为名牟利者，视情节轻重，不知悔改者革出梅花门。

11. 酗酒、赌博、行为不检、有损梅花门形象者革出梅花门。

12. 祖父讲"传教武艺者，好练之家可传也，不练之家不可言名也，不可传予匪人也"，韩氏梅花门弟子们要谨记。

## 二、入门规定

北京的小架梅花桩拳是由著名武术家"铁臂沱南侠"韩其昌老师所传，在北京已繁衍了五代。小架梅花桩拳非物质文化遗产传承人韩其昌先师为小架梅花桩拳后第十六代"合"字辈传人，其子韩建中先生为小架梅花桩拳后第十七代"教"字辈传人，其孙韩超先生为小架梅花桩拳后第十八代"永"字辈传人。其传承百代谱如下："道德通玄静，真常守太清。一阳来复本，合教永圆明。至理宗诚信，崇高嗣法兴。世景荣惟懋，希夷衍自宁。微修正仁义，超升云会登。大妙中黄贵，圣体全用功。虚空乾坤秀，金木性相逢。山海龙虎交，莲开现宝身。行满丹书诏，月盈祥光生。万古续仙号，三界都是亲。"

入门弟子要按此百代谱传序。入门弟子要有引师引荐，要有保师担保，并选其带师教授技艺。故保、引、带三师俱全时方可入门，并登记造册，同时告知门里诸兄弟。

## 三、小架梅花桩拳入门传拳细规

近年来梅拳中有些人不学无术，不曾见他们练过武，却不知哪里弄了个大辈分，以此自居，甚至在武林界到处招摇撞骗。为了杜绝此类现象，特立此新门规。以后梅花门弟子见面，不光提辈分传承，还要看彼此的技艺如何，是否真练过梅拳,以防"武骗子"在其中逍遥。希望本新规为梅拳的传承及推广起到积极的促进作用。

祖父讲梅拳有入三道门的传统。本新规规定:

一道门为入门弟子,佩戴铜质会徽。教授抻筋拔骨、弯腰踢腿基本功、小架梅花桩拳段位评选套路、小梅花拳一路和二路、单凤刀、梅花双刀、疯魔夜叉棍、五虎断门枪、双匕首以及24路对练手套等。想入二道门者,可向师父提出申请。

二道门为入堂弟子,佩戴银质会徽。教授小架梅花桩拳架子功、成拳十大手对练、梅花拳擒拿法、步下花刀、虎头双钩、单刀拐、双拐、春秋大刀、空手夺匕首、单刀拐过枪、双拐过枪、双刀过枪、琵琶杆子对扎、方天画戟、文棒等。想入三道门者,可向师父提出申请。

三道门为入室弟子,佩戴金制会徽。教授八段锦、十三太保功、公拳、对劈刀、奇枪对扎、对剑、奇门十三剑、棋盘大枪、镋耙、大刀过镋耙等。小架梅花桩拳传承人由入室弟子[①]中选拔优异者袭之。

小架梅花桩拳入三道门的规定,是梅拳前辈为了察看其弟子的品行是否端正、内心是否善良、能否真正做到尊师重道,故在传授技艺中分三个等级,以此来约束那些偷艺害师者,而不是入三道门就应有三个辈分。入一道门即为梅拳兄弟,大家亲如一家,彼此互相照顾,而无任何高低上下之分、入室弟子歧视入门弟子的状况。

总之,武功越高,责任越大(传承武艺及社会责任感)。习梅拳者要将武道精神作为自己的志向及宗旨并发扬光大。武道精神,是智、勇、仁三者兼备的总体体现。勇为第一,智也极其重要,同时更要心怀仁德、慈爱。习武不是以功夫胜人这么简单。老子说:"胜人者有力,自胜者强。"习梅拳者要孜孜不倦、勇猛精进,以振奋民族精神、强我民族之筋骨为己任,以修身养德提高自身素质为出发点,平时勤学苦练从而成为真正继承中国武文化的佼佼者。

---

① 入室弟子才有传拳授艺资格。

## 四、入门弟子与不入门学员的区别

武术,没有师父,就没有师承,等于无源之水,无本之木。拜师者有志于继续传承本门技艺并发扬光大,因此拜师既是对老师的技艺和辛勤付出的肯定,也是文化和技艺传承的最佳方式和途径,是表明自己学艺的诚意和传承的责任。各流派的名师开山收徒,是为了使传统技艺与文化精髓得以正脉传承、代代相传。简而言之,拜师,对徒弟而言,是为了立志更好地进一步深刻研究本门技艺并加以传承;对师父而言,是为了让本门技艺拳种能够有优秀的传承人。因此拜师学艺,远不是一套仪式那么简单,而是一门技艺的延续和一种文化的传承。师父作为一代传人,有责任将其继续发扬光大,择徒而授,把这份珍贵的文化遗产完好地传承给子孙后人;拜师者也要承担起继承、传承和发扬光大本门武术的责任和义务,并以实际行动维护本门学术的严谨、维护本门的尊严。简而言之,拜师,对徒弟而言,是为了学到别人学不到的东西;对师父而言,是为了武术的精华代代皆有传承人。成为某一门派的传承人,的确是一件可喜可贺的幸事。所以入门弟子与不入门学员的区别当然很大,我总结有如下七点。

1. 从形式上来讲,不拜师,就如同我们在学校的师生一样,是最普通的教与学的关系,只能称为老师,关系密切的可以称为师傅。可拜师以后就成为名副其实的师徒关系,徒弟可名正言顺地称老师为师父,也就是成为血脉相连的师生加亲情关系,成为血浓于水的"一家人"。人们常说是"一日为师,终身为父",即指的是这种关系。

2. 拜师以后,徒弟会被写入梅拳传承谱系,纳入梅拳传承网,有可能成为梅拳一代传承人,成为"根红苗正"的武术人,这是一个人被载入梅拳史册的光辉印记。没有拜师的学员,不可能有传承方面的记载。拜师与否,是武术爱好者的人生经历中仅次于结婚生子的一件大事,故特别重要,要特别慎重。

3. 从教授与学习方面来讲,拜师以后,有责任心的师父都会言传身教,也会"倾囊相授"地、毫不保留地将秘不外传的武术套路和功法传授给弟子。弟子要严守师训,继承师父的倾囊之授,汲取其精髓,并变成自己的东西,达到理法合一。而没有拜师的学员在学到一定程度的时候,师父就不方便再传授更深层次的东西,所以,对于学生,负责任的老师会教授武术中一定的基本理论和拳法,使学生少走弯路或不走弯路，健身养生足以，但想要达到一定程度就很难了。

4. 学习武术最重要的方法是"言传身教"。老师教学生一般是以上大课的形式教授，也就是一个人教许多学生，而且一般都是有期限的，是一个时期或一个阶段而已。而师父栽培徒弟，是靠单独传授或几个徒弟一起传授的方式来教授的，而且一个师父也许要倾其毕生的心血才能造就一个出色的弟子。

5. 拜师以后，师徒之间就建立了一种稳固的亲情关系。好的师徒关系真的如父子、如手足一样，打断骨头连着筋，一辈子即使相隔千里万里也割不断师徒的情分。逢年过节，或师父及师母的生日，或师父家里的大事，或开业、收徒等大事，方便的弟子一般都要去看望师父或亲自参加，不方便的弟子也可以通过各种方式表达自己的问候和关切。师父也会像对待自己的亲人一样对待自己的弟子。如果是没有拜师的学员就缺乏这份亲情关系，以师生之礼相处罢了。

6. 拜师入门之后就确立了正式的传承关系，解除了教与学的后顾之忧，徒弟可以一心一意地学，师父也能一心一意地教。

7. 拜师入门者，要承担起继承、传承和发扬光大梅拳的责任和义务，并以实际行动维护本门学术之尊严、维护师父之尊严。一般学员则没有这方面的责任和义务。所以入门弟子与不入门的区别是很大的。

# 第二部分

## 静功练习法及理论

# 第四章

# 静功练习原理及注意事项

当今社会,竞争越来越激烈,生活节奏也越来越快,人们的价值观、道德观,生活方式以及人与人之间的关系都在随之不断发生变化。在这种情况下,很多人长期处于精神不安当中,经常出现躁动、焦虑、失眠健忘、身心疲惫、食欲下降等的状况。大量的医学案例表明,长期的焦虑、痛苦、紧张、不平和空虚会导致亚健康及各种身心疾病。

这个现象其实很好理解。中医认为心脑用度太过则神气失养而不内守,而长期的失眠、身心疲惫及夜生活过度所造成的精血俱耗,会引起脏腑和机体的病变。这就是古人常说的心神不宁而生疾患。今人要想从根本上改变体内器官不协调的状态,可从习修武道入手并从武道的静功中滋养精神,以调整脏腑的气机,最终达到身体功能活动的平衡与协调,进而发挥人体内在的潜能,达到形神一体的效果。

其实,中国古代的养生家早就知道形体与精神活动是紧密联系的有机整体,故此才应用"虚静养神"的办法来调理自己的身体。那什么是形、什么是神呢?形是指形体,包括人体的脏腑、皮肉、筋骨、脉络及充盈其间的精血;神是指人体的精神思维活动,包括神、魂、意、志、思、虑、智等。《黄帝内经》曾讲"失神者亡,得神者昌",并认为只有"形与神俱";"形体不蔽(坏),精神不散",才能"尽终其天年,度百岁乃去"。由此可以看出,形是一切生命活动的载体,神才是人体生命活动的主宰,神能统御精气,有任万物而理万机的作用。

若我们的神常处于易动难静的状态,则对健康不利。因为神常处于躁动时,我们的能量就会处于消耗的状态,最终必有疲劳之日、亏损之时,长此以往就会对身体造成伤害。因此如何安神才是生命存亡的关键,所以我们才要虚静养神以保身体的健康。

养神的关键是清静。古人的清静养神观是源于老庄之学的。老子认为"静为躁君",主张"致虚极,守静笃",意思是养神要排除杂念,以此来达到心神宁静的状态。《黄帝内经》也引用了此观点并告知人们:"静则神藏,躁则消亡。恬淡虚无,真气从之,精神内守,病从何来。"意思是恬淡的生活可助达到无执意妄想之心境,精神内守也就是精神自然平静,若神归内养,疾病又从何而来呢?现代生理学研究证实,人达到内心宁静时,人体生命活动中枢的脑电波就能恢复到儿时的状态,焕发出生命的活力,这种活力对身体各器官的滋养及维护是大有益处的。

不过,为了防止有些人钻牛角尖、矫枉过正,在这里需要特别强调指出,中国传统的养生理论虽然崇尚清静养神,但并非让人心如死灰、无欲无求。清代曹庭栋就说:"心不可无所用,非必如槁木、如死灰方为养生之道?静时固戒动,动而不妄动,亦静也。"意思是心不可不动,适当的心动也是"养生之道"。他同时指出:"用时戒杂,杂则分,分则劳。唯专则虽用不劳,志定神凝是也。"说明静中也蕴含有动的因素。不妄动、顺时而动,才是养静的根本,但这个养静之道是指人的心性修炼,而不是让人整天无所事事地在家里静着、待着、坐着。我认为平时该做啥做啥,只要在做静功时把心沉下来、静下来即可。虚静养神的功法在这里简称静功。静功是指练功时身体在一定的空间内保持不动的一种功法,要求止念进入禅定的状态,达到忘我,达到虚无,精神内收最终形成内养的状态。待肾中真阳之气发动时,再行周天功法来采药,此法就是前辈所说的"静中有动",这个动是指内动。平时还可以通过导引法或内观法来调节、滋养自身的脏腑。

## 一、练静功注意事项

### 1. 止念

前辈讲:"安心心法有谁知,只把无形妙药医,医得此心能不病,翻身跳入太虚时。"安心、收心的方法,在道家叫"锁心猿,拴意马",道家认为人的心意就像猿猴与马一样动荡难以驯服。因为"人身好清而心扰之,人身好静而意乱之",若要进入"心无其心、形无其形"的先天妙境,就要驯服这颗心;只有让

心湛然常寂，才能得天地的造化。为什么《西游记》中要给孙悟空戴紧箍咒？这是因为孙悟空代表的是心，必须要箍住它才能修道。因为人妄想过度会扰乱自身的气机运行。

心与息是相依的，息不调则心不定，心不定则气不凝。收心猿，锁意马，让心收住，要达到归复于清宁虚无的状态才是静功之本。因为这种状态能使脏腑气血的循环变得缓和，可防止因内心的躁动所引起的气血急促失调及精神浮躁不宁之病。人体的心脏有两个功用，第一，运转血液周流全身，血液周流正常则面部无枯槁之容；第二，精神的作用。前辈讲："若人老病垂危、魂欲离体，一意存神于心，不惊不恐，不乱不摇，则必能延命于俄顷。"病危之时尚能如此，更何况少壮之时！所以修习这种止念、定心存神之法，是对人生大有益处的。

2. 炼己

炼己是离不开道德修养的。不重视道德修养的人欲心是重的，自身的七情六欲更是难以控制，所以古人教导我们要存德心、行道事。只有德修好了，才能无私无欲，才能心念淡泊，身体才能返归先天元神的统领，才能成为一个有智慧的好人。这时你的心才能趋于宁静。

3. 意识达到入定状态

静功练习，要求意识达到入定状态，入定程度的深浅在很大程度上决定着养神的效果。不管选用哪种方法，首先必须掌握正确的练习法则，然后再树立坚定不移的信心，持之以恒地去修炼，勿求速成，更不要畏难而退。习练时要顺其自然、循序渐进，不要执意妄想地去追求什么奇迹的发生，否则欲速则不达，反而会走向歧途。

4. 安静的环境

这个要求是因人而异的。对于特别容易入定的人来说，不需要过分强调这个问题；对于初学者来说，如何避免外界的干扰是首先要注意到的事情，因为在练功中务必要保持周围环境的安静，否则初学者是很难达到入定状态的。

5. 某些情况下不适宜练功

（1）不要在大饥、大饱、大怒、大惊或情绪冲动时练功；（2）不要在下雨、打雷时练功。我祖父讲"若练静功时受到惊吓会很容易走火入魔"；（3）练功时须保存一点精气，不要房事太频，以免因房事太频而影响练功的进程。

### 6. 女子要修正"意守下丹田"的练法

女子要以练中丹田为主。因为女性若常意守下丹田会引起血崩等病，严重时还会有性命之虞。这里顺便对上、中、下三丹田做一个简单的介绍。

下丹田位于肚脐往里一寸三分之处，背前（命门穴前）连线的前三后七的位置。古人认为，练此可养精、生气。以道家的真种论来说，下丹田这个位置靠近肾（水），"水源"充足，再逢上丹田神光的下照，便可成为先天之气与后天之气转化的枢纽。

中丹田的位置指胸口膻中穴，即两乳连线的中点位置，也叫乳溪。男性一般不练中丹田，因为男性以炼精为主，下丹田靠近肾，利于炼精；女性提倡练中丹田，因为中丹田靠近肝脏，肝藏血，女性练功要以养阴、养血为主，所以女丹功要求女性注守乳溪。另外，中丹田内有胸腺，长期练中丹田，胸腺分泌旺盛，可以预防衰老和养颜之功效。女性还可以因此斩赤龙（绝月经）而回到女童时精气充足的不漏体态。故女性在丹功训练中以练中丹田为主。

上丹田在两眉之间，也有称性宫、泥丸宫、玄关的。虽然称之为丹田，但一般不用于聚气、养气。上丹田为藏神之所，道家认为人的本性真种"元神"就藏于此窍。对上丹田的修炼主要在于养神、炼神上，养神能使神旺，炼神能使本性从中显发，获得精神的超越。

道家常说的"三宝分炼"分别指的就是上丹田炼神、中丹田炼气、下丹田炼精。

### 7. 练功前的准备工作

（1）先排尽大、小便，以免在练功中憋得难受。然后要漱漱口，让口中清新，好使人能静心生津。

（2）关好门窗，堵上风源，谨防在练功中受风。练功，人体的毛孔会像窗户一样打开，如果此时有风，人体会很容易遭受风邪的侵扰。祖父曾讲过"针眼大的窟窿斗大的风"、"要避风如避箭"的话，望习练者谨记。

（3）对室内光线进行调整。拉上窗帘，防止室内过亮，而且在练功时要背光而坐。

（4）最好坐在垫有软东西的硬板床或硬板凳上，如坐垫等，此举有利于气血的运行。

（5）要宽衣解带，并摘掉所佩戴的一切饰品。

（6）如果练功前干了较繁重的体力劳动，要先休息一下，至身心平静、体力恢复之后，再开始练功为好。

（7）身体须端正。脊柱不可挺得太直，胸微含，坐要稳。

（8）头部须端正，下颚微收，口微闭，上、下唇及上、下齿应自然相接，舌尖轻抵上颚。

（9）眼须微闭如垂帘状。因为在练功中眼睛全闭上容易睡觉，眼全睁开时又容易受外界干扰导致心意散乱，而无法内守入定。

（10）前辈讲"心内观心觅本心，心心拒绝见真心，真心明澈通三界，歪道邪魔不敢侵"。故此要祛除一切杂念，端身正坐，恰似一块磐石，存想丹田。《内经》说："心神动则五脏六腑皆摇。"所以要收心止念，以此来安养我们的脏腑。

（11）习武修道最重要的是调和身心，要整理杂乱的思想，使其不散乱。故此我祖父讲："澄心静坐，万缘放下，一念不生，身心空寂，物我皆忘，是为要着。心中毋生此四相，如心中恍惚，名为沉相；如心走于外，体亦不安，名为浮相；如用心过度，名为急相；如心志散漫，口如流涎，名为宽相。"祖父认为此四相全是心中不良之相，需要避除。

（12）呼吸也有四相，即风相、喘相、气相、息相。其中，风相是指耳朵能听见自己的呼吸声，似呼呼风声。此相一出则使气不能凝、气散无功。喘相是指虽然呼吸无声，但鼻中似乎阻塞不畅；或是为刻意不出声而强制压低呼吸，使其无声；或是呼吸始终感觉上气不接下气，这些都属于喘相。此相一出则容易使气淤结不畅，造成憋闷气喘。气相是指虽然呼吸不喘、不滞，往来很顺畅，耳中也听不到声音，但呼吸一来一往非常"清楚明显"。此相一出则人不能真正做到入定。息相是指呼吸无声，往来顺畅，呼吸如游丝一般绵绵柔柔，似乎消失了，而又似乎存在，非常微弱，心神与气息亦是绵绵细长，神息绵绵相抱。此相才是我们追求的呼吸状态。不过，习练者一开始是不可能达到息相的，一般都处于前三种相中的某一种。这在练功初期是正常的，调息的目的就是要把这三种非状态的呼吸调整到息相的状态上来。

（13）祖父曾跟我说："初坐气功时要须含其光明，凝其耳韵，均其鼻息，减其口气，四肢不动，一意冥心，（女）存想中处（男存想下丹田），先存没忘，渐至泊然不动，斯为合势。盖人身之中，精血神气，非能自主，悉听于意，意行则行，意止则止，要意守丹田，排除杂念。只有少思寡欲，冥心养气、存神才是修真要诀。"

## 二、行、站、坐、卧练功法

祖父还跟我说："在睡前用心把所会的拳法认真想一遍，这也是在练功。"其实功法是无处不在的。吕祖曾讲"动修经络立修脉，坐修神意卧修灵"，所以古人的行、站、坐、卧，其实都有其养生及练功的目的。他们通过长期的实践总结的行功法、站功法、坐功法、卧功法，现分别介绍如下。

### 行功法

这种走功在于以身动求心定。仙师王重阳曾云："两脚任从行处去，一灵常与气相随。有时四大醺醺醉，借问青天我是谁？"这首诗把行功要领说得淋漓尽致。走功正是要在这如醉如痴的轻缓步态中，心息合一，进入无人无我的混沌境界中。当行路和散步时，目视前方三五步处，神不外驰，手掐子诀做握固状，依行路的速度自然呼吸，逐步进入佳境。如能长期依此法锻炼，便可以久行而不易疲倦。当然，练太极拳或小架梅花桩拳时也可以使用此法。不过，这样练功属于内养范畴，与搏击无关。

### 站功法

《性命圭旨·立禅图》曰："随时随处，逍遥于庄子无和有之乡；不识不知，游戏于如来大寂灭之海。"若天朗气清之时，当用立禅纳气法而接命。其法曰："脚跟着地鼻辽天，两手相悬在穴边，一气引从天上降，吞时汩汩到丹田。"站功法的初期是通过用意念控制咽津，以养丹田之元，待机入定，渐渐进入混混沌沌、空而不空的状态，从而真正达到无我之境地，待肾中真阳之气发动时再行周天功法。

### 坐功法

坐功是丹家最基本的功夫。丹功的坐姿以方便坐为常用，还有单盘腿、双盘腿和垂腿坐。这些都要求身正，脊柱不可挺得太直，胸微含，坐要稳。习练者如果能心念不起、自性不动、内不出、外不入，便达到真坐了。

盘腿坐式有三种：1. 双盘式是把左脚放在右大腿上面，再把右脚搬到左大腿上，双脚脚心朝天，双手掐子午诀后置于小腹前面；2. 单盘式是把右腿放在左腿上面，或把左腿放在右腿上面，手势如前法；3. 自由盘腿是将两腿互相交叉而盘坐。

垂腿坐式是指坐在高低适宜的椅、凳上，以坐下来大腿面保持水平为度，小腿放松垂直，两脚平行着地，两膝间的距离以能放下两拳为准；两手心向下，掐子诀握拳，做握固状自然放在大腿上；两肩放松下垂，腰勿用力，不要挺胸或驼背，头顶如悬，下颌略回收，体态以端正、自然放松为标准。

**卧功法**

《性命圭旨·卧禅图》及陈抟老祖所传的睡功皆主张侧卧，可以参照修习。陈抟老祖以卧功炼丹入定来练就先天一炁，从而进行人体和宇宙的能量交换。（女）一般侧卧意守黄庭中宫，（男）意在肚脐心息合一，男女存想丹田用鼻以行吐纳，或配合观想采气法、采日月星辰精华法，皆可进入天人合一之境。方法是右侧着床，伸下腿屈上腿，左手掐子诀握拳做握固状自然放在左胯上，将右手置于头下做枕。当然，也可左侧着床，伸下腿屈上腿，右手掐子诀握拳做握固状自然放在右胯上，将左手置于头下做枕。这个要随个人的感觉和喜好而定，不过，最好是右侧着床，因为左侧是心脏，长时间左侧着床对心脏有压迫。

道家认为失眠是心肾不交所致，主要是平时用神过度、缺少锻炼致心火常旺于上、肾水常亏于下。失眠是指思想情绪的"火"不能沉下来，阳不入于阴。当人睡不着时，思想就在脑子里转，妄念停不了；气在上面，妄念沉不下来，所以很难入睡。人体的水、火二气，在身体健康时，火应该在下，水在上，这样头脑是冷静清楚的。血压高有时是下面气虚所致，所以通过调养使下元的气充实，血压就自然会降下来。道家的水火交感的意思是火在下时阳气充足，水在上面头脑才清净。以武修道是为了常保持元气在下充实，上面头脑清凉，水在上面才能玉液还丹，清凉甘甜的口水才能经常有。

祖父讲："……心属火，中藏正阳之精，名曰汞、龙。肾属水，中藏元阳真气，名曰铅、虎。先使水火二气，上下相交，升降相接。用意引动，脱出真精真气，混合于中宫。用神火烹炼，使气周流一身则气满神壮。若动静兼修，内修成矣。"这里说的水、火是意指心、肾。心居上焦，其性主动，以阳为主；肾居下焦，其性主静，以阴为主。心阳必须下降以温肾，肾水必须上升以济心，因为心为阳之所主，肾为阴之所主。阴升而为水，阳降而为火，懂得了心火、肾水相交（龙虎交媾）、上下火候，就可谓掌握了安乐常行之法。肾在八卦中属坎卦，五行属水；心属离卦，五行属火；人的心居上而肾处下，心藏火，肾涵水，火性本上炎而水性易下润，结合八卦中的坎、离定位，这就是"火水未济"之象。所以火在上需降下以温肾水，水在下需上升而凉润心火，如此就变为坎离交媾，"水火既济"之势。

心肾不交的养生之道是先补肾水，后泻心火，在平时以多加锻炼为原则，因锻炼可以交通心肾，使心肾的阴阳重新得到平衡，达到水火交泰的状态。再者，不管老年、中年或是少年，在失眠时如把身体蜷起来睡，并按照睡功的要求做，可使心肾不交者勉强气交。交就是将心、肾二气连起来，这样就可以睡着了。不过，这是暂时的办法，如要想彻底改善失眠症，还需把静功与动功合理搭配来调理身体。

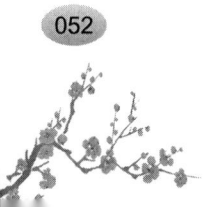

第五章

# 八段锦功法练习

据记载，八段锦功法是由唐末五代的钟离权仙师所传的一种上乘的气功锻炼方法。八段锦的八字，不是单指段、节或八个动作，而是表示其功法在动作之间，有相互制约、相互联系、循环运转的含意。八这个数还有对应周易的先天卦象坤卦之意，坤主柔、主顺、主通畅，以此来应老子的守柔之道。锦字，是讲其精美华贵，并难以寻求之意。故名为八段锦。不过，目前传承中的八段锦有八个动作的和十二个动作的，后人又称十二个动作的为十二段锦以示区分。其实这十二段锦只是在八段锦功法上加了四个动作而已，我认为它们师承一脉，不用刻意去区分它们。八段锦功法既完整又独立，如果能正确练习，则有调整脏腑功能的作用。

八段锦功法乃修道之基，其中有很多静功的妙用，比如调息、咽津、以神驭气等，若能正确练习会使人受益良多。若能长期坚持动功、静功相结合的方式练功，便能达到邪魔不敢近、梦昧不敢昏、寒暑不能侵、灾病不能入的境地。有人会问，为什么在讲小架梅花桩拳的书里要提八段锦呢？这是因为小架梅花桩拳里的十三太保功根本就离不开八段锦这门功法，有此功法作基础，才能很快进入恍恍惚惚、混混沌沌的境地。所以只有在熟练掌握八段锦功法后，才能在练习十三太保功时心神不外驰，从而很快进入虚无状态。

总结起来，八段锦静功可精化为八个功法阶段：一静神、二叩齿、三鸣鼓、四咽津、五摩肾、六轳转、七虚托、八足心。可是今天的很多人，却只对"闭目冥心坐，握固静思神"后面的动作感兴趣，唯独忽略了最重要的静功修炼内容，并把八段锦编成像养生操一样的东西来练习，美其名曰行功八段锦，这真是令人感到可惜、可叹！

其实，八段锦中的第一个姿势就涉及打坐功夫。习练者在打坐初期会有两腿发麻的感觉,这是因为身体气血不畅,腿部积累的陈沙太多。所以需要练习。当腿部积累的陈沙不多时,气机上下运转升降就会通畅,不但腿不感到麻痛,还会有舒适快意的感觉,故愿意打坐,古人管这种现象叫"发乐"。但不能长期、长久地把打坐作为唯一的修炼方式,若长期如此,会出现久坐伤身的状况。故此八段锦的后七势是动功,实乃调理身体气机的,望读者明见!

## 一、八段锦具体的练习。

### 1. 闭目冥心坐,握固静思神

此势为八段锦功法最核心的内容,不过,难以用笔墨将其说尽。为何这样说呢?其实。打坐动作很好讲。古书中说,"蟠跌坐姿,身下须用芦花之类做软褥垫坐为妙",用软垫微微垫高尻骨,是为了令真气容易过尾闾关。真正难讲是"冥心坐"及"静思神"。因心神最易外驰,如天马行空之难羁,故调和最是不易,所以必须依着静功的习练方法,把呼吸练到非常之静,才能调和其心,才能进入静功的最高境界。故此练静功须要把身、息、心三者完全调和,要做到先端坐调和身体,再做到清净调和呼吸,最后还要做到止念调和其心才

行。祖父曾经给我念了一首诗:"元神一出便收来,神返身中气自回,如此朝朝并暮暮,自然赤子产灵胎。"这首诗说的就是练八段锦时的功景。祖父还讲:"心念不起名为坐,自性不动名曰禅,只有静坐少思寡欲,冥心、养气、存神才是静功之要诀。"因此八段锦一开始,就是通过运用导引法或内观存思法,逐步使自己进入静的境界,即道家所讲的恍恍惚惚、混混沌沌的状态,待肾中真阳之气发动,好行周天之法。

所以不要小看这个静字。在静功练习法中,静是有三重境界的:第一重是身

静。身体不动，谓之身静。练功之时，不要存有紧张情绪，要保持身心的放松，这自然有利于入静。如果能坐得住，坐得轻松，甚至不愿意再动，这种状态是身体已经得到安静的表现。但这只能说是静功的初级功夫。当做到身静之后，心中的念想尚未完全清除，万缘还未完全放下时，就要赶快进入第二重境界。

第二重是心静。念头不动，谓之心静。古人讲："身不动则心安，心不动则神宁。"只有当心中不起念头，才能做到以心使气、心气合一。当以往事情不回忆、眼前事情不记挂、未来事情不打算、大脑神经完全进入专一的状态，内心世界完全得到安宁时才是心静。此为静功之中级功夫。

第三重是意静。当不知有我时，谓之意静。心中无念之后，还有一个我存在，意识尚未彻底干净，这不叫意静。只有进入"混混沌沌"、"空而不空"的状态，真正做到无我之时，此时就是把鸟的软毛放在鼻端，鸟毛似乎不动，人也好似没了气息的程度，才到了静功之最高境界意静。所以看似简单的一句"闭目冥心坐，握固静思神"，其实才是真正的静功。练功者只有达到这种意静的状态，才能说习练者有点八段锦的修炼功夫，然后才能练站功，如练十三太保功法等。而且打坐打好了还可治愈严重的抑郁症。

另外说一句，辟谷就是练气练到这种境界时，身体自然进入的一种不需要吃喝的状态，这种状态好像乌龟进入冬眠时身体不需要吃喝的状态。而有些人说是在练辟谷，但他的精神还处于兴奋状态，只是用毅力控制自己不想吃喝而已，这是百害而无一益的。因为是用意志来控制自己吃东西的欲望，所以有得厌食症的可能性，又因为自身没有真正达到静的状态，身体还在消耗大量的能量，这时消耗的可是自身储备的精华，如果消耗久了，身体必然会虚弱，所以我才说这种"绝食辟谷法"有百害而无一利。我称之为绝食运动，而非真正的道家辟谷功法。

接着讲闭目冥心坐，握固静思神。此势由"做握固状"开始。用舌在口中上下左右搅动，再使生津液，待津液满口时，再鼓漱咽下。然后行导引法，吸气不必加意念，吸气自然，然后屏气吞咽口中的津液，同时徐徐将气呼出，并用意念好似将津液一点一点地送入下丹田；待气呼完时，仿佛吞咽之津液已运到下丹田。如此数回，待心思沉静下来后逐步进入"混混沌沌"、"空而不空"的状态。八段锦静功出定醒来后，为了起到按摩梳理筋脉、活动筋骨的作用，便有以下七式。

出定醒来后，要做发常梳、目常运的功法。发常梳的操作方法是：将双手掌互搓数次，令掌心发热，然后十指向后，由前额开始用手梳头发，经后脑回颈部。早晚各做数次。头部有很多重要的穴位，经过发常梳的操作，可以明目，预防头痛、耳鸣等。目常运的操作方法是：微合眼，用眼珠转圈，先左、上、右、下顺时针方向转，然后眼珠逆时针转圈。重复三次。然后搓手，将发热的掌心敷在眼部。其作用功效是：可明目、治疗近视、缓解眼睛疲劳，尤其适用于经常玩手机，眼睛疲劳的人。然后慢慢睁开眼睛，搓搓双手，待双手搓热后双手手掌顺着鼻勾画圆揉搓，直到面部搓热，鼻窍通气为止。经常做这些动作，可以令脸色红润有光泽，同时不会有皱纹。

### 2. 叩齿三十六，两手抱昆仑

古人认为牙齿是筋骨之余，经常轻轻地叩击，可使肾气牢固、心神清爽，还可起到加强肠胃吸收，防止牙痛、蛀牙和牙退化的作用。两手向上相叉虚托抱顶，左右旋转可以去除两肋积聚的邪气。

该势的练习方法是：双手做握固状，上下牙齿相叩作响三十六次，然后用舌在口中上下左右搅动，再使生津液，待津液满口时，再鼓漱咽下。

然后两手交叉向胸前伸展后在向上虚托至头顶后下落，双手抱头停顿数分钟后，目视左肘尖。再以腰为轴，上身缓慢向左旋转至极限，停顿数分钟后，再缓慢归于原位，目视前方。然后再向右旋转，动做同左。左右旋转共十次。这动作可以强化肠胃、固肾气，防止消化不良、胃痛、腰痛、腰椎间盘突出等症。

另外，中医有一个预防中风的好方法，叫做"咬天门"，操作方法是把上下牙齿整口紧紧合拢，用力一松一紧地咬牙切齿，咬紧时加倍用力，放松时也互不离开。反复数十次。这样做的最大好处在于使头部、颈部的血管和肌肉、头皮以及面部都处于有序的紧张和舒展动态中,加速脑血管血流的循环,让趋于硬化的脑血管逐渐恢复弹性,让大脑组织血液和氧气供应充足,从而减少眩晕的发生。"咬天门"的方法应天天练习,不拘时间。在持续两个月之后,部分患者就可以感受到疗效,一过性脑缺血的症状明显减轻。如果能常年坚持,脑动脉的弹性就会得到一定程度的恢复,大大减少脑卒中的发病率。冠心病患者、高血压患者以及糖尿病患者,都适宜应用此法。

### 3. 左右鸣天鼓,二十四度闻

(接上势。)两手掌掩在两耳处,食指叠于中指之上,随即弹击后脑枕骨二十四下,每下间隔大约几秒钟,以此来驱除风池之邪气。这动作每天临睡前做,可增强记忆和听觉。

### 4. 微摆撼天柱(左、右同),赤龙搅水津,鼓漱三十六,神水满口匀。一口分三咽,龙行虎自奔

(接上势。)把双手平放于膝上,头部缓缓向左扭转停住,挺颈用眼观其左肩后,右肩及上身保持不动,停顿数秒后,头部缓缓归于原位。头部再缓缓往右扭转停住,挺颈用眼观其右肩后,左肩及上身保持不动,停顿数秒后,头部再缓缓归于原位。如此反复练习十二次。这动作经常做可以令头脑灵活,防止颈椎增

生、治疗颈椎疾病及祛除风池之邪。不过，注意要慢慢做，否则会头晕。古人形容人体的颈部为通天的柱子，所以这组动作叫做"微摆撼天柱"。

此势练完，身体归回原位后，用舌头在口中上下左右搅动，使口中生出津液，然后在口中鼓漱，等口中津液填满后再将津液分三次咽下。此法可祛除肝脏的风邪。舌头在八段锦功法中被形容为口中的龙，故叫做"赤龙搅水津"，这里的津乃口中的津液。古人认为"津为肾之液"，经常做这动作，可以强健肠胃，延年益寿，还可以助消化，平五脏之火气。古人非常重视口中的津液，并给予多种称谓，如金浆、玉醴、甘露、自家水、醴泉等。漱咽之，又名"胎食"。道家又称行周天功法的过程中所产生的津液为金液、玉液。不过在道家修炼中，玉液、金液两者有所不同。人的舌下为玄膺，该处有两窍，左名金津，右名玉液。当精气经过玉池的时候，该窍所分泌的唾液为玉液，《黄庭内景经》中说它有"开通八脉血液始，颜色生光金玉泽，有齿坚发黑不知白"的功效。再说说这金液的生成。在内丹术中认为，金液是肾水中的精气上升之故。真水蕴藏在肾中，在周天功中真水可以随精气的运转而上升至口，化为甘甜的津液。古人认为金液对身体的功效要远超过玉液。

当玉液或金液增多，待"津液满口时，则微漱数遍，然后行导引法，吸气不加意念，吸气自然，然后屏气吞咽口中的津液，同时徐徐将气呼出，并用意念好似将津液一点一点地送入下丹田；好似津液徐徐以意引下重楼（气管），渐过膻中（两乳之间）、鸠尾（剑突下）、中脘、神阙（脐）至气海（下丹田）止"。在咽下时，最好闭目凝神，要感觉到它下降到下丹田。

### 5. 闭气搓手热，背摩后精门

（接上势。）深吸一口气停闭不出，两手互搓至发热，然后急分开来摩擦后背的后精门处，一面摩擦一面自然呼吸，以感觉发热、发烫为止。然后将两掌捂住后精门，用意念守住后精门约几分钟即可。如此反复练习几次，做完后收双手做握固状。故叫做"闭气搓手热，背摩后精门"。

此处通常有两种锻炼方法：一种是意守法，用掌擦后精门，以感觉发热、发烫为度，然后将两掌捂住后精门，用意念守住后精门约几分钟即可；另一种是采阳消阴法，即背部对着太阳，意想太阳的光、热源源不断地进入后精门，心意必须专注后精门，时间约30分钟即可。不过，此法建议冬至后老年人晒太阳时练习，夏天最好不练，因为夏天太阳大，容易中暑。

这里说一下后精门。我祖父对我讲："腰眼为密户，又为内肾命门。命门是先天之气蕴藏所在，是人体生化的来源，是生命的根本，对男子所藏生殖之精和女子子宫的生殖功能有重要影响；并对各脏腑的生理活动起着温煦、激发和推动作用；对食物的消化、吸收与运输及水液代谢等都具有促进作用。如经常按摩后精门这个地方，可强肾固本，温肾壮阳，强腰膝、固肾气，延缓人体衰老；疏通督脉上的气滞点，并能辅助治疗肾寒阳衰、遗精、腰痛、行走无力、四肢困乏、腿部浮肿、耳部疾病等症。"

### 6. 左右辘轳转，两腿放舒伸

（接上势）。双手叉腰，先用左臂连肩画圆，如同摇辘轳一般，同时左手除作

为支点外还需按摩侧腹部。左侧做完再做右侧，右侧与左侧等同。左、右各几次即可。因此势如同摇辘轳一般，故叫做"左右辘轳转"。

此势毕，双腿自然前伸放松并平息纳气，也就是自然呼吸，双手放在膝盖上。然后搓手使手心发热，手暖后两手交叉，围绕肚脐顺时针方向揉。这动作可以帮助消化、吸收，可治疗便秘腹胀等症。然后在摄谷道（即提肛）吸气时提肛，即将肛门的肌肉收紧。闭气，维持数秒，直至不能忍受，然后呼气放松。这动作无论何时都可以练习。最好每天早、晚各做20至30下。相传这动作是历代帝王最得意的养生功法。有提升中气、固精止泄的功效，对慢性腹泻、男子性交时间短有不错的效果。

### 7. 叉手双虚托

（接上势。）全身放松，双手在胸前交叉，然后深吸一口气，伸臂，双掌伸于双脚前，同时身体前探，随后双手向上托于头顶，身体同时回归原位屏气，待憋不住气时双手再放下，置于膝盖之上，自然呼吸。停几秒钟后接着做。如此反复做几次即可。

### 8. 低头攀足频

（接上势。）双手向前伸，同时身体前探，手心攀到双足心为止。在攀摸足心时双腿及膝盖尽量伸直，最好双手能搓到脚心。此势共攀摸脚心数十次即可。然后收腿，右手擦左脚，左

手擦右脚。由脚跟向上至脚趾，再向下擦回脚跟为一下。共做十几下。然后大拇指按压涌泉穴。常做这动作，可以固肾气、治失眠、降血压、消除头痛。

### 9. 收势

上势完毕后，收腿盘膝而坐，双手握固，闭目静坐，用舌在口中上下左右搅动，再使生津液，待津液满口时，再鼓漱咽下。至此八段锦练习结束。

## 二、八段锦静功六字诀祛病法

六字歌诀是一种吐纳呼吸法，它与八段锦是孪生姐妹，又名踵息法。它是按照四时、五行与脏腑经络的关系，用"嘘、呵、呼、呬、吹、嘻"六字，分别与心、肝、脾、肺、肾、三焦相对应。如某脏器有病即可用相应之字调理。它的治病原理是通过正确地发音及导引法所产生的气流振动来激发其相应气机，使相应器官产生修复现象。因为六字诀养生保健的功效显著，所以自古以来不仅为中医所推崇，而且为道家、武术家所接受，并在中医、道家、武术界广为流传。

关于六字诀的记载最早见于战国时期庄子的《庄子·刻意》："吹呴呼吸，吐故纳新，熊径鸟伸，为寿而已矣。"在西汉时期的《王褒传》一书中，也有"呵嘘呼吸如矫松"的记载。对六字诀较为完整的记载见于南北朝时期著名道士、医药学家陶弘景的《养性延命录·服气疗病篇》和隋代京黑先生所撰《神仙食气金柜妙录》："时寒可吹，时温可呼。委曲治病，吹以去寒；呼以去热；嘻以去风，又以去痛；呵以去烦，又以下气；嘘以散滞；呬以解极（劳极）。"唐代著名道士、医药学家孙思邈的《孙真人卫生歌》里也有"春嘘明目本扶肝，夏至呵心火自闭，秋呬定知金肺润，冬吹惟令肾中安，三焦嘻却除烦热，四季常呼脾化餐，切忌出声闻耳目，其功尤胜保神丹"等有关六字诀的妙语。

在后来各个时期的医、道、佛家著作中，关于六字诀的治病、养生作用多有记述，如《崇山太无先生气经》中说："……呬属肺，主鼻，有寒热和劳极，依呬吐纳，兼皮肤疮病。……"；《赤凤髓》说"……腰膝冷多阳道微，微微纵气以吹之，不用外边求药饵"；《四时调摄笺》则言"损有吸以补之法"。若肝脏虚，以"嘘"字作吸气以补之；若心脏虚，以"呵"字作吸气以补之；若脾脏虚，以"呼"字作吸气以补之；若肾虚，以"吹"字作吸气以补之；若肺虚，以"呬"字作吸气以补之。《景岳全书》则言吸气发音补阳，呼气发音补阴，故"阴微不练吸，阳微不练呼"。明太医院医官龚廷贤则在《寿世保元》中说："……以六字诀治五脏六腑之病。其法以呼字而自泻去脏腑之毒气，以吸气而自采天地之清气补气。当日小验，旬日大验，年后百病不生，延年益寿。"

由此可见六字诀的历史之悠久，以及其在社会上的影响力有多大。不过，六字诀在不同的时期是有变化的，它经历了由浅入深的过程。六字诀在明代以前是没有动作配合的，其功法是单纯的呼吸吐纳法。到了明代以后，才有呼吸与动作相配合的文字资料。如明代胡文焕的《类修要诀》中的"祛病延年六字法"："肝若嘘时目睁睛，肺呬气时手双擎，心呵顶顶上连手，肾吹抱取膝头平，脾病呼时须撮口，三焦客热卧嘻宁。"这是古人以动作来辅助气的下行。

我推崇明代以前不加动做的练法。明代以前的练法具体来说是利用读字音呼气，产生不同的内在气息变化，并加以导引，来影响不同的脏腑经络的气血发生变化。口呼鼻吸，呼气时读字，但不能发出大的声音；呼气要稳而长。待呼至不能再呼时，气已到下丹田，闭口以鼻吸气。反复操作。次数的多少，要根据个人情况而定，要适可而止，不必太过。练过了头，身体发麻时反而对身体不利。

### 1. 六字歌诀属性表

| 字诀 | 脏腑 | 开窍 | 四时 | 五行 | 注语 |
|---|---|---|---|---|---|
| 嘘 xu | 肝 | 目 | 春 | 木 | 应肝，春行之，肝病行之。 |
| 呵 he | 心 | 舌 | 夏 | 火 | 应心，夏行之，心病行之。 |
| 呼 hu | 脾 | 口 | 四季 | 土 | 应脾，四季行之，脾病行之。 |
| 呬 si | 肺 | 鼻 | 秋 | 金 | 应肺，秋行之，肺病行之。 |
| 吹 chui | 肾 | 耳 | 冬 | 水 | 应肾，冬行之，肾病行之。 |
| 嘻 xi | 三焦 | 命门 | 冬 | 相火 | 应三焦，热病行之。 |

《道藏》云：世人五脏六腑之气，因五味薰灼，又被七情六欲所乱，积久成患，以致百骸受病，故太上悯之以六字气诀，治五脏六腑之病。其法行时，宜静室中，暖帐厚褥，盘足趺坐，将动功略行一次。初学静功，恐血脉不利，故先行动功，后行静功，若七日后，则不必行动功。（这里所说的动功应该是指先运动一下身体。）行动功毕，即闭固耳目口齿，存想吾身，要身似冰壶，心如秋月。良久，待其呼吸和血脉定，继而口中微放浊气一二口，然后照前节令行之，则有补气扶正的效果。古人又云："六字诀以念字为吐，呼气尽音止。假如春月，须低声念'嘘'字，不可令耳闻，闻即气粗，粗恐气泄耳。假如秋月患目病，应乎肝，当行'嘘'字；又如春患虚黄，当行'呼'字，此乃权变病应之法也。独肺部之疾，肺本主气，不得行此法。宜专行咽津功夫，降火甚捷。凡修此道须择子日子时起首，二十七日为期，如耳聋虚劳膨膈之症，顿然自愈，行之既久，腹中自闻辘辘有声，内视自有一种景象，百病除而精神充矣。"

**2. 六字诀练习法**

坐姿要求与八段锦相同，都是要求松、静、自然。姿势如图。

（1）嘘字功发音：嘘 xu

须低声念"嘘"字，不可令耳闻，闻即气粗，放"嘘"字尽。（口呼鼻吸，呼气时读字，但不能发出大的声音；呼气要稳而长。待呼至不能再呼时，气已到下丹田，闭口以鼻吸气。反复操作。）发"嘘"字音可以疏通肝气、治疗肝病，如慢性肝炎、高血压等病均可练该法。

（2）呵字功发音：呵 he

须低声念"呵"字，不可令耳闻，闻即气粗，放"呵"字尽。（口呼鼻吸，呼气时读字，但不能发出大的声音；呼气要稳而长。待呼至不能再呼时，气已到下丹田，闭口以鼻吸气。反复操作。）发"呵"字音

玉昆子修行图

可以稳定心神、治疗心病，如失眠、冠心病、心律不齐等。

（3）呼字功发音：呼 hu

须低声念"呼"字，不可令耳闻，闻即气粗，放"呼"字尽。（口呼鼻吸，呼气时读字，但不能发出大的声音；呼气要稳而长。待呼至不能再呼时，气已到下丹田，闭口以鼻吸气。反复操作。）"呼"字四季皆可练习。发"呼"字音可以醒脾、治脾病。当脾有病时则消化不良，出现口臭、吐酸水等症状，脾属土，练"呼"字可帮助消化，增进脾胃健康。

（4）呬字功发音：呬 si

须低声念"呬"字，不可令耳闻，闻即气粗，放"呬"字尽。（口呼鼻吸，呼气时读字，但不能发出大的声音；呼气要稳而长。待呼至不能再呼时，气已到下丹田，闭口以鼻吸气。反复操作。）秋季练此，乃应时令而养生也。发"呬"字音可以清肺、治疗肺病，如外感发热咳嗽、痰涎上涌、慢性支气管炎等都可练该法。

（5）吹字功发音：吹 chui

须低声念"吹"字，不可令耳闻，闻即气粗，放"吹"字尽。（口呼鼻吸，呼气时读字，但不能发出大的声音；呼气要稳而长。待呼至不能再呼时，气已到下丹田，闭口以鼻吸气。反复操作。）冬季练此，乃应时令而养生也。发"吹"字音可以固肾、治肾病。肾属水，冬藏精，故冬天可多练此法，以益寿延年。

（6）嘻字功发音：嘻 xi

须低声念"嘻"字，不可令耳闻，闻即气粗，放"嘻"字尽。（口呼鼻吸，呼气时读字，但不能发出大的声音；呼气要稳而长。待呼至不能再呼时，气已到下丹田，闭口以鼻吸气。反复操作。）冬季练此，乃应时令而养生也。发"嘻"字音可以理气调气，以治三焦烦热。三焦主命门相火，为六腑中最大之腑，是全身通气的道路，如三焦有病，出现寒热往来、口苦胸闷、恶心呕吐等症，都可练该法。

注：古人讲："六字出息，治病之法，常道从正，变道从权。"练六字诀是离不开八段锦功法的。关于八段锦功法及六字出息法，初练者最好找懂得此法的名师在旁教授，切记不要在一知半解的情况下练习。

# 第六章

# 道家周天功法

本章对习练小架梅花桩拳者来说是至关重要的，因为内家拳是离不开静功内炼之术的，如果不懂得周天功法便去练习内炼之术，那将是一件很愚蠢的事。修行过的人都知道，静功内炼是离不开炼气添神这一过程的，目的是滋养并壮大自身的元神。可是，这一过程很容易出现偏差，最易走火入魔。如果懂得周天功法，习武者不光能强身健体，还能练出神色俱可伤人的功力。

《黄帝内经》明确指出："得神者昌，失神者亡；精神内伤，身必败之。"所以神对于生命的作用是不容忽视的。中医学认为，神是生命活动的主宰，它统御精、气，是生命存亡的根本和关键。在生命过程中，神易于动而难于静，这就造成神因不得内守而致耗的病端，故此，历代养生家主张以静养神。《素问·痹论》亦有同样认识，"静则神藏，躁则消亡"，说明身心的清静有助于神气的潜藏内守，而身心的躁动则会导致神气的外弛甚至消亡。因此修习静功者如练八段锦及十三太保功时，先需守静以制动，后存神以安心，再虚心以炼神互相为用，这样才能养神、炼神。祖父曾讲："目对鼻，鼻对脐，处处行事不可移，澈开二六连环锁，一点灵光吊在眉。"又讲："神仙以'归'法度人，必先教之返本，返本者何？以其散之于耳目口鼻四肢百骸者，而复返之肉团之心，谓之涵养本源，又将以肉团心之所涵养者，复返于天地之间谓之安神祖窍，又将以天地间之所翕聚者而复返于真人呼吸处谓之蛰藏气穴，是内呼吸。"所以养神、炼神的方法是离不开周天功法的。周天功法又称内丹术，此法可延命护生，为道教信众的必修法门。内丹术从仙师钟离权、吕洞宾传授内丹学以来，道教各派都对周天功进行了大量的研究，其中以北派王重阳和南派张紫阳的成就最大，直至近代内丹术一直是道教弟子修炼的主要科目。

周天这个概念来自古代天文学，展现了中国传统的天人合一、天人相应的理念。中国古代天文学认为天体是个大宇宙，人体是个小宇宙，而且人这个小宇宙是能与天地相互呼应的。早在《礼记·月令》孔颖达疏记载周天这个概念时就写道："凡二十八宿及诸星，皆循天右行，一日一夜为一周天。"唐代《大丹问答》中表述道："运火一昼夜，象一周天。四时生成，阴阳合度，自然之道。"古人总结天体是个大圆环，圆环的中间有个带子，称为黄道带，将天体划分成365份。包括28星宿在内的许多恒星都是沿黄道带排列的。北斗七星的斗把沿着圆环转一圈，就是一个周天。古代的养生家通过对人体的研究发现，人身上有365个穴位，与周天的365度之数吻合，故把人体也视作一个周天系统，周天一词便由此而来。同时，人们还发现天有日月，人有两眼；天有金、木、水、火、土五星，人有心、肝、脾、肺、肾五脏；天分四季，人有四肢；天有十二月，人有十二经；天圆地方，人的头圆脚方，因此，古时的修炼者们依人体应天体的原理来对应人身，并将天地的规律引入修炼理论。

　　大家普遍认为气血沿着人体的任督二脉走一圈就是一个周天，其实不然。古人的这个周天是专指人体的生物节律而言，而古人内修功法里的一周天，指的是肾中真阳之气沿着人体的任督二脉走一圈，并非简单的气血运转一周。前辈习练者是待肾中真阳之气发动，由任脉转向督脉后，自会感觉到后腰有股暖流向上升腾，此时最为关键，必须静心专注，用意念扶持这股真气沿督脉上达于脑，然后再导引这股真气下行于下丹田，如此才能算周天练习完毕。我祖父曾特别指出，当真阳之气上行时必须多加小心，如不能把它导引下来，则会出大乱子，无医家可救。其实静功内炼之术是把双刃剑，若修成则得功、得道，若不成则会败得很惨。所以，习练小架梅花桩拳里的静功，若没有名师在旁认真指导则是一件非常可怕的事情，因为在静功里处处藏着玄机，倘若一步走错，将会悔恨终生。

　　为了使大家更明白，这里先说说气血以及任督二脉。气血是人体脏腑、经络生理的物质基础。其中，气是具有很强活力的精微物质，具有生命物质和生理功能双重属性。气作为生命的能量和循环的动力，在循环过程中处于主导地位。中医认为，血液循环与血管功能均属于气的范畴，二者是密切相关的。关于气血的运行，古人认为"心主血脉"、"气为血帅"、"气行血行"，并认为气血的运行主要依赖于心气的推动。心气不足，则气血运行无力，可致瘀，这与现代医

学的血流动力学及微循环概念有共同之处。人在运动时，心脏就会加快跳动，血管里的气血也会快速流动，为身体提供能量。而且运动还有减轻心脏负担的作用。

再来说一下任督二脉。任督二脉属于奇经八脉，后者是任脉、督脉、冲脉、带脉、阴跷脉、阳跷脉、阴维脉、阳维脉的总称。它们与十二正经不同，既不直属于脏腑，又无表里配合关系，其循行别道奇行，故称奇经。任脉起于小腹内胞宫，下出会阴部，经阴阜，沿腹部正中线向上经过关元等穴，到达咽喉部（天突穴），再上行到达下唇内，环绕口唇，交会于督脉之龈交穴，再分别通过鼻翼两旁，上至眼眶下（承泣穴），交于足阳明经，经过24个重要穴位。任脉行于腹面正中线，其脉多次与手足三阴及阴维脉交会，能总任一身之阴经，故称"阴脉之海"。任脉起于胞中，与女子妊娠有关，故有"任主胞胎"之说。督脉起于小腹内胞宫，下出会阴部，向后行于腰背正中至尾骶部的长强穴，沿脊柱上行，经项后部至风府穴，进入脑内，沿头部正中线，上行至巅顶百会穴，经前额下行鼻柱至鼻尖的素髎穴，过人中，至上齿正中的龈交穴，经过28个重要穴位。督脉行于背部正中，其脉多次与手足三阳经及阳维脉交会，能总督一身之阳经，故称为"阳脉之海"。督脉行于脊里，上行入脑，并从脊里分出属肾，它与脑、脊髓、肾又有密切联系。大家要明白一点，经络与血管在人体中的作用是有区别的，虽然经络里有些是血管，但运动可使气血在血管里快速流动，但不会在经络里快速流动。而且任督二脉本身是通畅的，一个正常的人体，气在不受任何干扰的情况下，自会沿任督二脉所统领的经络正常运转，如果运转停止，就说明生命已经终结，所以就任、督二脉而言，本身就没有打通这么一说。

古人的周天有两个概念，其一，专指人体的生物节律而言；其二，指古人内炼导引之术周天功法。先讲人体的生物节律。虽然这种气能自行周天运转，但也要注意它运转的强弱，不能使它的运行有太过或不及，最好让它严格依着天体周天的限制法度来自行运转。这种法度是一周天共有二十八个星宿绕地球一周，若以每两个星宿间有三十六个小刻度计算，配合人体经络之气，昼夜运行人体一周，三十六乘二十八共一千零八个小刻度。在一昼夜中，若以太阳为指针运行二十八宿个大刻度，人体经络上下、前后、左右共运行二十八条经络（昼，左侧十二经络加督任二脉；夜，右侧十二经络加督任二脉），营气在全身经络中运行一周的长度为十六丈二尺，对应二十八宿个刻度，配合用铜漏滴水壶（古代计时器）一百个刻度一周为标准，来划分昼夜计算时间。因为人一呼气和一吸气，脉搏均跳动两次，经络之气运行三寸，这样一个呼吸，经络之气共运行六寸；十个呼吸，经络之气共运行六尺，太阳指针运行二分（小刻度）。如果以二百七十个呼吸计算，经络之气共运行十六丈二尺，在这个时段内，经络之气流通运行于经脉之中，共运行一周身二十八条经络的长度。铜漏滴水壶的水漏下两个刻度，太阳指针运行二十分（小刻度）有余。如果以五百四十个呼吸计算，经络之气运行全身两周，铜漏滴水壶的水漏下四个刻度，太阳指针运行四十分（小刻度）。如果有二千七百个呼吸，经络之气运行全身十周，铜漏滴水壶的水漏下二十个刻度，太阳指针则运行五个星宿（大刻度）零二十分（小刻度）。如果有一万三千五百个呼吸，经络之营气则运行全身五十周整，铜漏滴水壶的水漏下一百个刻度，太阳指针运行整二十八宿（大刻度），铜漏滴水壶的水刚好漏尽。营气流通运行，是指经络之营气运行人体循环配合太阳运行周天的刻度计算数，所以人如果能保持昼夜五十周营气运行通畅的话，就可以健康，并享尽天年，经络之营气运行人体五十周总的长度，共八百一十丈。

人体的阴阳升降要与天运之环转相适应。万物之外、六合之内，天地间的变化、阴阳四时的变化与人是相应的。如春天的气候温暖，发展为夏天的气候暑热，秋天的劲急之气，发展为冬天的寒杀之气，人体的脉象也随着这种四时气候的变化而升降浮沉。春脉如规之象；夏脉如矩之象；秋脉如称衡之象；冬脉如称权之象。四时阴阳的情况也是这样：冬至到立春的四十五天，阳气渐升，阴气渐降；夏至到立秋的四十五天，阴气微升，阳气微降。四时阴阳的升降是有一定的时间和规律的，人体脉象的变化亦与之相应。若脉象变化与四时阴阳不相适应，即是病态，根据脉象的异常变化就可以知道病属何脏，再根据脏气的盛衰和四时衰旺的时期，就可以判断疾病和死亡的时间。遵循四时阴阳的变化规律不使有失，人体就能保持相对平衡，并与天地之阴阳相互统一；知道了天人统一的道理，就可以预决死生。上述理论来源于医家。

医家还认为一个人的脉气太过或不及均为生病之兆。比如他一呼一吸时脉动各一次，在达到二百七十定息时，真气环身一周仅八丈一尺，这就是气血少之

兆；如果一呼一吸时脉动各三次，在达到二百七十定息时，气血环身一周可达二十四丈三尺，则为气血躁之兆。一呼一吸脉动各四次，叫脱精。四次以上或脉绝不至，或乍数乍疏，那就有生命危险。故此，一些江湖大师所教的打通任督二脉的运气行功之道，说什么在打通任督二脉之后一运气，真气就会沿着自身经络快速运转，从而产生巨大的能量，这是违背医家之理的，是根本不可能的事。

现在来看看，古人记载的习练者在练功时，肾中元阳真气运行一周天的过程："……吸提撮闭，鼻引清气，以接先天也；舌抵上腭，以迎甘露也；紧撮谷道，使过尾闾也；怒目上视，使气入泥丸。又闭者，塞兑垂帘，缓缓运气下行。久而神水落黄庭，舍吸提不能行气而过关，舍撮闭不能采药而归炉。一吸便提气，气归脐；一提便咽，水火相见；四字相连，一齐俱到。行提运功，自尾闾穴贯上夹脊，透至双关，撞过玉枕，上入泥丸，下入气海。此之谓一周天也。"

这里所说的"迎甘露"、"入泥丸"、"采药归炉"、"水火相见"等也许有些费解，但不必着急，可先了解一下道家的人体内丹修炼概念。丘祖师曰："盖人与天地禀受一同，始因父母二气交感，混合成珠，内藏一点元阳真气，外包精血，与母命蒂相连。母受胎之后，自觉有物，一呼一吸。皆到彼处，与所受胎元之气相通。先生两肾，其余脏腑。次第相生，至十月胎圆气足。未生之前，在母腹中，双手掩其面，七窍未通，受母气滋养，混混沌沌，纯一不杂，是为先天之气。才至气满、神具、精足，脐内不纳母之气血，与母命蒂相离。神奇向上，头转向下降生。一出母腹，双手自开，其气散于七窍，呼吸从口鼻出入，是为后天也。脐内一寸三分所存元阳真气，更曾不相亲。迷忘本来面目，逐时耗散，以致病夭。脐在人身之中，名曰中宫、命府、混沌、神室、黄庭、丹田、神气穴、归根窍、复命关、鸿蒙窍、生门、太乙神炉、本来面目异名甚多。此处包藏精髓，贯通百脉，滋养一身，净裸裸，赤洒洒，无可把盖。常人不能亲者，被七情六欲所牵，迷忘本来去处。呼吸之气止到气海往来（气海在上膈肺腑），既不曾得到中宫、命府，与元气、真气相接，金木相间隔，如何得龙虎交媾、化生纯粹？又不知运动之机。如何是气液流转，以炼神形？……"这就是先天之气在后天的环境中不断耗损而缺乏弥补的情形。出生为人后，与真阳之气杜绝相亲，呼吸之气止到气海往来，这样下去怎么行呢？所以需要采补，采补就要行周天功法进行内丹修炼。古人将人体比作丹炉，这里就涉及周天火候的问题，一般说来，周天里的火候指的是呼吸。

周天功法里的火候包含动、静两种不同的习练方法。《修道全指》中说："盖武火者，即呼吸之气急重吹逼，采取烹炼也；而文火者，即呼吸之气，沐浴温养也。"以此说来，过去古人所称的"武火"其实就是指练武时的气息，而"急重吹逼"应是形容人在剧烈运动时的呼吸之气。同理，"文火"是指静功，"微轻导引"说的就是周天功法等打坐内修时的气息状态。据祖父讲："仙炼之则为内丹，武炼之则为外丹，内丹无不是借助外丹而练成的。"另据小架梅花桩拳论中说："盖动静互根，温养有法，自有结胎还原之妙。"可见武功的武火才是仙功的基础。

那么这个火候需要多少呢？道家的说法不一，总之都需要文、武两种火候。有的强调"每日下火一两"，但多少是"一两火"则无法准确定论。不过这样反而好，因为我们真正寻求的是"天然真火候"。正如古人所讲，"不自然，则天地自还天地，万物各归万物。若欲强之使合，终不能合"。故此，金丹火候，全要行归自然。这里的自然是指在练功时要顺其自然，不要强求，正如我祖父讲的练武要懂四时行功加减论一样，因为练武必须懂春、夏、秋、冬四季的变化，要根据自身的身体状况及季节的变化来调整自身的运动量，使其不受因不懂四时加减而伤身，这与丹道中说的火候理论是一致的。

再讲道教内丹修炼中所说的炼丹。"……抽添之火五两，炼精成汞；十两，炼汞成砂；十五两，炼砂成丹。三百日火候不差，自然丹就，纯阳气生。"这里的"汞"、"砂"、"丹"都是从炼外丹的过程中借用过来的术语，用以比喻内炼的过程及状态。对于不了解内丹术的人而言，这些术语就像看天书一般，所以需要有师傅教才行。

古人讲：在气没有归炉前，徒然运动于体中，不但没有功效，反而受其害。当神入于丹田之气中，在特殊的时机下，气的主要产物便生出来了，这就是药。"药"又称肾中真阳之气，此气如在我们的炉中，只用意守是绝不会发生神奇妙用的，还必须使它通过体中的任督二脉循环，才有填补之功。

七悟祖师说的"以升降为采取"就是秘诀。采"药"的方法，是使之循环于

身体之中，从督脉上升到泥丸（即间脑部分），再从任脉降到下丹田。因任脉是暗脉，真阳之气不能自行升降，必须借着呼吸之气吹元关（即丹田），然后才可以运行。所以乾呼返吸至于坤，坤吸返呼至于乾，乾坤者乃坎离之体，内呼吸者乃坎离之用，人若能明内呼吸，则橐籥自鼓，而乾坤自运。乾坤是天地，泥丸是天极，下丹田是地极，呼吸通于天地之极。真阳之气在丹田之中，由任督二脉统领，然后升降于天地之间，这就是乾坤、元关合二为一的作用，即道家张紫阳所说的"一孔元关窍，天地共和成"的境界。

古人讲真阳之气发动时，"胁腹凝息，数定铢两。默运心气，下至丹田。鼻息绵绵若存，用之不勤，但以长意在中宫"。在这里意是神子，神是气母。"神"驭"气"从尾闾穴入，依次冲过尾闾、夹脊、玉枕三关，直上辘轳穴天关（在脑后），之后过鹊桥下十二重楼复归丹田，正好一周。古人运转周天的方法大致就是如此。

练习者经常提出一个问题，就是如何"转河车"。其实将真阳之气从任脉转督脉的过程，就是道家所说的转河车。隋唐以来，道门主要从内丹学的角度解读河车的意义。根据《钟吕传道集》等书的阐述，河车主要有两个方面的含义：第一，指两肾所蕴藏的真阳之气。因为两肾一左一右，好像日月周转，又好像两个轮子的配合运动，所以才有河车之名。为什么把肾脏称作水府呢？这是因为肾脏在五行属性方面以水为表征。为什么河车与北方相联系呢？因为从方位学的角度看，五行之水与北方相配合，所以《周易参同契》将北方与河车连称；第二，指真阳之气的运行。这真阳之气运转周流，往来无穷，如车载物，所以叫做河车。

还有人认为河车一词来源于星象。古人卧看牵牛、织女星，看到一条天河，由南到北，位置偏向西北。银河的西北方，就是北斗七星，牛郎、织女隔一条天河相望。北方为"天一生水"，天河之水由这个地方开始。河车是指这个天河。"五金之主，北方河车"靠"天一生水"来的。在人体中，天河指的是督脉，上、下各具专能：下河车搬运为使任脉下行、心肾相交；上河车搬运促使督脉上升，还精补脑。内丹前辈讲："河车者，取意于人身之内，万阴之中，有一点元阳上升，熏蒸其胞络，上生元气。自肾气传肝气，肝气传心气；心气传脾气，脾气传肺气，肺气传肾气，而曰小河车也；肘后飞金晶，自尾闾穴起，从下关过中关，中关过上关，自上丹田至中丹田，中丹田至下丹田，而曰大河车也；纯阴下降，真水自来，纯阳上升，真火自起，一升一沉，相见于十二楼前，颗颗还丹而出金光万道，则曰紫河车也。故车行于河如气在血络之中，气中暗藏真水，如车载物，所谓河车者详矣。"

有人不知养肾阳真气，盲目地急于用意念将气血沿督脉向头部导引，这种练法有百害而无一利。周天功法所谓以"神"驭"气"，说的是待肾中真阳之气发动时，再行周天功法；如果真阳之气未发动，盲目地向上导引，则导引的不是真阳之气而是气血。设想一下，长期的气血瘀积头部会有啥后果？平时我们用意念练周天主要练的是任脉，练的是如何把真阳之气向下导引，而不是向上。督脉本身就是阳脉，是看得见、摸得着的，西医称它为动脉血管，所以它不需借助任何意念，气血自身就是向上运行以供脑部营养的，如再加意念导引气血，会很容易练出高血压、脑溢血等病来，这是源于"心到则气到，气到则血到"的原理。

道书有句话叫"日月合璧，璇玑停轮"，怎么理解呢？先说"璇玑停轮"。璇玑二字本意是指黄道及赤道。通常天道日月的循环由黄赤二道而行，借以天人相应，丹道神气之循环由任督二脉运行，这种运行叫做体内的璇玑，道家隐谐音作玄机。天体和地球永远在转，璇玑是天体转动，是北方的北斗七星带动银河系在转。与之相对应，人体的"河车"是气脉不停的运转。璇玑停轮，描述的就是结丹之后，气脉贯穿、真气充盈，达到脉停息住的功景。"日月合璧"说的是太阳刚刚从东方上来，西方月亮还没有沉下去，日月两者对面。这种现象据说很多年才有一次。道家最高的境界就是"日月合璧，璇玑停轮"。内丹前辈们就这个过程描述说，真气充满后身体没有感觉了，真正忘掉了身体，这时是人充满到极点，就像婴儿要出生的状态，新生命要开始了，如同凤凰涅槃而重生一般。可见其中的玄机有多大。

最后，我们再来说说"活子时"这个概念，因为它和周天功法中的生"药"有密切关系。活子时是一个特殊时刻，是人体精气正旺之时出现的情况，是指一种生理状态，是男、女在没有性欲的情况下，生殖器官发生的自然的生理反应，即男子生殖器勃起、女子乳房胀满等。这种生理反应就是老子所说的婴儿"不知牝牡之合而朘作，精之至也"的状态。老子深入浅出地用初生男婴来打比方，男婴是绝对没有男女性意识的，生殖器却会勃起，这表示生命本有精气的凝聚，阳精之气即肾中真阳之气正旺，我们把这个时候的生理状态称为活子时。道家认为活子时即是产药之时，此时若不采其药，那么修行便成空了，这里讲的药才是丹家修道所要的宝贝。

此外，在道家内丹修炼的精气内收阶段，女子修炼必须经过斩赤龙这一关。很多人居然将斩赤龙理解为闭经，这是很荒谬的。斩赤龙的本意是指女子有精，通过内炼将精气内收而无有经期的现象。如果女子因为年龄太大，真的绝经了，还必须通过养炼及药物调理让其有经，否则内丹无法修成。女子修炼内丹时，一定要分清自己是真的斩赤龙了，还是自己因身体病症的原因导致闭经。

总之，丹道周天是道家内丹术的修炼内容，其修炼的核心是离不开精、气、神理论的。丹道周天将肾中真阳之气作为内药，其修炼目的不仅是保证全身经络畅通、气血常盈，还是为了培育自身的真种，养育体内新生的高级生命体（元神），使其脱胎而出，最终还于太虚。这是道家周天功的目标，故此道家周天功才有能育真种之说。

不过，大家要明白道家的这个修行功法是全方位的，是一个人一生的修炼法则，里面包含了诸多内容，如心性的磨炼、德行的培养等等。其实《西游记》就是一部描写炼内丹的书，它是以唐王李世民修炼内丹为背景，五个取经人分别代表了李世民的心、肝、脾、肺、肾，并通过九九八十一难来说明丹道修炼的关键所在，以及修炼此术是多么不容易的一件事。关于这个，大家看看《李安刚批评西游记》或清人写的《西游真诠》便知道《西游记》的本意了。其实，静功炼气之法自古就不是轻传的，这是因为师父怕习练者走火入魔而不敢轻传。本章的目的就是让读者懂得什么是周天功法以及练习它的危险之处在哪里。习练者在修炼静功时务必找名师指点，不可自行照着书本盲目练习，那将是徒劳无功而且是有害的行为。

# 第三部分

## 动功练习法及理论

# 第七章

# 金钟罩、铁布衫与十三太保功

金钟罩、铁布衫与梅拳关联很大。有学者指出近代中国发生了许多大事，但要问哪一个对西方人影响最大，恐怕只能是义和团运动了。他们红布包头集中在一处（拳坛）"亮拳"，表演神灵附体（上法），然后舞刀弄枪，用大刀片往袒露的肚皮上砍，扎枪顶着咽喉，展示"刀枪不入"的本领。从山东到直隶，从河南到山西，北方偌大面积的土地上成千上万的义和团都差不多，好像背后有一只看不见的手在操控一样。这至少在当时真正成了西方大、小媒体和平民百姓关注的热点。义和团原称义和拳，其参与者被称为"拳民"，贬称则为"拳匪"。义和拳本来与长期流行在河南、山东、直隶（今河北省）一带的白莲教等传统民间秘密宗教有关。客观上，义和团运动唤醒了中国广大人民群众的爱国热情。

拳民就是义和团的成员，这种称谓没有褒贬之意。他们的对手就是信洋教的教民及侵华的洋人。一百多年前的这个时候，整个中国的北方都处于一种狂迷的状态之中，村村有拳坛，家家练神拳，京津的大街小巷，到处都是红布包头、手持大刀的义和团拳民，连小脚女人都练起了"红灯照"和"黑灯照"（据说红灯照是少女练的，黑灯照是成年妇人练的），女人跟男人一样舞枪弄刀。义和团能够闹起来，除了一些政治和社会因素外，恐怕最主要的就是它的这种"刀枪不入"的神术。这种神术，一来现代科学不支持，有封建迷信之嫌，二来它们在洋人的枪炮面前也不管用，三来也影响义和团的正面形象，所以在新中国成立以来众多的研究著述中，这种无所不在的神术则被避讳掉了。

义和团的"刀枪不入"到底是怎么回事？其实这是中国古已有之的"民间法术"，它源于道教。在明、清镇压造反者的官方档案里，不时地可以看到其踪影，只不过义和团的确将之"发扬光大"了。

下面讲讲金钟罩、铁布衫功法。此功法主张内外兼修、动静结合，它们能内养脏腑器官、外实筋骨皮肉，是由内而达于外的功法。依此功练习的同时，还可以练出铁头功、铁臂功、大力神功等功法来，真可谓是一功多能。这种内外结合的练习在培养习练者的勇敢进取精神和武术技击水平方面皆起着一定的作用。

金钟罩为内功，铁布衫为外功，可以说二者是相互依存的。金钟罩以呼吸吐纳、动作导引为主，目的在于内养五脏，并将真气发于外。金钟罩与上古气功及神仙丹道有关，其功法术语中有安炉、立鼎、进气、火候等与炼丹术的名词相同的内容，其历史可以追溯到汉代甚至春秋战国时期。铁布衫是拍打功，是锻炼骨骼肌肉的抗击打能力的功法，意在锻炼人的筋骨肌肉、疏通经络血脉、调摄气机等。铁布衫功还能使习练者全身坚硬似铁，不畏拳打脚踢以及棒击等。金钟罩主养内及行气，铁布衫主坚实筋骨肌肉，二者缺一不可。

练习铁布衫之前需先内练一口气，即先练八段锦，次练十三太保功。因八段锦为养功，十三太保功必须以八段锦功法为基础才不会偏差。十三太保功可把真气发于四梢，属于横练功夫。当真气充盈后再有十三太保的横练功夫就可外练筋骨皮，即拍打功及踢桩功等。

习练金钟罩、铁布衫功法具体可分三步。第一步：习练八段锦及十三太保功法，旨在健脏腑、养身体，使自身真气发于四梢；第二步：习练拍打功及踢桩功等，也就是金钟罩铁布衫的辅助功法练习，旨在使自身具备抗击打能力；第三步：桩功练习，建议以习练小架梅花桩为主。第二、第三步不仅是克敌制胜之法宝，更是习练金钟罩、铁布衫的关键，因为小架梅花桩拳初练三年为一小成，五年为一大成，小成能易筋骨，大成则能易髓。而且小架梅花桩拳是炼精化气的最好方法，能使体内的真劲练活，形成一个可抗击打的气场，这个气场古时叫金钟罩。不过，初学者必须在有名师的指点下方可练习，以防走火入魔。

祖父曾讲："习练金钟罩、铁布衫功法能滋养五脏六腑、外实四肢百骸。习练者可以意引气，气到则力达，逐渐练至意气通神的境地。久练此功者，不但具有祛病延年、强身健体之功效，还能增强全身的爆发力。随着内气的练习还能逐步调动人体内在的真气，并随之日渐充盈。最终达到混元一体、天人合一的境界，使之练就武林界盛传的金刚不坏之躯。"梅拳前辈讲练成金钟罩、铁布衫的人不但可以承受拳打脚踢而丝毫无损，甚至普通的刀剑也伤不了他们！武谚说

"力不打拳（只有蛮力的人奈何不了精通拳术的人），拳不打功（精通拳术的人奈何不了真气护体的人）"，所以说金钟罩、铁布衫功法是武林一宝，古时是秘不传人的！

## 一、十三太保功的练法

### 1. 端

动作一：两脚分立与肩同宽，脚尖朝前并微扣。两腿放松，两膝微屈。上身自然挺直，沉肩，两手自然垂于体侧；舌轻抵上腭，眼观鼻，鼻观口，口问心。（如图1）

动作二：两手握拳，向上端起，如同端起一个圆球一般。端至拳与肩平。两拳相距约与肩同宽，屈肘。（如图2）

图1

图2

此式做毕，用舌在口中上下左右搅动，再使生津液，待津液满口时，再鼓漱咽下。然后行导引法，吸气自然，吸气不必加意念，然后屏气吞咽口中的津液，同时徐徐将气呼出，并用意念好似将津液一点点送入下丹田；待气呼完时，仿佛吞咽之津液已运到下丹田。如此数回即可。时间的掌握要根据自身的双臂而定，待双臂端不住颤抖时再做下述动作。

2. 推

（接上式。）两拳向肩后回扣，当双拳与耳根同高时（如图3），两肘再外展，双拳要从耳根后部顺下颏两侧向下推至胸前，两臂围成圆形，如同怀抱一棵大树一般。（如图4）

此式做毕，用舌在口中上下左右搅动，再使生津液，待津液满口时，再鼓漱咽下。然后行导引法，吸气自然，吸气不必加意念，然后屏气吞咽口中的津液，同时徐徐将气呼出，并用意念好似将津液一点点送入下丹田；待气呼完时，仿佛吞咽之津液已运到下丹田。如此数回即可。时间的掌握要根据自身的双臂而定，待双臂颤抖时再做下述动作。

图3

图4

3. 开

（接上式。）两臂向外展开，拳心向下，展至两臂平伸于身体两侧，成定势。拳与肩齐。（如图5）

此式做毕，用舌在口中上下左右搅动，再使生津液，待津液满口时，再鼓漱咽下。然后行导引法，吸气自然，吸气不必加意念，然后屏气吞咽口中的津液，同时徐徐将气呼出，并用意念好似将津液一点点送入下丹田；待气呼完时，仿佛吞咽之津液已运到下丹田。如此数回即可。时间的掌握要根据自身的双臂而定，待双臂颤抖时再做下述动作。

### 4. 合

动作一：（接上式。）两臂由后向前微画圆做环绕动作，待数圈后，猛然抖动两臂转向，使拳心向前。（如图6）

图5

动作二：两拳变掌五指分开，与两臂缓慢向前抱合，当两臂合环抱至身前时止。两臂间如同环抱一棵大树。（如图7）

图6

图7

此式做毕，用舌在口中上下左右搅动，再使生津液，待津液满口时，再鼓漱咽下。然后行导引法，吸气自然，吸气不必加意念，然后屏气吞咽口中的津液，同时徐徐将气呼出，并用意念好似将津液一点点送入下丹田；待气呼完时，仿佛吞咽之津液已运到下丹田。如此数回即可。时间的掌握要根据自身的双臂而定，待双臂颤抖时再做下述动作。

### 5. 揖

手指自然并拢，由胸前向下移动，如作揖状，至小腹前，双掌意扶丹田。（如图8）

图8

此式做毕，用舌在口中上下左右搅动，再使生津液，待津液满口时，再鼓漱咽下。然后行导引法，吸气自然，吸气不必加意念，然后屏气吞咽口中的津液，同时徐徐将气呼出，并用意念好似将津液一点点送入下丹田；待气呼完时，仿佛吞咽之津液已运到下丹田。如此数回即可。时间大约5分钟。

### 6. 插

动作一：脚跟不离地并扭转向外分开，站成马步，马步要求下蹲至平膝胯，双拳勒于腰间，拳心朝上（如图9），右拳迅速用力向前冲出，同时变拳为掌，掌心朝下（如图10），掌收回后，左拳迅速用力向前冲出，同时变拳为掌。左、右拳交替平插各十余次。

图9

图 10

动作二：身体仍成四平马步，两手握拳平勒于腰间，拳心朝上（如图11），右拳变掌从下向上由右后侧抡臂，提至头顶时（如图12），从胸前向下猛插掌至两腿间（如图13）。左掌从左侧做相同动作。左、右掌交替下插各十余次。

注：运丹田之气，随掌发力，力在指尖。

图 11

图 12

图 13

### 7. 挑

站成四平马步。两手大拇指按在食指的第二指节上，其余三指握拳，两手回扣至耳根部（如图 14），顺下颏两侧，贴胸腹下移，至裆下尽力伸向体后（如图 15），到极限时，两手贴地面向前挑出，头埋于两臂间，上身尽力下压。两臂伸直后，与上身一同抬至与地面平行，与腿成 90 度，成定势。（如图 16、图 17）。

注：向上抬臂时保持吸气状态，至手向前挑出时再将气呼出，停顿数分钟再接下势。

图 14

图 15

图 16

图 17

8. 坐

动作一：上身直起，两臂高举，头仰起，目视指尖。两手指尖同时由后、向前画半圆。（如图 18）

动作二：两手由腕部自然交叉（如图 19），下移抱至胸前，然后两脚脚跟不离地并扭转向内并拢，握紧双拳。（如图 20、图 21）

图 18

图 19

图 20　　　　　　　　　　　　图 21

## 9. 饿虎扑食

（接上式。）身体挺直向前扑倒，至即将着地时，两手拍地将身撑住。（如图 22）

图 22

## 10. 燕子三抄水

（接上式。）两手不动，吸气引体向前（如图 23），出气再引体向后（如图

24）。反复数次。如燕腹过水面状，即腹部要有个燕子抄水般的弧度。

图 23

图 24

## 11. 铁牛拱地

两脚分开略比肩宽，脚尖着地，臀部撅起（如图 25），用头顶着地支撑身体，两手离地成钩状，伸于背后（如图 26）。停顿数分钟后再做下列动作。

注：在头触地时要挺颈屏气直至憋不住为止。

图 25

图 26

## 12. 油锤贯顶

起身成左弓步，头略低，左掌虎口反扣膝上，作为支撑；右掌由下往上抡起（如图 27），拍击前额上方（如图 28），拍击时应挺颈并以头做迎势。拍击数掌后成右弓步，换左掌拍击。左右交替进行。

注：拍击额头前吸气，在拍击额头的一刹那出气，意将气力灌于额前。用力要由轻渐重。

图 27

图 28

### 13. 左右劈山掌

（接上式。）右掌从身体右侧由下至上抡起，同时身体重心跟随右掌移动。右掌运丹田之气，猛力向前劈出（如图 29、图 30）。待收掌后成右弓步，左掌继之，动作同右掌。左右交替进行。

注：在抡掌劈出前吸气，待劈出的一刹那出气，意将气力灌于手掌。

图 29

图 30

## 二、金钟罩、铁布衫的辅助功法练习

在传统武术的各门派中，为了配合技击技术，加快功力的增长，都很重视辅助功法的练习，常用的有搬弓子、插沙筒、油锤灌顶、铁尺排肋等。为了帮助广大习武者练好金钟罩、铁布衫，本书精选了以下几种简单易学的辅助功法。

### 1. 吊袋功

将吊袋吊起离地一尺左右，身体正对吊袋。右臂由胸前作大循环以外侧横向击打吊袋，再以内侧横打吊袋。左臂动作与右臂相同。左、右手以拳击打吊袋之时需注意出拳的速度和力量。也可以用外开腿、里合腿、撞脚等腿法踢打吊袋，或用肩靠、肘打、胯打、膝打、头顶等等。总之，以吊袋模拟真人实打。

**吊袋的制作方法**：将沙土洗净，去掉土质。沙粒要均，然后放入锅中煮约一个小时，晒干后加锯末，锯末是用来调节吊袋重量的。根据各人功夫，大小，重量可酌情增减，可分50公斤、60公斤、80公斤、100公斤不同等级，吊袋直径0.5至1.5米，或根据习武者的身高而定。

### 2. 杉木棒拍打功

取长60厘米、直径6厘米左右的圆木棒。木棒一定要用杉木制作，因为杉木能起到活血化瘀的作用，用它拍打身体不致对自身造成伤害。

右手握棒，身体自然站立，由上向下，由轻渐重，拍打全身的左侧，右手拍打5-10次为一组。改换左手持棒，由上向下，由轻渐重，拍打全身的右侧，左手拍打5-10次为一组。如此反复练习，每天最少不低于10-30组。

杉木棒的拍打可以强壮筋骨、舒筋活血、增进抗击能力。练习之初，拍打的力量和强度一定要视自己的承受力而定，切不可冒进。拍打由上向下顺序而行，一棒接一棒紧密而行，如有漏打之处，不可补打，只需继续。随着练习的深入，筋骨肌肉自然就坚固了。

### 3. 木桩功

通过踢桩、打桩、靠桩等形式提高掌、臂、肩、胯各部位的抗击打能力和力量。

将直径 30cm 左右的木桩埋入地下，埋牢压实，使其不易晃动，露出地面的部分约一人高，木桩表面用棉麻缠住，外包帆布。如无条件，也可以找棵大树练习。练习时由轻到重、由慢到快，不可操之过急。

3.1　掌、臂击桩法

1. 面对木桩，马步站立，右手变拳勒于腰间，用左掌径直击打木桩，然后左掌变拳勒于腰间，换右手击打。击打时目视掌击方向。如此反复练习。

2. 左臂抡起用左臂内侧横击木桩，然后顺时针画圆，再用左臂外侧横击木桩。右臂与左臂同。击打时目视左、右臂的击打方向。如此反复练习。

3.2　肩、胯靠击法

1. 面对木桩站立，向前迈右步，以右肩靠击木桩，然后换步，以左肩向前靠击木桩。如此反复练习。靠击时目视前方。

2. 面对木桩站立，横向迈右步的同时以右胯靠击木桩，然后改换左胯向前靠击木桩。如此反复练习。目视靠击方向。

3.3　撩踢、蹬踹木桩法

1. 面对木桩站立，向前迈左步，起右脚蹬踹木桩，然后还原到原来站立，再起左脚蹬踹木桩。如此反复练习。蹬踹时目视前方。

注：蹬踹位置要低于自身的胯部。

2. 背对木桩站立，约一步左右，用右脚向后撩踢木桩，然后再换左脚向后撩踢木桩。如此反复练习。

注：用脚撩踢时，头向后转，脚掌要踢实，否则脚容易被踢伤。

**4. 玉带功练习法**

预备式：双腿按骑马蹲裆式站好，双臂抱住石球。其要点在于球与胸部要贴实，舌顶上颚，调动真气，切忌胸中憋气。（如图 1）

动作一：（接上式。）双臂与身体用力抱裹住石球，如同蟒蛇袭敌时的缠绕勒杀之状，向回锁抱。注意身体与两臂必须用力抱裹石球，向怀中收紧，方有效果。（如图 2）

图 1　　　　　　　　　　　图 2

动作二：（接上式。）双臂与身体用力抱裹住石球，以腰为轴，石球不要离地，向身体的左侧扭转。（如图3）

动作三：（接上式。）双臂与身体用力抱裹住石球，以腰为轴，石球不要离地，向身体的右侧扭转。（如图4）

图 3　　　　　　　　　　　图 4

注：左、右反复扭转多次。

动作四：（接上式。）双臂与身体用力抱裹住石球，运用全身之力（非双臂之力）试着一点点让球离开球托。此式一定要循序渐进，不要急于求成，以防用劲

过度伤害到身体。(如图 5)

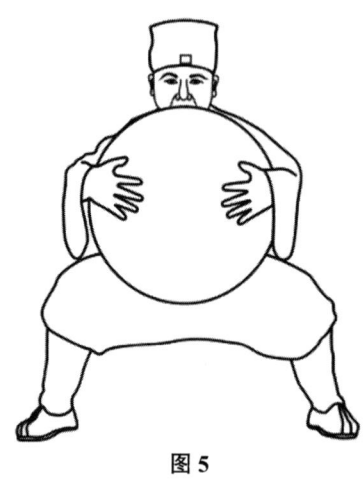

图 5

图 6

注：抱石球离地，多次练习。

动作五：（接上式。）双臂与身体用力抱裹住石球，石球离地，右臂向下，同时左臂向上，慢慢旋转石球，也就是做圆运动，旋转石球。此式一定要量力而行，旋转角度因自身而定，如觉得把握不住，必须马上将球放归原位。（如图 6）

动作六：（接上式。）双臂与身体用力抱裹住石球，石球离地，右臂向上，同时左臂向下，慢慢反方向旋转石球。此式一定要量力而行，旋转角度因自身而定，如觉得把握不住，必须马上将球恢复到原位。（如图 7）

图 7

图 8

注：应多次旋转石球，尽力而为。

动作七：（接上式。）双臂与身体用力抱裹住石球，石球离地，左臂向下，同时右臂向上，慢慢旋转石球。此式一定要量力而行，旋转角度因自身而定，如觉得把握不住，必须马上将球放归原位。（如图8）

动作八：（接上式。）双臂与身体用力抱裹住石球，石球离地，左臂向上，同时右臂向下，慢慢反方向旋转石球。此式一定要量力而行，旋转角度因自身而定，如觉得把握不住，必须马上将球恢复到原位。（如图9）

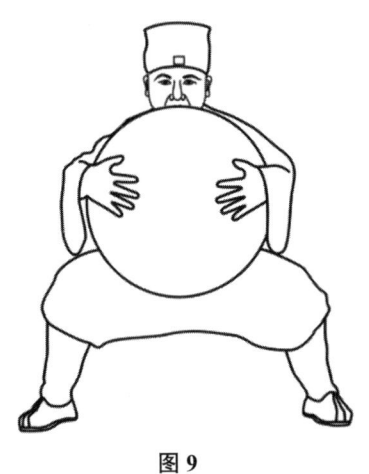

图9

图10

注：应多次旋转石球，要尽力而为。

动作九：（接上式。）石球放于球托中，收式。（如图10）

玉带功主要练习双臂和腰部力量。如没有60斤左右的空心球，可面对一棵大树成骑马蹲裆势，双臂抱紧树身，两手扣牢、扣实，用力上抱。或是面对石滚，同样用双臂抱紧，用力上抱。如此反复练习即可。

玉带功的练习属于力量型练习范畴，需要日积月累、循序渐进才能逐步增加自身的力量。平时练习一定要量力而行，否则会对身体造成伤害。此功法练习的是双臂与身体合力向怀中锁抱的力量，并将此力量逐步旋转运用。若勤练此功法，必能增长搏击之力，还有助于（小架）梅花桩拳招法的施展。

我祖父给我讲过一个练玉带功的故事。从前，一户庄稼人因有几垧好地，日子过得很富裕。有一个姓黄的财主觊觎这块好地，并想方设法把地弄到了手。庄稼人在上告的路上被黄财主派人暗害了，他妻子也在悲痛之下喝卤水自杀了，只留下一个小男孩。小男孩因思念双亲天天哭泣,结果把双眼给哭瞎了。小男孩发誓要为父母报仇,便四处寻找武术名师。终于,他打听到形意拳大师李老能的住处,便登门求教。李老能知道他的身世后很是同情。考虑到他已双目失明,李老能想了想后,带着孩子走到一块大石头旁,说:"孩子,你每天就到这里抱这块石头,当你能把这块石头晃动时,你就能报仇了。"

小男孩从此天天坚持去抱巨石。一晃九年过去了,他已长成了一个壮汉,终于有一天,他用双臂晃动了这块巨石。李老能见状,便说:"孩子,你可以去报仇了。"第二天,这个小伙子来到黄财主家求见。

黄财主出来后问他有什么事。那孩子说:"听说您为乡里做了很多善事,我虽然是个瞎子,可也想知道您的长相,好为您祈福颂德。您让我摸摸,我就能知道您的长相轮廓了。"黄财主点头同意了。小伙子一边摸黄财主的脸一边说说恭维的话。说着说着,小伙子突然一蹲身,拦腰抱住黄财主,双臂往怀中用力一勒,黄财主当即肋骨尽折,七窍流血,倒于地上。小伙子的大仇终于得报。

我写这个故事的目的是想让读者增加对力量型训练的信心,希望读者因此能练出力量、练出功夫,而不是让大家违反法律,四处去寻仇、报仇。练武的目的是为了磨砺自己而不是拥有到处逞强斗狠的手段。所以当读者练成金钟罩、铁布衫功夫后应修心、修德,要以内养为主,不要到处惹是生非!

# 第八章

# 动、静兼修的养生原理

小架梅花桩拳是形、神双练的。它认为静功能养神，动功能养形，所以小架梅花桩拳功夫的养成是要结合动功和静功的。这里的形指的就是我们的形体，包括人体的脏腑、皮肉、筋骨、脉络及充盈其间的精血。道家认为只有形与神俱，才能形体不坏，精神不散，尽终其天年，度百岁乃去。道家还认为在人的生命进程中，形、神两者是密不可分的。"器者，乃生化之宅，器散则分之，生化息矣"，这里所讲的"器"是指形体而言的，古人认为形体是神之宅，故叫作器，承载东西之意。如果形体不存在了，生命活动也就停止了。因此，养形也是养生的重要内容。而养神的好处上几章节已经说了很多，这里就不再重复。

明代著名的医家张景岳认为："阳动而散，故化气，阴静而凝，故成形。"这里，阳和阴是指物质的动与静、气化与凝聚、分化与合成等的相对运动，用以说明物质和能量相互依存、相互转化的作用。自然界万物的产生、发展和变化，其实都离不开阴阳的相互作用。阳主动而散，可促进万物的气化；阴主静而凝，可促进万物的成形。化气与成形，是物质的两种相反相成的运动形式。阳的特点是主动，阳有气化功能，可以促进脏腑发挥正常的功能。阳性热，可以化阴为气。阴的特点是主静，阴性凝敛，可以凝聚而成形。有人会问人阴虚了，那喝水不就是最好的滋阴补阴手段吗？问题是喝水根本就补不上阴，因为没有阳的气化，水进不了我们的生命，所以阳气才是生命的根本。

具体来讲，人体的正气是无形的，属阳；精、血、津液为有形的，属阴。阴精和阳气可以互相转化。简单来说，阳有化气的功能，可以把机体的物质化为无形的气，因此，阳以功能为主；阴有成形的功能，可以把外界的物质合成自己的身体物质，因此，阴以形体为主。属阴的精、血、津液要转化为气，就要依靠阳的气化作用；由气转化为精、血、津液，也离不开阴的成形作用。

肥胖症，身体某部位肥大，必然是这一部位的阳气不足以化气，于是形乃聚而成形。俗话说"十个胖子九个虚"，虚的就是阳气。如果用泻法来治疗肥胖，肯定是越泻越虚、越虚越胖。肥胖症是要补阳的，阳气足了，自然就能进行化气的功能，慢慢地就能把多出来的肥肉气化掉。所以多运动生发阳气，才是治疗肥胖症的关键所在。医家认为所有"阴成形"的慢性病，多属阳虚体质而生。阳气不足以抵抗邪气（邪气为阴，正气属阳），外邪因而侵入机体，耗伤阳气，久而久之阳越虚而阴越盛，聚痰血等阴物而成形，发为大病。《黄帝内经》说："积之始生，得寒乃生。"这句话说得非常清楚，治疗任何"阴成形"的疾病，必须以扶阳气以化阴寒为主，这就全靠运动了。因为适当的运动比吃药扶阳要好得多，人运动起来身体就活了，新陈代谢就旺盛了，生命的潜能就激发出来了。不运动身体的阳气就会不足，湿气就会淤积。比如死人泡在水中会膨胀起来，这是因为死人没有了阳气，不能气化水湿，水湿因而聚积胀大。活人与死人的最大区别就在于活人有阳气，而死人没有阳气，死人只是一堆死阴而已。所谓生命，其实就是阳气。有了阳气的支持，我们的躯体才是活的。我们的组织器官、躯体就属阴，喝的水也属阴，吃的饭也属阴，而目前我们的营养也不缺，所以阴是足够的，其实躯体缺少的是阳气。健康源于运动，不爱运动的人身体必定是亚健康的。

古人总结了不爱运动者的如下弊端：1. 伤肌肉。人不运动会导致肌肉松弛无力，这样的人，身体的微循环不会好，还会导致气血运行不畅；2. 伤脾胃。人不爱运动会导致气血运行不畅，脾胃运化功能就会相应下降，从而引起消化不良、便秘、痤疮等病；3. 伤心。心主血脉，人不运动血脉就运行不好，致血溢于脉外，这会导致冠心病、心血管疾病的发生；4. 伤颈。不运动导致气血淤滞，易引发颈椎病，故此叫伤颈；5. 折寿。人久坐不动阳气就会亏损，新陈代谢自然就会降低，人体的抗疾病能力也会下降，从而影响人的寿命。

我们的形体属于阴，其本性是易于静而难于动。这种习性常使人发生食后始卧或终日稳坐的现象，长此以往就会造成气机郁滞、气血凝结，乃至损寿。形是生命活动的物质基础，形体的动、静状态与精、气、神的生理功能有着密切的关系。所以要想保养好我们的形体就需要锻炼，让它动起来，来加快精化气的过程，从而解决气机瘀滞、气血凝结问题，如练法得当还可以壮大自身的气场。

武术前辈通过实践总结了"动能生阳，静能生阴"的道理。他们认为人体之气，不外乎阴阳二气，阴气主凉润、宁静、抑制，阳气主温煦、推动、兴奋，阴阳二气在人体里的升降交感、相互作用，激发和推动着机体物质与能量之间的相互转化，从而推动和调控着人体的生命进程，所以人本身就是一个阴阳对立的统一体。我们的身体处处充满阴阳二气。父母的精血相媾，形成我们的生命体，阴阳二气存在于其中，滋生无数变化。气在人体内的运行与天地之气的运行相同：清阳之气上升，重浊之气下降。清阳之气上出于眼、耳、口、鼻等孔窍，浊阴之气下出于前阴、后阴二孔窍；清阳之气向外开，发肌肤腠理，浊阴之气向内归，藏于五脏。不仅我们的气是如此，就连气在人体内运行的通道——人体的十二经络，也是每一条阳经都有一条阴经与之相表里，它们内连脏腑，外连四肢百骸，进而形成阴阳协调的奇妙搭配。人一旦养成好静恶动的习惯，就会阴淤阳衰，人体的阴阳平衡就会被打破，阴阳之气的升降宣肃就会受阻，人就会疾病缠身。中医曾讲："惟以血气流通为贵，形不动则精不流，精不流则气郁，人体运动则谷气得清，血脉流通，病不得生。"所以运动对身体是大有益处的。人在运动流汗的时候，体温在一升一降的过程中，能让血管更有弹性。尤其是冬天，更要坚持每天运动，每次至少要持续半个小时，这样才能提高人体的血液循环能力、刺激心肺功能、增强免疫力。运动时间短会没有效果，时间过长、运动过度则会降低人体免疫力，使精神疲惫、体力恢复慢，所以人体需要运动，但不能运动太过、不加保养。比如习练梅拳者，只懂得练拳而不懂得以静养神的方法来调理自己，则会过度地透支自身的体能，使内部像个空心萝卜似的，甚至过早夭折，这是内气长期外泄，内脏不得调养所致。只懂得打坐炼气，而不知舒展筋骨以动养形，也会损伤自身的气机，给身体带来伤害。梅拳神形兼顾、动静兼修的练拳目的，是为了回到形神合一的生命本原。梅拳强调以动养形、动静结合、综合调摄，就是为了顺应天地和人体的自然规律来调养自己从而得功。

今人常会犯的一个错误就是想当然。凭空想象与真实印证过的结果是有天壤之别的。有些修行者只一味地讲究静修，修行方式停留在静坐、收心、放心、炼己、采药、炼用上，以为如此便可得到真诀，但他们忘了一个比较明显的问题，这就是古人说的"以静修入道奢，性光易得，命火难求"。特别是一些年龄稍长和身患陈疾者，如果只修静功，往往难以长久，身体会很快出现问题。

须知有很多静修者盲目打坐，并在此法门上栽过跟头。传说当初达摩祖师云游到少林寺时，看到少林寺的和尚们因久坐而伤身，他们个个面带菜色、形容憔悴，这是他们长期单纯地打坐，违逆了阴阳之理，损伤了人体先天的真元所致。达摩祖师见状便说服和尚，并传授他们动功习练之法，用于强身健体，这就是民间传说的少林拳法的由来。少林达摩祖师是否真传授过少林拳暂且不论，但通过这个传说，可见久坐伤身早在古时就已被认知的了。有人说"千年的王八，万年的鳖"，这两种动物就爱静养不爱动，照样活得长。其实这种说法是大错特错的。乌龟身上有230多块骨头，90多关节；人身上有206块骨头，230个关节，这么多关节就是让人运动的。只有运动才能保证关节软骨的健康。关节软骨里没有血液供应，必须吸收关节液才能得到营养，而关节液只有活动时才能大量分泌。

不运动、不出汗是违背人体的生理规律的。人体出汗少，感冒、关节炎、失眠就会找上你，高血压等慢性病的发病率也会成倍增加，所以人体适量出汗才是健康的。汗的成分中，98%是水，2%中有尿素、尿酸、乳酸、盐分等。出汗不仅有给人体降温的功能，更为重要的是，人体内的许多垃圾如乳酸、尿酸等，废物如多余的氯化钠等，甚至毒素如重金属、化学物质等，还有许多脂肪等有机物质，是不能完全通过大便、小便排出体外的，必须通过汗腺排出。医家总结了出汗的8大好处。

1. **排毒防癌**

医家认为出汗是最好的排毒、防癌方法。研究数据显示，汗液是体内砷、镉、铅、汞等有害物质的排出途径之一，在汗液中可以检测到与尿液中的浓度相当的重金属成分，有时浓度甚至会比尿液中的还高。

2. **润肤护肤**

很多人的脸上、后背等经常冒痘痘，这是皮肤不干净，堵塞毛孔造成的。出汗能去除堵塞毛孔的毒素，消除皮肤上的粉刺和痘痘。所以多练拳，出一些汗，你会感觉皮肤变得紧实、细腻、有光泽。

3. **减肥防慢性病**

练拳出汗还能消耗身体多余的热量，有助于促进脂肪的分解，有一定的减肥

作用。血管内的脂肪少了,高血压、高血脂等慢性病及心血管疾病的发生频率自然会减少。

### 4. 提高免疫力

练拳出汗还有另一个惊人的好处,那就是提高身体的免疫力。很多人为了提高免疫力经常会吃一些保健品,但有些保健品中所含成分不明,可能含有激素,反而抑制免疫系统。其实最好的方式就是科学的出汗。医家研究发现,汗液中含有的抗菌肽能有效抵御病毒、细菌和真菌,抗菌肽能进入细菌的细胞膜,对其进行分解;出汗能有效增强自身免疫力,提高抗菌、抗病毒的能力。2013年发表在《美国国家科学院院刊》上的研究成果表明:皮离蛋白能够非常有效地对抗结核病菌和其他细菌,这种天然物质比抗生素更有效,它能够在微酸性的汗液中自然激活。

### 5. 促进消化

人有时会没食欲、不消化,这时促进消化最好的手段是通过练拳运动出汗,因为出汗会加快整个身体的代谢,有助于肠道蠕动、改善消化。特别是对于有便秘的人来说,练拳出汗对缓解便秘有很大帮助。

### 6. 增强记忆力

练拳流汗会对大脑产生积极的效果。出汗会让人体细胞处于旺盛状态,使人的专注力得到大幅提升,保持精神集中的状态,还能增强记忆力,让大脑更有活力。

### 7. 稳定血压

练拳出汗有助于扩张毛细血管、加速血液循环、增加血管壁弹性,从而达到降低血压的目的,同时加快血液的循环,有助于消化系统和神经系统调节。所以,预防高血压除了饮食控制外,练拳出汗是最佳的疗养方式。

### 8. 防止结石

结石主要是体内的磷酸镁等无机盐类在体内结晶并沉积形成的。练拳出汗能有效排出体内盐分并保留骨骼中的钙质,从而限制盐和钙在肾脏和尿液中的堆积。练拳出汗的人会喝更多的水,也会防止结石的形成。

人的心脏一天通过跳动要往外打10万次血,然后回到心脏,谁在起作用?

全身的640块肌肉。只要肌肉运动，就会把血挤回心脏，我们眼睛的合闭，眼皮运动就能够把眼球上的血挤回心脏；我们走路，每走一步就相当于把脚上的血挤回心脏，所以练拳运动的同时会增加身体的血液循环，减少心脏负担，从而保养了心脏。

有些人吃完饭老打嗝，其实这是病。人吃五谷粮食，就会产生气，但是气一定要从后面排出来，练拳就能帮助排气。如果肠道不好、胀气、积食、便秘，每天晚上吃完饭后坚持练拳半个小时到一个小时，胃胀、胃酸、肠道胀气自会减轻。

生命在于运动，这句话强调的是运动对于生命健康的重要意义。据医家最新的研究发现，运动对于危害生命的大敌——癌症，有明显的预防效果。人通过身体活动，增加氧气的吸入，达到保健强身的目的。人的肺很有意思，吸得越多，吐得越快，肺张开得越大，吸进的量就越大，所以运动对提高肺的免疫力和弹性、提高肺部血管的通透率、保护肺部健康起到不可替代的作用，不过，这需要在负氧离子多的环境下才行；如果是在严重的雾霾里，将会适得其反！

通过上述理论可知，梅拳武道的修炼必须首重动功。练武修道必须先从炼精化气的阶段入手，因此阶段修炼时间长，往往耗费数年的功夫才能随心意运行身中大道，如果这段功夫没做，是不可能仅凭打坐就能够"以心驭身"的。许多人误以为自己的心力能够主宰一切，其实作为一个没有经过训练的肉身来讲，其心力的主宰是十分有限的。而善于动功修炼者，随着功力的精进，内心调控身体的能力会不断加强，练拳的行为还能将内在的自然灵性渐渐唤醒，同时再合于敏慧之力，自会逐渐达到心到意到、身心一统的境界。因此我祖父讲："天下之万理，莫不出于一动、一静"，懂得一动、一静之理才能真正明白梅拳功夫是如何养成的及梅拳的养生全命之道。

前文讲过"盖武火者，即呼吸之气急重吹逼，采取烹炼也；而文火者，即呼吸之气，沐浴温养也"的道理，故此一动、一静的修习方法及善用文火、武火才是梅拳修真的关键所在。锻炼文、武火的功夫，主要目的还是在修身养性、先固根本上，也就是武火积精以化气，文火积气以添神，最终结于丹鼎、会于黄庭；此丹无形无象，不过它灵妙不测、刚勇莫敌，为内丹之至宝、梅拳气力之根本也。所以动、静兼修的锻炼方法才是小架梅花桩拳得功、得道的唯一法门。

# 第九章

# 小架梅花桩拳里的养生之道

小架梅花桩拳分桩步与行步。桩步以五势为本，行步以三法为宗。五势即大势、顺势、拗势、小势、败势，三法即摆法、撤法、扎法。五势内含金、木、水、火、土理论。大势属金，金能生水，所以能变顺势；顺势属水，水能生木，所以能变拗势；拗势属木，木能生火，所以能变小势；小势属火，火能生土，所以能变败势；败势属土，土能生金，所以又能变大势。五行相生者顺、相克者逆，练五势变化同理。摆法为行步之首，他忽上就下、忽左忽右、忽进忽退、行东就西，妙就妙在活步的变化上；撤法在于他抽撤之迅速；扎法在于进攻之迅疾。本书只讲小架梅花桩拳的养生之道，下一部书《神拳梅花桩系列丛书二——小架梅花桩拳搏击之术》再讲它的行步变化及其独特的搏击之理。

小架梅花桩拳拳理认为"内丹"没有不借助于"外"而能练成的，把练"外"称作武练，练"内"称作文练。例如本书中小架梅花桩拳为武练，八段锦等调息之法为文练。文练源于古代道家的养生术，其中的"内视"、"调息"是一种专注存思、吐纳气息的功法，能祛疾强身。道家认为，通过内视、冥坐、调息等方法，不但可以达到"身体悦泽，面色亮丽，毛发润泽，耳聪目明，令人食美，气力强健，百病皆去"的功效，还可以"内炼丹鼎，先天一气萌生"，以达成仙得道的目的。

道家注重性命双修：性，即理性，修性即修心；命，即生机，修命即方式、方法，乃术也。人为什么要修心呢？这是因为人有时得病是由心病引起，是被七情六欲所伤。古诗云："自家心病自家知，起念还当把念医，只是心生心作病，心安哪有病来时。"又云："安心心法有谁知，只把无形妙药医，医得此心能不病，翻身跳入太虚时。"再云："心内观心觅本心，心心拒绝见真心，真心明澈通三界，歪道邪魔不敢侵。"由此可见明心、修心的重要性。修心必须遵循道家的经典规范，以修德入手，以自己的德行来养心、调心方可明心、修心、对于习武者来讲就要借道习武。

梅拳的养心五法说的就是上述内容。养心五法包括：一是要静心。人生在世，要有"淡泊以明志，宁静以致远"的高雅境界。明代《养生四要》一书中说得更为透彻："心常清静则神安，神安则精神皆安，明此养生则寿，没世不殆"；二是要清心。练梅拳要跳出万丈红尘的扰攘，荣辱升降如同过眼烟云，将外界一切干扰拒之门外，要自得其乐；三是要宽心。虽然历经坎坷，但胸襟要像大海一样宽阔，能容下百川，即使遇到一些不顺心的事，也要自我化解；四是要忍心。百事忍为上，能忍亦为豪杰。容忍大度既可排除自己恶劣的心境，又能促进良好的家庭和人际关系，人也自然乐在其中；五是要用心。人不能光想着养尊处优、无所事事，而要多些兴趣爱好，读些净化心灵的书报，可陶冶情操、心身康泰、活得潇洒，过得自由。有了这五心，习练梅拳者何来心累的羁绊呢！

修命简单，把小架梅花桩拳、八段锦与十三太保等，依名师指导的方法习练即可。本书写的小架梅花桩拳、八段锦与十三太保功在修炼时是相得益彰、缺一不可的。要以武练为主，文练为辅，只有文练与武练相结合，再加上德行的修养，以武德来约束不安分的心，习武者才能养性以全气、养神以安身，气全体平，心安神益！

在不同的季节，练小架梅花桩拳的运动量是有所不同的，要根据小架梅花桩拳的四时加减论而定。这有利于人体顺应大自然及身体的能量调整，防止身体因违背自然规律而造成的伤害。希望练功者能领会其中的道理，遵循自然规律去练功。医学工作者认为人从20岁开始，如果不积极运动，每10年可能丧失5%的肌肉组织。同时，骨骼中有"钢筋"之称的钙会逐渐流失，人的骨关节，特别是髋关节和膝关节会出问题，关节如果活动少，会使骨骼变得脆弱，钙就会流失到血液中，而且会积存在肾脏和膀胱中，造成排尿困难以及细菌繁殖等不良后果。如果关节出现问题还会容易摔倒骨折。可老人骨折还容易导致股骨头坏死，所以平时要多运动。而练小架梅花桩拳可增强腰、髋、膝和踝关节的活动范围，增强膝关节的灵活性，延缓关节的老化。所以经常练小架梅花桩拳是对关节有好处的。

俗语说"人老脚先衰,树枯根先竭"。大家不难看出练小架梅花桩拳是能增长腿上功夫的。练小架梅花桩拳主要靠两条腿的屈伸来支撑躯干以上身体的重量。当下蹲时,身体重量向下压挤腿部肌肉中的血管,加快下肢的静脉血液流向心脏;当身体起来时,解除了身体重量对下肢肌肉的挤压,从心脏泵出来的动脉血快速进入下肢。如此反复地作用,就加快了血液循环和新陈代谢。血液循环加强了,回心血量增加,有效地改善心肌的血液供应和新陈代谢;血液循环加强了,胰腺等脏腑器官的营养与氧气供应就能得到充分改善,胰岛素分泌细胞的功能恢复正常,可有效地控制糖尿病。由此还可以看出离心脏最远的双脚的血液循环顺畅,将促使全身的血液大循环亦处于良好状态。

脚距离心脏最远,血从心脏流到脚尖的过程最长,很容易出现末梢循环障碍,导致供血不足。一些新陈代谢的废物和各种毒素可能因此在足部积存下来,引起关节炎和一些器官的病变。古人经常泡脚,用手按摩脚心,或天天练小架梅花桩拳,就能把气血引到脚上去。只要新鲜血液引到脚上,达到气血畅通,就能带走足部积存的废物,这些废物可随血液循环运到肾脏处理或者通过出汗排出体外。若下肢血液循环功能不佳,可直接影响人体各个器官的生理功能,导致各种疾病的发生,所以脚部肌肉的锻炼是与身体健康息息相关的。

练小架梅花桩拳还可以自然激发双脚上的经脉的经气。双脚是运行气血、联络脏腑、沟通内外、贯穿上下的十二经络的重要起止部位;医家认为通过练小架梅花桩拳可刺激双脚的经络系统,促进血管壁粥样斑块的分解,降低血液的黏稠度,减少血液中甘油三酯和低密度脂蛋白,增加高密度脂蛋白,促进脂代谢,进而改善血管的弹性,有效防治动脉粥样硬化,对预防心、脑血管疾病的发生有重要意义。

在练小架梅花桩拳过程中,习练者在身体下蹲的同时,身体呈三折叠状,此时被挤压的血管收缩,气血冲向全身未被挤压的血管,迫使它们扩张、鼓起来;姿势做好后,全身气血冲向原来被挤压的位置,为它们灌满血液。这样的一蹲一起、一压一放、一冲一回的气血往复运动,就像涮瓶子一样,使全身血管得到反复冲洗,使血管软化、加快血液循环和体内的新陈代谢、激活免疫系统,增加了高密度胆固醇,灵敏了压力感受器,可以把一些有害、有毒的代谢物质迅速清除掉。

小腿是人体的"承重墙"。人体的站立、走路在内的任何运动都离不开小腿肌肉的收缩。可以说，人一生中一半以上的活动和能量消耗都要靠小腿完成，而且小腿在平时老保持紧张的状态对小腿的血液循环不利，所以适当锻炼双腿使其放松，使其骨头、肌肉练得结实才是关键。医学家发现小腿过于纤细的人，肌肉韧性和人体抗打击能力都不会太好。另外，老人容易跌倒就和小腿功能降低有很大关系。健康的小腿应该是健壮、肌肉发达的。久练小架梅花桩拳能让小腿的血液循环正常，还能把小腿肌肉锻炼得发达。

小腿是人体的"交通要道"。因人体50%的神经、血管、血液都在双腿。小腿上还分布着60多个穴位，足三阳经、足三阴经这六条重要经络也从小腿经过，是人体重要的交通要道，维护着气血的上行、下行。如果把身体比做一台机器，那么腿就是提供动力的马达，若马达不灵，机器便会老化、运转不良。人老后，腿部和大脑的间指令的准确性和传导速度都有所下降，不如年轻时。所以医家讲"人从出生到离世，腿每时每刻都在工作，如果不注意保护，自然就'年久失修'了"。人老后，不怕头发变白、皮肤松弛，其实最怕的就是腿脚不灵便。读者在生活中也不难发现，长寿老人几乎都步履稳健、行走如风。所以如果你不想老，就必须保证脚部不衰老，所谓"养生先养脚"、"腿勤人长寿"、"脚健人身壮"。

小腿被称为人体的"第二心脏"。因人体血液的运行包括动脉和静脉，而动脉运行，心脏的推动作用是最重要的；对静脉来说，肌肉收缩产生的压力是血流动力之一，腿部静脉回流就主要靠小腿肌肉收缩。如果把小腿锻炼好了，就等于在身体下部加了一个泵，可助心脏一臂之力。另外在练小架梅花桩拳的过程中，较长时间的有节奏的腹式呼吸能使人体血液里氧气增加；练小架梅花桩拳还能让心肌的供氧状态得到改善，使心肌纤维变粗、心脏收缩力增强，从而提高心脏的工作能力。所以久练小架梅花桩拳对心脏的健康是有益处的。

大家都知道形是生命活动的物质基础，是神之宅，形体的动、静状态是与精、气、神的生理功能有着密切关联的。小架梅花桩拳注重练形以养神、用神以领形，是以此来达到形神合一的状态的。在练习过程中要动、静结合，并做到意引身行、身随意转，要以神来驱动身体。所以形动而神静才是小架梅花桩拳的主要特点。小架梅花桩拳拳论讲："气无形属阳而化于神，血有质属阴而化于精，

神虚故灵明不测变化无穷，精实故充塞凝聚坚硬莫敌，神必积精，精必附神，精神合一，气力乃成。"

祖父讲："要想以神来驱动身体，必须先将身、息、心三者完全调和才行。"必须先要调和身体。在练小架梅花桩拳时不要着急，更不要用力过猛，特别是在行步时，身体要和顺、自然，这样才能起到调和其身的作用。其次要调和呼吸。在站桩时呼吸要自然，要平心静气地练，要从开始的喘相，练到心平气和，只有做到此才能调和其气息。再次还要做到制念。只有在念头不起时才能调和其心，因为心最易外驰，如天马行空之难羁。只有在练小架梅花桩拳时内心达到非常宁静的状态，才能做到心平气和。

在练小架梅花桩拳时，习练者的内心是平和宁静的，最能促进体内释放一种多肽物质——内啡呔，这就是为什么在练完小架梅花桩拳后身体会有大悦感，浑身上下都很舒服而且能够持续一天。这种持续的欣快感能起到镇静作用，对现代社会的高节奏和激烈竞争所带来的心理紧张有缓解作用，对于培养人们克服困难、磨炼刻苦耐劳的顽强意志更具有良好的作用。

因初学者往往动作不够规范，所以在平时的练功中要不断纠正自己的错误，且持之以恒、用心揣摩，才能水到渠成。在练拳时一定要注意"三尖对照"和"三尖齐到"。祖父曾讲："不知进退空学艺，不知起落狂伶俐。"因此在做各种动作的同时要上下相随、左右协调。祖父还讲过："紧了崩，慢了松，不紧不慢才成功。"所以习练者应特别注意不要操之过急，习练久了自会逐渐达到正、顺、圆、满、够的要求。

练小架梅花桩拳会消耗很多热量，可以减掉身上多余的脂肪，特别是臀部和大腿堆积的脂肪。另外，在练拳下蹲时由于挤压腹部，促进腹腔脏器周围的脂肪燃烧、分解，减少脂肪的积累，亦可刺激消化酶的分泌，促进胃肠对食物的消化。

祖父曾讲："小架梅花桩拳是炼精化气的最好方法。久练则谷气得清，血脉流通，病不得生。"在站小架梅花桩时，人体内的血液循环在加快运动的同时，还能增加身体的排泄功能，从而使有害物质难以在体内停留，所以练小架梅花桩拳不仅能锻炼肌肉、四肢等形体组织，还能增强脾胃的健运功能、促进食物消化、祛除体内的湿邪，更可促进精气流通，使气血畅达，增强抵御病邪的能力，以此提高自身的生命力。

中医认为湿邪是阴邪，它容易损伤我们的阳气，而且它的黏滞之性使得它很容易留滞于脏腑经络，亦常常阻遏气机，使得气机升降失常，且湿容易和热狼狈为奸变成湿热。关于人体内湿气的不断产生可以打个比方：脾胃相当于一个抽水机，湿气就像池塘里面的水，水每天源源不断地产生。如果抽水机正常，每天能正常排水，则湿气不明显，但是如果抽水机动力不足，抽水速度慢，则排水的能力就会变差。脾胃虚的人就相当于抽水机的动力不足，无法满足每日抽水的任务；健脾胃可以增加抽水机的动力，让其每日排水的效率提高，这样湿气就没有那么明显了。但是如果抽水机的功能本身正常，只是产生的水过快、过多，或者是水管不够大，抽出的水不能及时排出，那么再增加抽水机的动力也于事无补。这就是有些人为什么总是吃祛湿汤而效果不好。此时就必须发汗或者用利小便的办法了。

中医认为水、湿、痰其实是一家人。肺乃水之上源，肺主皮毛，皮毛的散气与汗孔的开合与肺的宣发功能密切相关，所以想要排湿、打开毛孔，湿随汗排是一个很好的途径。医者常说想要祛湿，出汗是一个非常好的办法，而且出汗后不要喝冰冻饮料或者吹空调，而是让汗自然干，这样汗出才畅，湿气去得才快。皮肤排汗畅快，则湿邪有出路，病自可痊愈。所以，我想告诉想依靠药物祛湿的患者，不妨选择运动出汗作为辅助手段，祛湿效果会更好。《黄帝内经》有句话叫"开鬼门，洁净府"，"开鬼门"就是前面说的发汗。

人体出汗的方式分为主动和被动两种。主动出汗主要依靠运动来实现，运动会加速人体的新陈代谢、促进能量的消耗。被动出汗是通过热环境来实现，这种出汗方式消耗量小，适合身体不适宜运动的人。医家对"动汗"评价很高，认为"动汗为贵"，因为主动出汗能把身体深层的有害物质带出来，而被动出汗只能排出身体浅表层的物质。

练小架梅花桩拳是要出"三层汗"的，具有祛湿作用。小架梅花桩拳拳论讲："欲求新陈代谢在于汗液，汗不出，肌肉、筋骨、气血不起变化，故要出汗。初动见汗，是为微汗，微汗乃气血刚刚活动，此时必需要加劲再练；微汗后是为

大汗，此时正是全身气血大动的状态；大汗后有汗是为微汗，这种汗微微发黏。经三层出汗，全身血气大变矣。"这就要求初练者，要随着体力的增加由每次的半趟架子练习增加到一趟。但务必要量力而行、循序渐进，否则体力透支、适得其反。每次练习的时间为一趟四五十分钟左右，要一气呵成，中间不能断劲、不能停歇，平时饮食要注意营养，出汗多了要注意补些钙，不过补钙也要因人而异，人体中钙太多不见得是件好事。小架梅花桩拳论中说："练到骨节通灵处，周身气血任意行"。所以久练小架梅花桩拳再加上述所讲的文练功夫，习练者自会周身贯通、气使血行，浑元一气的功夫自然可以练成。

不过，练小架梅花桩拳是需要毅力的。小时候我的一位朋友热衷于学功夫，经常缠着我祖父要拜师。有一天，祖父说想拜师行啊！但要求他站马步桩，能站 5 分钟就留下学艺。在武术界马步桩是武功的基本功夫，也是一种很吃力的功夫。这位朋友拉开架子往地上一站，只过了 1 分钟就两腿颤抖、呼吸急促、满脸涨红，不到 3 分钟就站不住了。祖父说"你回去吧！"。这位朋友并不气馁。王元兴回去在当天夜里就按照我祖父的要求开始练马步桩了，但是不到 3 分钟又不行了。第二天继续站，天天如此，他这样反反复复地持续了 1 个多月，开始感觉在站马步桩时已经不怎么吃力，身体开始适应这种运动了。他看看手表能站 6 分多钟了，就又来见老师来了。过了一个多月他又来了，一见到我祖父二话不说就站起马步桩来，结果站了 6 分多钟，祖父满意地点点头把他收为徒弟。从此祖父开始传授他小架梅花桩拳法，他的身体由原来的亚健康开始变得强壮起来，我曾见到他八十多岁时还在公园里教小伙子们技击、打法，还能跟年轻人一起在土地上翻滚呢！所以练小架梅花桩拳，没有一颗恒心是练不成的！

总之，健康是来之不易的，人要想健康就要付出，没事在家待着、躺着的人，天天琢磨着吃啥好东西，又不爱运动的人，一定是亚健康的！希望他们早日觉悟，早日加入到练小架梅花桩拳的行列中来。

# 第十章

# 小架梅花桩拳练习法

从预备势开始，站立四门之壹门位置出势，沿逆时针方向经中线向贰、叁、肆门演练；以下招式自壹门起，沿图示中线由西向东演练。（如图1）

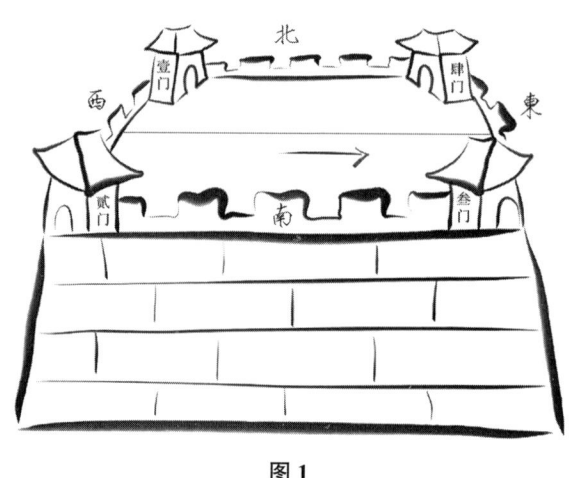

**图1**

第一式：预备势

身体立直，脚跟靠拢，两脚尖相开30度。两臂自然下垂，两掌平贴裤侧。舌轻抵上颚，平心静气，目平视前方。（如图2）

第二式：指天画地

右臂向前方画圆上举，掌心向内，在右臂上举的同时左脚向前迈进一步，右脚随即跟上并拢，左臂下垂指地，做到"右手戳天，左手指地"，转头目视东方。要有天上地下唯我独尊的态势。（如图3）

图 2

图 3

第三式：摘星布斗

图 4

图 5

动作一：右脚后撤一步，同时右掌向下经体侧向后上方画圆伸出，成拳，拳心向里。在右掌经过体侧的同时，左掌经胸前贴身画圆向右肩成拳，拳心向里，左腿并向右腿后直立，成"立打虎势"。目视东方。（如图4）

动作二：左、右拳同时经体前变掌画圆。左掌沿身前向上方画圆伸出，右掌向后下方画圆按压；同时左脚向前迈步，身体重心前移立于左脚，右腿伸直，右脚尖虚点，目视左掌伸出方向。左掌前伸如同摘星，右掌下按如同按住老虎头，不让老虎抬头一般。（如图5）

动作三：重心后移至右脚，右腿屈蹲，身体下蹲成单重力，左脚尖虚点前伸；同时左、右掌经身前交叉后外展呈布斗之势，右掌与头同高，左掌与胯同高。胸微含，转头，目视东方。（如图6）

第四式：立打虎势

左脚向前迈出一步，右脚跟上，虚不落实；随即右脚沿中线向身体右侧横跨一步，左脚跟上并拢，同时右掌经身体前画圆向上方伸出，成拳。左掌经胸前向右肩成拳，掌心向里。目视东方，成"立打虎势"。（如图7）

图6

图7

第五式：右顺势

左脚沿中线向左侧迈出一步成左弓步，左脚尖向东，小腿与地面成90度，平膝胯；右腿绷直，右脚与左脚成丁字步。同时，左拳经下腹前向左侧画圆伸出，与肩齐；右拳直接放下与耳齐。两拳平行伸直，拳心向下，目视东方。（如图8）

图8

第六式：对心捶

动作一：以左脚为轴向左转体180度，重心立于左脚，身体下蹲；右脚脚尖向东，虚点，两脚间距一脚宽；同时右拳随转体屈肘与地面平行摆打击出，与左拳同时收于胸前，左右两拳拳面相对。转头，目视东方。（如图9a、图9b）

图9a

图9b

动作二：两拳同时向身体两侧击出，拳心向下，两臂与地面平行伸直。（如图10）

动作三：两拳自然落于体侧，同时以左脚为轴，向右反向转体180度，成马步，身体下蹲，膝关节外展，两脚内扣，平膝胯；两拳抬起，两臂平行伸直。转头，目视东方。（如图11）

图 10

图 11

第七式：摘星布斗

动作一：左拳经体前变掌由下向前上方画圆伸出，右拳经体前变掌向后下方按压；同时身体向左转体90度，面向东方，重心转向左脚，左腿立直，右腿伸直，右脚尖虚点，目视左掌伸出方向。（如图12）

动作二：重心后移至右脚，右腿屈蹲，身体下蹲成单重力，左脚脚尖虚点，左腿略屈；同时左、右掌经体前交叉后外展，右掌与头同高，左掌与胯同高。胸微含，目视前方。（如图13）

图 12

图 13

第八式：拗势三捶

动作一：右掌变拳由下经体前贴身画圆，自左腋下经嘴前向正前方钻打，拳心向上，左掌变拳勒于腰间，拳心向上；同时左腿收回后迅速向前方迈出成拗势步。左膝内扣，右腿伸直，右脚脚跟外旋，左、右脚横向间距与一脚等长，目视前方。（如图14）

图 14

动作二：左拳由下经体前贴身画圆，自右腋下经嘴前向正前方钻打，拳心向上；同时右拳勒于腰间，拳心向上。在出拳钻打的同时，右腿迅速向前迈出成拗势步。右膝内扣，左腿伸直，左脚脚跟外旋，目视前方。（如图15）

图 15

动作三：右拳内旋自腰间由下向上冲打，与嘴齐；同时左拳收回至左肩侧，拳心向下，肘与肩齐。在出拳冲打的同时，左腿迅速向前迈出成拗势步。左膝内扣，右腿伸直，右脚脚跟外旋，目视前方。（如图16）

第九式：右小势

两拳变掌自然落于体侧（如图17），身体向右侧转90

图 16

度，重心后移，左掌经身前由下向上环绕自然向前伸出成拳，沉肩坠肘，左脚迅速收回成虚丁字步，脚面朝前，重心完全转移至右脚，右腿微屈，身体下蹲成单重力。右掌画圆后变拳置于右耳后上方，胸微含，两拳眼意念相对。目视东方。（如图18）

图17

图18

第十式：右顺势

左拳向胸前收回变掌后，向下画圆握拳向左侧伸出与肩齐，右拳直接放下与耳齐；同时左脚向左侧横跨一步成左弓步，左脚脚尖向东，左小腿与地面成90度，平膝胯，右腿伸直，右脚与左脚成丁字步。两拳平行伸直，拳心向下，目视东方。（如图19）

图19

第十一式：右拗势

左拳平行收于胸前，拳心向下；右拳伸直自下而上经体侧向前方摆打，拳心向下，同时身体向左旋转90度（如图20）；右腿迅速向前迈出成拗势步，迈步的同时，右拳继续向上画圆，向后摆与耳齐，左拳继续向下自身前由下向前伸出，拳与肩齐。两臂伸直，右膝内扣，左腿伸直，左脚脚跟外旋，两脚横向间距与一脚等长，扣胯，目视前方。（如图21）

图 20

图 21

第十二式：左小势

两拳变掌自然落于体侧（如图22），身体向左侧旋转90度，重心后移，右掌经身前由下向上画圆自然向前伸出成拳，沉肩坠肘。右脚迅速收回成虚丁字步，脚面朝前；重心完全转移至左脚，左腿屈蹲，身体下蹲成单重力，左掌画圆后变拳置于左耳后上方。胸微含，两拳眼意念相对，目视东方。（如图23）

图 22

图 23

第十三式：左顺势

右拳向胸前收回变掌后，向下画圆握拳向右侧伸出与肩齐，左拳直接放下与耳齐；同时右脚向右侧横跨一步成右弓步，右脚脚尖指向东，右小腿与地面成 90 度，平膝胯，左腿伸直，左脚与右脚成丁字步。两拳平行伸直，拳心向下，目视东方。（如图 24）

图 24

第十四式：左拗势

右拳平行收于胸前，拳心向下；左拳伸直自下而上经体侧向前方摆打，拳心向下，同时身体向右旋转 90 度（如图 25）；左腿迅速向前迈出成拗势步，迈步的同时，左拳继续向上画圆后摆至与耳齐，右拳继续向下自身前由下向前伸出，拳与肩齐。两臂伸直，左膝内扣，右腿伸直，右脚脚跟外旋，两脚横向间距与一脚等长，扣胯，目视前方。（如图 26）

图 25

图 26

第十五式：原地大势

两拳变掌自然落于体侧（如图27），身体向右侧旋转90度，重心后移，左掌经身前由下向上画圆握拳于左肩前，沉肩坠肘，右掌变拳画圆置于右耳后上方伸直，胸微含，拳眼意念相对。右腿屈膝，平膝胯，右小腿与地面成90度，右腿膝关节略外翻，且右腿承担身体重量七成；左腿略屈，左脚脚尖指向东，左膝略外翻，且左腿承担身体重量三成。目视东方。（如图28）

图27

图28

至此，原地大势结于中线，后续招式将沿壹、叁门间的对角连线演练。（如图29）

图29

第十六式：掏腿势

动作一：双拳变掌，由上向下经身前的同时做逆时针画圆，身体向右侧旋转

45度，同时左腿于身前扫过地面，脚尖向西。（如图30）

动作二：双掌由下向上继续画圆至身体右侧后，经头前成拳向左侧反向劈砸，拳眼向上；同时右腿沿壹、叁门的对角线反插一步，成拗势步。扭身转头，目视叁门方向。（如图31）

图30

图31

第十七式：顺势两捶

动作一：左拳迅速勒于腰间，右腿沿壹、叁门方向朝壹门迈出，成半弓步；同时右拳沿右腿迈出方向自然击打，拳眼向上。目视壹门方向。（如图32）

动作二：左腿沿壹、叁门方向朝壹门迈出，成半弓步；同时左拳沿左腿迈出方向自然击打，拳眼向上，右拳迅速勒于腰间。目视壹门方向。（如图33）

图32

图33

第十八式：转身拗势捶

身体向右转，朝向叁门，同时右腿向后撤向壹门方向，在撤步的同时右拳自然向前平行击打，拳心向下，拳与嘴齐。左拳自然平伸于身体侧后方，拳心向下，拳与耳齐，成拗势步。目视叁门方向。（如图 34）

图 34

第十九式：上步占中线拿大势

动作一：右腿向右前方迈出，右拳变掌向下画圆至身体右侧。（如图 35）

图 35

动作二：左拳变掌向上经头侧画圆至身前，左腿同时提膝，向身体左侧横跨一步，脚尖向东，成"大势"。左掌向左侧成拳后平行伸出，沉肩坠肘，右掌自然成拳置于右耳上方，两拳眼意念相对。右腿屈膝，平膝胯，右小腿与地面成90度，右腿膝关节略外翻，且右腿承担身体重量七成；左脚脚尖指向东，左膝略外翻，且左腿承担身体重量三成。目视东方。（如图 36）

图 36

第二十式：摘星布斗

动作一：左拳经体前变掌由下向前上方画圆伸出，右拳经体前变掌向后下方画圆按压；同时身体向左转体 90 度，面向东方，重心转向左脚，左腿立直，右腿伸直，右脚脚尖虚点，目视左掌伸出方向。（如图 37）

动作二：重心后移至右脚，右腿屈蹲，身体下蹲成单重力，左脚脚尖虚点，左腿略屈；同时左、右掌经体前交叉画圆后外展，右掌与头同高，左掌与胯同高。胸微含，目视前方。（如图 38）

图 37                图 38

第二十一式：向叁门踢迎面腿

身体向右侧转45度，同时右腿朝叁门方向迈出，随即左腿迅速向上踢向面门，脚尖勾直。（如图39）

注：两腿尽量绷直，不要弯曲。

第二十二式：踮换步刨虎势

动作一：（接前式。）左腿放下在落地之前，右脚迅速跳起，向叁门方向踮换。左脚落地，左腿屈蹲，右脚脚背贴向左腿膝关节后方，同时双掌由上向下经体前交叉画圆。（如图40a、图40b）

图39

图40a

图40b

动作二：随即右腿向叁门方向跨出，成弓步，平膝胯，左腿绷直成丁字步。跨步的同时双掌刨触地面，然后向两侧展开成拳，右手手臂屈肘弯向头前，随身体转动做吊肘击打动作；左手手臂伸直，与左腿平行，拳心向下，身体向壹门方向倾斜成刨虎势。目视壹门方向。（如图41、图42）

图 41

图 42

第二十三式：掏腿势

（接前式。）起身的同时双拳变掌，由下向上经体前逆时针画圆，左腿迈向叁门方向，成拗势步。双掌经头前继续画圆，变拳，扭身向壹门方向劈砸，拳眼向上，右腿伸直。转头，目视壹门方向。（如图43）

第二十四式：打虎势

右腿向叁门方向迈出，成弓步，平膝胯；左腿伸直，左脚与右脚成丁字步；同时右臂沿顺时针方向摆向右耳，向后方伸直，与肩做靠打之势；左臂屈肘，左拳横于右胸前，成"打虎势"。转头，目视壹门方向。（如图44）

注：力量由腰出，通过肩与手臂向叁门方向靠打。以上两式又叫摆法。

图 43

图 44

第二十五式：撇法

动作一：右拳变掌自然向下，以左脚为轴，向右后方转体180度，右脚向壹门方向撇步，两脚与肩同宽；左拳变掌，两臂自然抬起平举于身体两侧，掌心向下。目视身体正前方。（如图45）

图45

动作二：以右脚为轴，向左后方转体180度，左脚向壹门方向撇步，两脚与肩同宽。转体同时，左掌自然放下经体侧平举，右掌自然向上画圆至体侧平举，两掌心向下。目视身体正前方。（如图46）

图46

动作三：左腿向壹门方向迈出，成半弓步，同时左掌变拳收至胸前，拳心向下。右脚向壹门方向跨出，使左膝着地，同时左拳变掌，与右掌同时朝上向肩后画圆，两掌汇合于右脚前，掌心相对，成"霸王举鼎"势。目视壹门方向。（如图47）

动作四：起身向叁门方向转体90度，成"大势"。左掌向左侧成拳后平行伸出，沉肩坠肘；右掌自然成拳置于右耳

图47

上方，两拳眼意念相对。右腿屈膝，平膝胯，右小腿与地面成90度，右腿膝关节略外翻，且右腿承担身体重量七成；左脚尖向东，左膝略外翻，且左腿承担身体重量三成。目视叁门方向。（如图48）

注：力量发自腰间，转体时意想将手中重物抛出。

第二十六式：抽身长手左顺势

动作一：身体重心向左腿转移并下蹲，左拳伸直上举，右拳由上至下蓄势于左腋下。（如图49）

动作二：左腿屈蹲，以左脚为轴向左转体180度，同时右脚面贴靠左膝关节后方，右腿迅速向叁门方向迈出成弓步，右脚尖指向叁门。右拳向下经体前画圆，随右脚向叁门伸出，拳与肩齐；左拳自然伸直放下至与耳齐，两拳心向下，成左顺势。右小腿与地面成90度，平膝胯，左腿伸直，左脚与右脚成丁字步。目视叁门方向。（如图50）

图 48

图 49

图 50

注：重心转向左腿时，左拳应尽量伸直上举；在下蹲转体时，身体应尽量成"钻"状，然后成弓步。祖父讲："抽身长手身先上，勿用膝盖把身转。"

第二十七式：左拗势

右拳平行收于胸前，拳心向下；左拳伸直自下而上经体侧向前方摆打，拳心向下，同时身体向右旋转90度（如图51）；左腿迅速向前迈出成拗势步，迈步的同时，左拳继续向上画圆后摆至与耳齐，右拳继续向下自身前由下向前伸出，拳与嘴齐。两臂伸直，左膝内扣，右腿伸直，右脚脚跟外旋，两脚横向间距与一脚等长。扣胯，目视前方。（如图52）

图51

图52

第二十八式：右小势

两拳变掌自然落于体侧（如图53），身体向右侧旋转90度，重心后移，左掌经身前由下向上画圆自然向前伸出成拳，沉肩坠肘，左脚迅速收回成虚丁字步，脚面朝前，重心完全转移至右脚，右腿屈蹲，身体下蹲成单重力。右掌变拳画圆置于右耳后上方。胸微含，两拳眼意念相对，目视叁门方向。（如图54）

图53

图54

第二十九式：右败势

动作一：左臂向叁门方向劈砸，左腿同时向叁门方向迈出成半弓步，右腿伸直，成丁字步。左拳与头齐，拳心向上。目视壹门方向。（如图55）

动作二：右腿收向左腿，右脚不触地迅速向壹门方向迈出成半弓步，同时右臂向壹门方向劈砸，左腿伸直，成丁字步。右拳与头齐，拳心向上。目视叁门方向。（如图56）

图55

图56

动作三：上身保持与地面垂直，两臂伸直，握拳，拳心转向下，身体向叁门方向倾斜，左臂尽力探向叁门，与左腿平行。左腿伸直，右腿的小腿与地面成90度，平膝胯。目视叁门方向。（如图57）

图57

第三十式：左大势

动作一：右拳收至胸前，拳心向下。起身，左脚向壹门方向迈出，使右膝着地，在左脚跨步的同时，双拳变掌同时朝上向肩后画圆，两掌汇合于左脚前，掌心相对，成"霸王举鼎"势。目视壹门方向。（如图58）

注：左劈砸和右劈砸都要以腰部力量带动，这样才能身体的合整。

动作二：起身向叁门方向转体90度，成"大势"。右掌成拳于右肩前，沉肩坠肘，左掌变拳置于左耳后上方伸直，两拳眼意念相对。左腿屈膝，平膝胯，左小腿与地面成90度，左腿膝关节略外翻，且左腿承担身体重量七成；右腿微屈，右脚脚尖指向叁门，膝略外翻，且右腿承担身体重量三成。胸微含，目视叁门方向。（如图59）

图 58

图 59

注：力量发自腰间，转体时意想将手中重物抛出。

第三十一式：抽身长手右顺势

动作一：身体重心向右腿转移并下蹲，右拳伸直上举，左拳由上至下蓄势于右腋下。（如图60）

动作二：右腿屈蹲，以右

图 60

脚为轴，向右转体180度，同时左脚面贴靠右膝关节后方，左腿迅速向叁门方向迈出成弓步，左脚脚尖指向叁门。左拳向下经体前画圆随左脚向叁门方向伸出，拳与肩齐；右拳自然伸直放下至与耳齐，两拳心向下，成"右顺势"。左小腿与地面成90度，平膝胯，右腿伸直，右脚与左脚成丁字步。目视叁门方向。（如图61）

图61

注：重心转向左腿时，左拳应尽量伸直上举；在下蹲转体时，身体应尽量成"钻"状，然后成弓步。祖父讲："抽身长手身先上，勿用膝盖把身转。"

第三十二式：右拗势

左拳平行收于胸前，拳心向下；右拳伸直自下而上经体侧向前方摆打，拳心向下，同时身体向左旋转90度（如图62）；右腿迅速向前迈出，成拗势步，在迈步的同时，右拳继续向上画圆后摆至与耳齐，左拳继续向下自身前由下向前伸出，拳与嘴齐。两臂伸直，右膝内扣，左腿伸直，左脚脚跟外旋，两脚横向间距与一脚等长。扣胯，目视前方。（如图63）

图62

图63

第三十三式：左小势

两拳变掌自然落于体侧（如图64），身体向左侧旋转90度，重心后移，右掌经身前由下向上画圆自然向前伸出成拳，沉肩坠肘。右脚迅速收回成虚丁字步，脚面朝前；重心完全转移至左脚，左腿屈蹲，身体下蹲成单重力，左掌变拳置于左耳后上方。胸微含，两拳眼意念相对。目视叁门方向。（如图65）

图64

图65

第三十四式：左败势

动作一：右臂向叁门方向劈砸，右腿同时向叁门方向迈出成半弓步，左腿伸直，成丁字步。右拳与头齐，拳心向上。转头，目视壹门方向。（如图66）

动作二：左腿收向右腿，左脚不触地迅速向壹门方向迈出成半弓步，同时左臂向壹门方向劈砸，右腿伸直，成丁字步。左拳与头齐，拳心向上。转头，目视叁门方向。（如图67）

图66

图67

动作三：上身保持与地面垂直，两臂伸直，握拳，拳心转向下，身体向叁门方向倾斜，右臂尽力探向叁门，与右腿平行。右腿伸直，左腿的小腿与地面成90度，平膝胯。转头，目视叁门方向。（如图68）

注：左劈砸和右劈砸都以腰部力量带动，这样有利于姿势的合整。

第三十五式：右大势

动作一：左拳收至胸前，拳心向下。起身，右脚向壹门方向迈出，使左膝着地，在右脚跨步的同时，双拳变掌同时朝上向肩后画圆，两掌汇合于右脚前，掌心相对，成"霸王举鼎"势。目视壹门方向。（如图69）

动作二：起身向叁门方向转体90度，成"大势"。左掌向左侧成拳后平行伸出，沉肩坠肘；右掌自然成拳置于右耳上方，两拳眼意念相对。右腿屈膝，平膝胯，右小腿与地面成90度，右腿膝关节略外翻，且右腿承担身体重量七成；左脚尖向东，左膝略外翻，且左腿承担身体重量三成。目视叁门方向。（如图70）

图 68

图 69

图 70

注：力量发自腰间，转体时意想将手中重物抛出。

至此，右大势结于壹、叁门间的对角线。后续招势将沿贰、肆门间的对角连线演练，后回到壹、叁门的对角线，再结于中线。（如图71）

图71

下面的摆法、撤法、扎法，在（小架）梅花桩拳里称为三法，是（小架）梅花桩拳最基本的实战方法，在练习（小架）梅花桩拳当中甚为关键，我将在《神拳梅花桩系列丛书二——（小架）梅花桩拳搏击之术》里详细阐述。

第三十六式：摆法

（接前势。）起身的同时双拳变掌，由下向上经体前逆时针画圆，左腿向贰门方向迅速迈出，成拗势步。双掌经头前继续画圆，变拳，扭身向肆门方向劈砸，拳眼向上，右腿伸直。转头，目视肆门方向。（如图72）

图72

第三十七式：打虎势

右腿向贰门方向迈出，成弓步，平膝胯；左腿伸直，左脚与右脚成丁字步；同时右臂沿顺时针方向摆向右耳后方伸直，与肩做靠打之势；左臂屈肘，左拳横于右胸前，成"打虎势"。转头，目视肆门方向。（如图73）

图 73

注：力量由腰出，通过肩与手臂向贰门方向靠打。

第三十八式：撤法

动作一：右拳变掌自然向下，以左脚为轴向右后方转体180度，右脚向肆门方向撤步，两脚与肩同宽；左拳变掌，两臂自然抬起平举于身体两侧，掌心向下。目视身体正前方。（如图74）

图 74

动作二：以右脚为轴向左后方转体180度，左脚向肆门方向撤步，两脚与肩同宽。转体的同时，左掌自然放下经体侧平举，右掌自然向上画圆至体侧平举，两掌心向下。目视身体正前方。（如图75）

动作三：左腿向肆门方向迈出，成半弓步，同时左掌变

图 75

拳收至胸前，拳心向下。右脚向肆门方向跨出，使左膝着地，同时左拳变掌，与右掌同时朝上向肩后画圆，两掌汇合于右脚前，掌心相对，成"霸王举鼎"势。目视肆门方向。（如图76）

动作四：起身向贰门方向转体90度，成"大势"。左掌成拳于左肩前，沉肩坠肘；右掌变拳置于右耳后上方伸直，两拳眼意念相对。右腿屈膝，平膝胯，右小腿与地面成90度，右腿膝关节略外翻，且右腿承担身体重量七成；左腿微屈，左脚脚尖指向贰门，左膝略外翻，且左腿承担身体重量三成。胸微含，目视贰门方向。（如图77）

注：力量发自腰间，转体时意想将手中重物抛出。

第三十九式：扎法

动作一：左拳变掌向上经体前顺时针画圆，于左侧自然伸直成拳，与嘴齐，右拳自然放下至与耳齐，两拳心向下；同时重心转移，左腿成弓步，左小腿与地面成90度，平膝

图 76

图 77

图 78

胯，右腿伸直，右脚与左脚成丁字步；站成顺势。目视贰门方向。（如图78）

动作二：右臂屈肘，以左脚为轴身体向左旋转180度，右拳带动身体旋转朝头前扎打，右拳收于胸前，裹身藏肩，左臂随身体转动收于体侧；在击打的同时，右腿迅速向贰门方向迈出，右肩要低于左肩。（如图79）

图79

动作三：以右脚为轴，左脚迅速撤向壹门方向，成顺势步。同时身体继续向左后方旋转90度，右拳迅速向叁门方向平行击打，与嘴齐，拳心向下；在撤步的同时左拳自然抬起至与耳齐。左腿伸直成丁字步，右脚脚尖指向叁门方向，右腿的小腿与地面成90度，平膝胯。目视叁门方向。（如图80）

图80

第四十式：撤步刨虎势

动作一：（接前势。）起身向右转体，带动右腿提膝，同时双掌一起由上向下经体前交叉画圆。（如图81）

图81

动作二：随即右腿向西跨出，成弓步，平膝胯，左腿伸直成丁字步。在跨步的同时双掌要刨触地面，然后再向两侧展开成拳，右手手臂屈肘弯向头前，随身体转动吊肘做击打动作；左手手臂伸直，与左腿平行，拳心向下，身体向东侧身成虎势。目视东方。（如图82）

图 82

第四十一式：掏腿势

动作一：双拳变掌，由上向下经身前的同时做逆时针画圆，身体向右侧旋转45度，同时左腿于身前扫过地面，脚尖向西。（如图83）

动作二：双掌由下向上继续画圆至身体右侧后，经头前成拳向左侧反向劈砸，拳眼向上；同时右腿沿壹、叁门的对角线反插一步，成拗势步。扭身转头，目视叁门方向。（如图84）

图 83

图 84

第四十二式：顺势两捶

动作一：左拳迅速勒于腰间，右腿沿壹、叁门方向朝壹门迈出，成半弓步；同时右拳沿右腿迈出方向自然击打，拳眼向上。目视壹门方向。（如图85）

动作二：左腿沿壹、叁门方向朝壹门迈出，成半弓步；同时左拳沿左腿迈出方向自然击打，拳眼向上，右拳迅速勒于腰间。目视壹门方向。（如图86）

图85

图86

第四十三式：转身拗势捶

身体向右转，朝向叁门，同时右腿后撤向壹门方向，面对叁门方向；在撤步的同时右拳自然向前平行击打，拳心向下，拳与嘴齐。左拳自然平伸于身体侧后方，拳心向下，拳与耳齐，成拗势步。目视叁门方向。（如图87）

第四十四式：上步占中线拿大势

动作一：右腿向右前方迈出，右拳变掌向下画圆至身体右侧。（如图88）

图87

图88

动作二：左拳变掌向上经头侧画圆至身前，左腿同时提膝，向身体左侧横跨一步，左脚脚尖指向东，成"大势"。左掌向左侧成拳后平行伸出，沉肩坠肘；右掌自然成拳置于右耳上方，两拳眼意念相对。右腿屈膝，平膝胯，右小腿与地面成 90 度，右腿膝关节略外翻，且右腿承担身体重量七成；左脚尖向东，左膝略外翻，且左腿承担身体重量三成。目视东方。（如图 89）

第四十五式：抽身长手左顺势

动作一：身体重心向左腿转移，左拳伸直上举，右拳由上至下蓄势于左腋下。（如图 90）

图 89

图 90

动作二：左腿屈蹲，以左脚为轴向左转体 180 度，同时右脚面贴靠左膝关节后方，右腿迅速向东迈出成弓步，右脚脚尖指向东方。右拳向下经体前随右脚向东方画圆伸出，拳与肩齐；左拳自然伸直放下至与耳齐，两拳心向下，成左顺势。右小腿与地面成 90 度，平膝胯，左腿伸直，左脚与右脚成丁字步。目视东方。（如图 91）

注：重心转向左腿时，左拳应尽量伸直上举；在下蹲转体时，身体应尽量成"钻"状，然后成弓步。祖父讲："抽身长手身先上，勿用膝盖把身转。"

图 91

第四十六式：左拗势

右拳平行收于胸前，拳心向下；左拳伸直自下而上经体侧向前方摆打，拳心向下，同时身体向右旋转90度（如图92）；左腿迅速向前迈出，成拗势步，在迈步的同时，左拳继续向上画圆后摆至与耳齐，右拳继续向下自身前由下向前画圆伸出，拳与嘴齐。两臂伸直，左膝内扣，右腿伸直，右脚脚跟外旋，两脚横向间距与一脚等长。扣胯，目视前方。（如图93）

图 92

图 93

第四十七式：右小势

两拳变掌自然落于体侧（如图94），身体向右侧旋转90度，重心后移，左掌经身前由下向上画圆并自然向前伸出成拳，沉肩坠肘，左脚迅速收回成虚丁字步，脚面朝前，重心完全转移至右脚，右腿屈蹲，身体下蹲成单重力。右掌变拳置于右耳后上方。胸微含，两拳眼意念相对。目视东方。（如图95）

图 94

图 95

## 第四十八式：右败势

动作一：左臂向东方劈砸，左腿同时向东方迈出成半弓步，右腿伸直，成丁字步。左拳与头齐，拳心向上。转头，目视西方。（如图96）

动作二：右腿收向左腿，右脚不触地迅速向西方迈出成半弓步，同时右臂向西方劈砸，左腿伸直，成丁字步。右拳与头齐，拳心向上。转头，目视东方。（如图97）

图96

图97

动作三：上身保持与地面垂直，两臂伸直，握拳，拳心转向下，身体向东方倾斜，左臂尽力探向东方，与左腿平行。左腿伸直，右腿的小腿与地面成90度，平膝胯。目视东方。（如图98）

注：左劈砸和右劈砸都以腰部力量带动，这样有利于身体的合整。

图98

## 第四十九式：左大势

动作一：右拳收至胸前，拳心向下。起身，左脚向西方跨出，使右膝着地，在左脚跨步的同时，双拳变掌同时朝上向肩后画圆，两掌汇合于左脚前，掌心相

对，成"霸王举鼎"势。目视西方。（如图99）

动作二：起身向东方转体90度，成"大势"。右掌成拳于右肩前，沉肩坠肘，左掌变拳置于左耳后上方伸直，两拳眼意念相对。左腿屈膝，平膝胯，左小腿与地面成90度，左腿膝关节略外翻，且左腿承担身体重量七成；右腿微屈，右脚脚尖指向三门，膝略外翻，且右腿承担身体重量三成。胸微含，目视东方。（如图100）

注：力量发自腰间，转体时意想将手中重物抛出。

第五十式：抽身长手右顺势

动作一：身体重心向右腿转移，右拳伸直上举，左拳由上至下蓄势于右腋下。（如图101）

动作二：右腿屈蹲，以右脚为轴向右转体180度，同时左脚面贴靠右膝关节后方，左腿迅速向东方迈出成弓步，左脚脚尖指向东方。左拳向下经体前随左脚向东方伸出，拳与肩齐；右拳自然伸直放下至与

图99

图100

图101

耳齐，两拳心向下，成右顺势。左小腿与地面成 90 度，平膝胯，右腿伸直，右脚与左脚成丁字步。目视东方。（如图 102）

图 102

注：重心转向左腿时，左拳应尽量伸直上举；在下蹲转体时，身体应尽量成"钻"状，然后成弓步。祖父讲："抽身长手身先上，勿用膝盖把身转。"

第五十一式：右拗势

左拳平行收于胸前，拳心向下；右拳伸直自下而上经体侧向前方摆打，拳心向下，同时身体向左旋转 90 度（如图 103）；右腿迅速向前迈出成拗势步，迈步的同时，右拳继续向上画圆后摆至与耳齐，左拳继续向下自身前由下向前伸出，拳与嘴齐。两臂伸直，右膝内扣，左腿伸直，左脚脚跟外旋，两脚横向间距与一脚等长。扣胯，目视前方。（如图 104）

图 103

图 104

第五十二式：左小势

两拳变掌自然落于体侧（如图105），身体向左侧旋转90度，重心后移，右掌经身前由下向上画圆并自然向前伸出成拳，沉肩坠肘，右脚迅速收回成虚丁字步，脚面朝前；重心完全转移至左脚，左腿屈蹲，身体下蹲成单重力，左掌变拳置于左耳后上方。胸微含，两拳眼意念相对，目视东方。（如图106）

图105

图106

第五十三式：左败势

动作一：右臂向东方劈砸，右腿同时向东方迈出成半弓步，左腿伸直，成丁字步。右拳与头齐，拳心向上。转头，目视西方。（如图107）

动作二：左腿收向右腿，左脚不触地迅速向西方迈出成半弓步，同时左臂向西方劈砸，右腿伸直，成丁字步。左拳与头齐，拳心向上。转头，目视东方。（如图108）

图107

图108

动作三：上身保持与地面垂直，两臂伸直，握拳，拳心转向下，身体向东方倾斜，右臂尽力探向东方，与右腿平行。右腿伸直，左腿的小腿与地面成90度，平膝胯。目视东方。（如图109）

注：左劈砸和右劈砸都以腰部力量带动，这样有利于身体的合整。

第五十四式：右大势

动作一：左拳收至胸前，拳心向下。起身，右脚向西方跨出，使左膝着地，在右脚跨步的同时，双拳变掌同时朝上向肩后画圆，两掌汇合于右脚前，掌心相对，成"霸王举鼎"势。目视西方。（如图110）

动作二：起身向东方转体90度，成"大势"。左掌成拳于左肩前，沉肩坠肘，右掌变拳置于右耳后上方伸直，两拳眼意念相对。右腿屈膝，平膝胯，右小腿与地面成90度，右腿膝关节略外翻，且右腿承担身体重量七成；左腿微屈，左脚脚尖指向东方，膝略外翻，且左腿承担身体重量三成。胸

图109

图110

图111

微含，目视东方。（如图111）

注：力量发自腰间，转体时意想将手中重物抛出。

第五十五式：摘星布斗

动作一：左拳经体前变掌由下向前上方画圆伸出，右拳经体前变掌向后下方画圆按压。同时身体向左转体90度，面向东方，重心转向左脚，左腿立直，右腿伸直，右脚尖虚点，目视左掌伸出方向。（如图112）

动作二：重心后移至右脚，右腿屈蹲，身体下蹲成单重力，左脚脚尖虚点，左腿略屈；同时左、右掌经体前交叉后外展，右掌与头同高，左掌与胯同高。胸微含，目视前方。（如图113）

图112

图113

至此，摘星布斗结于中线，后续招式将沿贰、肆门间的对角连线演练。（如图114）

图 114

第五十六式：向肆门踢迎面腿

身体向左侧转 45 度，同时左腿朝肆门方向迈出，随即右腿迅速向上踢向面门，脚尖勾直。（如图 115）

图 115

第五十七式：踮换步刨虎势

动作一：（接前势。）右腿放下在落地之前，左脚迅速跳起，向肆门方向踮

换。右脚落地，右腿屈蹲，左脚脚背贴向右腿膝关节后方，同时双掌由上向下经体前交叉画圆。（如图116）

动作二：随即左腿向肆门方向跨出，成弓步，平膝胯，右腿伸直成丁字步。跨步的同时双掌刨触地面，然后向两侧展开成拳，左手手臂屈肘弯向头前，随身体转动吊肘做击打动作；右手手臂伸直，与右腿平行，拳心向下，身体向贰门方向倾斜成虎势。转头，目视贰门方向。（如图117）

图116

图117

第五十八式：掏腿势

（接前势。）起身的同时双拳变掌，由下向上经体前逆时针画圆，右腿后撤向肆门方向，成拗势步。双掌经头前继续画圆，变拳，扭身向肆门方向劈砸，拳眼向上，右腿伸直。转头，目视肆门方向。（如图118）

图118

第五十九式：顺势两捶

动作一：左拳迅速勒于腰间，右腿沿贰、肆门方向朝贰门迈出，成半弓步；同时右拳沿右腿迈出方向自然击打，拳眼向上。目视贰门方向。（如图119）

动作二：左腿沿贰、肆门方向朝贰门迈出，成半弓步；同时左拳沿左腿迈出方向自然击打，拳眼向上，右拳迅速勒于腰间。目视贰门方向。（如图120）

图119

图120

第六十式：转身拗势捶

身体向右转，朝向肆门，同时右腿后撤向贰门方向，面对肆门方向；在撤步的同时右拳自然向前平行击打，拳心向下，拳与嘴齐。左拳自然平伸于身体侧后方，拳心向下，拳与耳齐，成拗势步。目视肆门方向。（如图121）

图121

第六十一式：原地大势

两拳变掌自然落于体侧（如图122），身体向右侧旋转90度，重心后移，左掌经身前由下向上画圆握拳于左肩前，沉肩坠肘，右掌变拳置于右耳后上方伸直，胸微含，拳眼意念相对。右腿屈膝，右小腿与地面成90度，平膝胯，右腿膝关节略外翻，且右腿承担身体重量七成；左腿略屈，左脚尖向肆门方向，左膝略外翻，且左腿承担身体重量三成。目视肆门方向。（如图123）

图122

图123

第六十二式：抽身长手左顺势

动作一：身体重心向左腿转移，左拳伸直上举，右拳由上至下蓄势于左腋下。（如图124）

图124

动作二：左腿屈蹲，以左脚为轴向左转体180度，同时右脚面贴靠在左膝关节后方，右腿迅速向肆门方向迈出成弓步，右脚尖指向肆门。右拳向下经体前随右脚向肆门画圆伸出，拳与肩齐；左拳自然伸直放下至与耳齐，两拳心向下，成左顺势。右小腿与地面成90

图 125

度，平膝胯，左腿伸直，左脚与右脚成丁字步。目视肆门方向。（如图125）

注：重心转向左腿时，左拳应尽量伸直上举；在下蹲转体时，身体应尽量成"钻"状，然后成弓步。祖父讲："抽身长手身先上，勿用膝盖把身转。"

第六十三式：左拗势

右拳平行收于胸前，拳心向下；左拳伸直自下而上经体侧向前方摆打，拳心向下，同时身体向右旋转90度（如图126a）；左腿迅速向前迈出成拗势步，在迈步的同时，左拳继续向上画圆后摆至与耳齐，右拳继续向下自身前由下向前画圆伸出，拳与嘴齐。两臂伸直，左膝内扣，右腿伸直，右脚脚跟外旋，两脚横向间距与一脚等长。扣胯，目视前方。（如图126b）

图 126a

图 126b

## 第六十四式：右小势

两拳变掌自然落于体侧（如图127），身体向右侧旋转90度，重心后移，左掌经身前由下向上画圆并自然向前伸出成拳，沉肩坠肘，左脚迅速收回成虚丁字步，脚面朝前，重心完全转移至右脚，右腿屈蹲，身体下蹲成单重力。右掌变拳置于右耳后上方。胸微含，拳眼意念相对，目视肆门方向。（如图128）

图127

图128

## 第六十五式：右败势

动作一：左臂向肆门方向劈砸，左腿同时向肆门方向迈出成半弓步，右腿伸直，成丁字步。左拳与头齐，拳心向上。转头，目视贰门方向。（如图129）

动作二：右腿收向左腿，右脚不触地迅速向贰门方向迈出成半弓步，同时右臂向贰门方向劈砸，左腿伸直，成丁字步。右拳与头齐，拳心向上。转头，目视肆门方向。（如图130）

图129

图130

动作三：上身保持与地面垂直，两臂伸直，握拳，拳心转向下，身体向肆门方向倾斜，左臂尽力探向肆门，与左腿平行。左腿伸直，右腿的小腿与地面成90度，平膝胯。转头，目视肆门方向。（如图131）

注：左劈砸和右劈砸都以腰部力量带动，这样有利于身体的合整。

第六十六式：左大势

动作一：右拳收至胸前，拳心向下。起身，左脚向贰门方向跨出，使右膝着地，在左脚跨步的同时，双拳变掌同时朝上向肩后画圆，两掌汇合于左脚前，掌心相对，成"霸王举鼎"势。目视贰门方向。（如图132）

动作二：起身向肆门方向转体90度，成大势。右掌变拳于右肩前，沉肩坠肘，左掌变拳置于左耳后上方伸直，两拳眼意念相对。左腿屈膝，左小腿与地面成90度，平膝胯，左腿膝关节略外翻，且左腿承担身体重量七成；右腿微屈，右脚脚尖指向肆门，膝略外翻，

图131

图132

图133

且右腿承担身体重量三成。胸微含，目视肆门方向。（如图133）

注：力量发自腰间，转体时意想将手中重物抛出。

第六十七式：抽身长手右顺势

动作一：身体重心向右腿转移，右拳伸直上举，左拳由上至下蓄势于右腋下。（如图134）

动作二：右腿屈蹲，以右脚为轴向右转体180度，同时左脚面贴靠在右膝关节后方，左腿迅速向肆门方向迈出成弓步，左脚尖指向肆门。左拳向下经体前随左脚向肆门方向画圆伸出，拳与肩齐；右拳自然伸直放下至与耳齐，两拳心向下，成右顺势。左小腿与地面成90度，平膝胯，右腿伸直，右脚与左脚成丁字步。目视肆门方向。（如图135）

图134

图135

注：重心转向左腿时，左拳应尽量伸直上举；在下蹲转体时，身体应尽量成"钻"状，然后成弓步。祖父讲："抽身长手身先上，勿用膝盖把身转。"

第六十八式：右拗势

左拳平行收于胸前，拳心向下；右拳伸直自下而上经体侧向前方摆打，拳心向下，同时身体向左旋转90度（如图136a）；右腿迅速向前迈出成拗势步，在迈步的同时，右拳继续向上画圆后摆至与耳齐，左拳继续向下自身前由下向前画圆伸出，拳与嘴齐。两臂伸直，右膝内扣，左腿伸直，左脚脚跟外旋，两脚横向间距与一脚等长。扣胯，目视前方。（如图136b）

图 136a

图 136b

第六十九式：左小势

两拳变掌自然落于体侧（如图137），身体向左侧旋转90度，重心后移，右掌经身前由下向上画圆并自然向前伸出成拳，沉肩坠肘。右脚迅速收回成虚丁字步，脚面朝前；重心完全转移至左脚，左腿屈蹲，身体下蹲成单重力，左掌变拳置于左耳后上方。胸微含，拳眼意念相对，目视肆门方向。（如图138）

图 137

图 138

第七十式：左败势

动作一：右臂向肆门方向劈砸，右腿同时向肆门方向迈出成半弓步，左腿伸直，成丁字步。右拳与头齐，拳心向上。转头，目视贰门方向。（如图139）

动作二：左腿收向右腿，左脚不触地迅速向贰门方向迈出成半弓步，同时左臂向贰门方向劈砸，右腿伸直，成丁字步。左拳与头齐，拳心向上。转头，目视肆门方向。（如图140）

图 139

图 140

动作三：上身保持与地面垂直，两臂伸直，握拳，拳心转向下，身体向肆门方向倾斜，右臂尽力探向肆门，与右腿平行。右腿伸直，左腿的小腿与地面成 90 度，平膝胯。转头，目视肆门方向。（如图 141）

第七十一式：右大势

动作一：左拳收至胸前，拳心向下。起身，右脚向贰门方向跨出，使左膝着地，在右脚跨步的同时，双拳变掌同时朝上向肩后画圆，两掌汇合于右脚前，掌心相对，成"霸王举鼎"势。目视贰门方向。（如图 142）

注：左劈砸和右劈砸都以腰部力量带动，这样有利于身体的合整。

图 141

图 142

动作二：起身向肆门方向转体 90 度，成"大势"。左掌成拳于左肩前，沉肩坠肘，右掌变拳置于右耳后上方伸直，两拳眼意念相对。右腿屈膝，右小腿与地面成90度，平膝胯，右腿膝关节略外翻，且右腿承担身体重量七成；左腿微屈，左脚脚尖指向肆门，膝略外翻，且左腿承担身体重量三成。胸微含，目视肆门方向。（如图143）

图 143

注：力量发自腰间，转体时意想将手中重物抛出。

至此，右大势结于贰门。以下招式称"大换头"，意为其动作将在贰、肆门间的对角线和壹、叁门间的对角线之间交替演练，意在转换方向，最后结于中线。从此，动作开始由东向西演练，直至收势。（如图144）

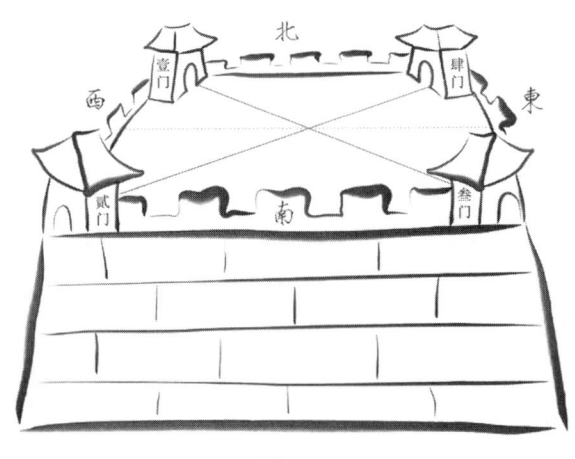

图 144

第七十二式：扎法

动作一：左拳变掌向上经体前顺时针画圆，于左侧自然伸直成拳，与嘴齐，右拳自然放下至与耳齐，两拳心向下；同时重心转移，左腿成弓步，左小腿与地面成90度，平膝胯，右腿伸直，右脚与左脚成丁字步；站成顺势。转头，目视肆门方向。（如图145）

图 145

动作二：右臂屈肘，以左脚为轴，身体向左旋转180度，右拳带动身体旋转朝头前扎打，右拳收于胸前，裹身藏肩，左臂随身体转动收于体侧；在击打的同时，右腿迅速向肆门方向迈出，右肩低于左肩。（如图146）

动作三：以右脚为轴，左脚迅速撤向叁门方向，成顺势步。同时身体继续向左后方旋转90度，右拳迅速向壹门方向平行击打，与嘴齐，拳心向下；撤步的同时左拳自然抬起至与耳齐。左腿伸直成丁字步，右脚尖指向壹门方向，右腿的小腿与地面成90度，平膝胯。转头，目视壹门方向。（如图147）

图 146

图 147

第七十三式：撤步拿大势

动作一：起身，身体向右后方旋转180度，同时右腿向右后方撤向叁门方向，右拳变掌向下画圆至身体右侧。（如图148）

图 148

动作二：左拳变掌向上经头侧画圆至身前，左腿同时提膝，向身体左侧的壹门方向横跨一步，脚尖指向壹门方向，成"大势"。左掌向左侧成拳后平行伸出，沉肩坠肘，右掌自然成拳置于右耳上方，两拳眼意念相对。右腿屈膝，右小腿与地面成90度，平膝胯，右腿膝关节略外翻，且右腿承担身体重量七成；左膝略外翻，且左腿承担身体重量三成，左脚尖指向壹门。目视壹门方向。（如图149）

图 149

第七十四式：摆法

（接前势。）起身的同时双拳变掌，由下向上经体前逆时针画圆，左腿向肆门方向迅速迈出，成拗势步。双掌经头前

图 150

继续画圆，变拳，扭身向贰门方向劈砸，拳眼向上，右腿伸直。转头，目视贰门方向。（如图150）

第七十五式：打虎势

右腿向肆门方向迈出，成弓步，平膝胯；左腿伸直，左脚与右脚成丁字步；同时右臂沿顺时针方向摆向右耳后方伸直，与肩做靠打之势；左臂屈肘，左拳横于右胸前，成"打虎势"。转头，目视贰门方向。（如图151）

注：力量由腰出，通过肩与手臂向肆门方向靠打。

第七十六式：撤法

动作一：右拳变掌自然向下，以左脚为轴向右后方转体180度，右脚向贰门方向撤步，两脚与肩同宽；左拳变掌，两臂自然抬起平举于身体两侧，掌心向下。目视身体正前方。（如图152）

图 151

图 152

动作二：以右脚为轴向左后方转体180度，左脚向贰门方向撤步，两脚与肩同宽。在转体的同时，左掌自然放下经体侧平举，右掌自然向上画圆至体侧平举，两掌心向下。目视身体正前方。（如图153）

图 153

动作三：左腿向贰门方向迈出，成半弓步，同时左掌变拳收至胸前，拳心向下。右脚向贰门方向跨出，使左膝着地，同时左拳变掌，与右掌同时朝上向肩后画圆，两掌汇合于右脚前，掌心相对，成"霸王举鼎"势。目视贰门方向。（如图154）

图154

动作四：起身向肆门方向转体90度，成"大势"。左掌成拳于左肩前，沉肩坠肘；右掌变拳置于右耳后上方伸直，两拳眼意念相对。右腿屈膝，右小腿与地面成90度，平膝胯，右腿膝关节略外翻，且右腿承担身体重量七成；左腿微屈，左脚脚尖指向肆门，左膝略外翻，且左腿承担身体重量三成。胸微含，目视肆门方向。（如图155）

图155

注：力量发自腰间，转体时意想将手中重物抛出。

第七十七式：扎法

动作一：左拳变掌向上经体前顺时针画圆，于左侧自然伸直成拳，与嘴齐，右拳自然放下至与耳齐，两拳心向下；同时重心转移，左腿成弓步，

图156

左小腿与地面成90度,平膝胯,右腿伸直,右脚与左脚成丁字步;站成顺势。目视肆门方向。(如图156)

动作二:右臂屈肘,以左脚为轴身体向左旋转180度,右拳带动身体旋转朝头前扎打,右拳收于胸前,裹身藏肩,左臂随身体转动收于体侧;在击打的同时,右腿迅速向肆门方向迈出,右肩低于左肩。(如图157)

动作三:以右脚为轴,左脚迅速撤向叁门方向,成顺势步。同时身体继续向左后方旋转90度,右拳迅速向壹门方向平行击打,于嘴齐,拳心向下;撤步同时左拳自然抬起至与耳齐。左腿伸直成丁字步,右脚尖指向壹门方向,右腿的小腿与地面成90度,平膝胯。转头,目视壹门方向。(如图158)

图157

图158

第七十八式:撤步刨虎势

动作一:(接前势。)起身向右转体,带动右腿提膝,同时双掌一起由上向下经体前交叉画圆。(如图159)

动作二:随即右腿向东跨出,成弓步,平膝胯,左腿伸直成丁字步。在跨步的同时双掌刨触地面,然后向两侧展开成拳,右手手臂屈肘弯向头前,

图159

随身体转动吊肘做击打动作；左手手臂伸直，与左腿平行，拳心向下，身体向西倾斜成刨虎势。转头，目视西方。（如图160）

图 160

第七十九式：掏腿势

动作一：双拳变掌，由上向下经身前的同时做逆时针画圆，身体向右侧旋转45度，同时左腿于身前扫过地面，脚尖向东。（如图161）

动作二：双掌由下向上继续画圆至身体右侧后，经头前成拳向左侧反向劈砸，拳眼向上；同时右腿沿壹、叁门的对角线反插一步，成拗势步。扭身转头，目视壹门方向。（如图162）

图 161

图 162

第八十式：顺势两捶

动作一：左拳迅速勒于腰间，右腿沿壹、叁门方向朝叁门迈出，成半弓步；

同时右拳沿右腿迈出方向自然击打，拳眼向上。目视叁门方向。（如图163）

动作二：左腿沿壹、叁门方向朝叁门迈出，成半弓步；同时左拳沿左腿迈出方向自然击打，拳眼向上，右拳迅速勒于腰间。目视叁门方向。（如图164）

图163

图164

第八十一式：转身拗势捶

身体向右转，朝向壹门，同时右腿后撤向叁门方向，面对壹门方向；在撤步的同时右拳自然向前平行击打，拳心向下，拳与嘴齐。左拳自然平伸于身体侧后方，拳心向下，拳与耳齐，成拗势步。目视壹门方向。（如图165）

第八十二式：上步占中线拿大势

动作一：右腿向右前方迈出，右拳变掌向下画圆至身体右侧。（如图166）

图165

图166

动作二：左拳变掌向上经头侧画圆至身前，左腿同时提膝，向身体左侧横跨一步，脚尖指向西，成"大势"。左掌向左侧成拳后平行伸出，沉肩坠肘，右掌自然成拳置于右耳上方，两拳眼意念相对。右腿屈膝，右小腿与地面成 90 度，平膝胯，右腿膝关节略外翻，且右腿承担身体重量七成；左脚脚尖指向西，左膝略外翻，且左腿承担身体重量三成。目视西方。（如图 167）

第八十三式：抽身长手左顺势

动作一：身体重心向左腿转移，左拳伸直上举，右拳由上至下蓄势于左腋下。（如图 168）

图 167

图 168

动作二：左腿屈蹲，以左脚为轴向左转体 180 度，同时右脚面贴靠在左膝关节后方，右腿迅速向西迈出成弓步，右脚脚尖指向西方。右拳向下经体前随右脚向西方画圆伸出，拳与肩齐；左拳自然伸直放下至与耳齐，两拳心向下，成左顺势。右小腿与地面成 90 度，平膝胯，左腿伸直，左脚与右脚成丁字步。目视西方。（如图 169）

图 169

注：重心转向左腿时，左拳应尽量伸直上举；在下蹲转体时，身体应尽量成"钻"状，然后成弓步。祖父讲："抽身长手身先上，勿用膝盖把身转。"

第八十四式：左拗势

右拳平行收于胸前，拳心向下；左拳伸直自下而上经体侧向前方摆打，拳心向下，同时身体向右旋转90度（如图170a）；左腿迅速向前迈出成拗势步，在迈步的同时，左拳继续向上画圆后摆至与耳齐，右拳继续向下自身前由下向前伸出，拳与嘴齐。两臂伸直，左膝内扣，右腿伸直，右脚脚跟外旋，两脚横向间距与一脚等长。扣胯，目视前方。（如图170b）

图170a

图170b

第八十五式：右小势

两拳变掌自然落于体侧（如图171），身体向右侧旋转90度，重心后移，左掌经身前由下向上画圆并自然向前伸出成拳，沉肩坠肘，左脚迅速收回成虚丁字步，脚面朝前，重心完全转移至右脚，右腿屈蹲，身体下蹲成单重力。右掌变拳置于右耳后上方。胸微含，两拳眼意念相对，目视西方。（如图172）

图171

图172

第八十六式：右败势

动作一：左臂向西方劈砸，左腿同时向西方迈出成半弓步，右腿伸直，成丁字步。左拳与头齐，拳心向上。转头，目视东方。（如图173）

动作二：右腿收向左腿，右脚不触地迅速向东方迈出成半弓步，同时右臂向东方劈砸，左腿伸直，成丁字步。右拳与头齐，拳心向上。转头，目视西方。（如图174）

图173

图174

动作三：上身保持与地面垂直，两臂伸直，握拳，拳心转向下，身体向西方倾斜，左臂尽力探向西方，与左腿平行。左腿伸直，右腿的小腿与地面成90度，平膝胯。转头，目视西方。（如图175）

图175

注：左劈砸和右劈砸都以腰部力量带动，这样有利于身体的合整。

第八十七式：左大势

动作一：右拳收至胸前，拳心向下。起身，左脚向东方跨出，使右膝着地，在左脚跨步的同时，双拳变掌同时朝上向肩后画圆，两掌汇合于左脚前，掌心相对，成"霸王举鼎"势。目视东方。（如图176）

图 176

动作二：起身向西方转体90度，成"大势"。右掌成拳于右肩前，沉肩坠肘，左掌变拳置于左耳后上方伸直，两拳眼意念相对。左腿屈膝，左小腿与地面成90度，平膝胯，左腿膝关节略外翻，且左腿承担身体重量七成；右腿微屈，右脚脚尖指向西方，膝略外翻，且右腿承担身体重量三成。胸微含，目视西方。（如图177）

图 177

注：力量发自腰间，转体时意想将手中重物抛出。

第八十八式：抽身长手右顺势

动作一：身体重心向右腿转移，右拳伸直上举，左拳由上至下蓄势于右腋下。（如图178）

动作二：右腿屈蹲，以

图 178

右脚为轴向右转体180度，同时左脚面贴靠在右膝关节后方，左腿迅速向西方迈出成弓步，左脚脚尖指向西方。左拳向下经体前随左脚向西方画圆伸出，拳与肩齐；右拳自然伸直放下至与耳齐，两拳心向下，成右顺势。左小腿与地面成90度，平膝胯，右腿伸直，右脚与左脚成丁字步。目视西方。（如图179）

图179

注：重心转向左腿时，左拳应尽量伸直上举；在下蹲转体时，身体应尽量成"钻"状，然后成弓步。祖父讲："抽身长手身先上，勿用膝盖把身转。"

第八十九式：右拗势

左拳平行收于胸前，拳心向下；右拳伸直自下而上经体侧向前方摆打，拳心向下，同时身体向左旋转90度（如图180a）；右腿迅速向前迈出成拗势步，在迈步的同时，右拳继续向上画圆后摆至与耳齐，左拳继续向下自身前由下向前伸出，拳与嘴齐。两臂伸直，右膝内扣，左腿伸直，左脚脚跟外旋，两脚横向间距与一脚等长。扣胯，目视前方。（如图180b）

图180a

图180b

第九十式：左小势

两拳变掌自然落于体侧（如图181），身体向左侧旋转90度，重心后移，右掌经身前由下向上画圆并自然向前伸出成拳，沉肩坠肘，右脚迅速收回成虚丁字步，脚面朝前；重心完全转移至左脚，左腿屈蹲，身体下蹲成单重力，左掌变拳置于左耳后上方。胸微含，两拳眼意念相对，目视西方。（如图182）

图181

图182

第九十一式：左败势

动作一：右臂向西方劈砸，右腿同时向西方迈出成半弓步，左腿伸直，成丁字步。右拳与头齐，拳心向上。转头，目视东方。（如图183）

动作二：左腿收向右腿，左脚不触地迅速向东方迈出成半弓步，同时左臂向东方劈砸，右腿伸直，成丁字步。左拳与头齐，拳心向上。转头，目视西方。（如图184）

图183

图184

动作三：上身保持与地面垂直，两臂伸直，握拳，拳心转向下，身体向西方倾斜，右臂尽力探向西方，与右腿平行。右腿伸直，左腿的小腿与地面成90度，平膝胯。转头，目视西方。（如图185）

注：左劈砸和右劈砸都以腰部力量带动，这样有利于身体的合整。

第九十二式：右大势

动作一：左拳收至胸前，拳心向下。起身，右脚向东方跨出，使左膝着地，右脚跨步的同时，双拳变掌同时朝上向肩后画圆，两掌汇合于右脚前，掌心相对，成"霸王举鼎"势。目视东方。（如图186）

动作二：起身向西方转体90度，成"大势"。左掌成拳于左肩前，沉肩坠肘，右掌变拳置于右耳后上方伸直，两拳眼意念相对。右腿屈膝，右小腿与地面成90度，平膝胯，右腿膝关节略外翻，且右腿承担身体重量七成；左腿微屈，左脚脚尖指向西方，膝略外翻，且左腿承担身体重量三成。胸

图 185

图 186

图 187

微含，目视西方。（如图187）

注：力量发自腰间，转体时意想将手中重物抛出。

第九十三式：摘星布斗

动作一：左拳经体前变掌由下向前上方画圆伸出，右拳经体前变掌向后下方画圆按压。同时身体向左转体90度，面向西方，重心转向左脚，左腿立直，右腿伸直，右脚尖虚点，目视左掌伸出方向。（如图188）

动作二：重心后移至右脚，右腿屈蹲，身体下蹲成单重力，左脚脚尖虚点，左腿略屈；同时左、右掌经体前交叉后外展，右掌与头同高，左掌与胯同高。胸微含，目视前方。（如图189）

图188

图189

至此，摘星布斗结于中线，后续招式将沿壹、叁门的对角连线演练。（如图190）

图 190

第九十四式：向壹门踢迎面腿

身体向右侧转 45 度，同时右腿朝壹门方向迈出，随即左腿迅速向上踢向面门，脚尖勾直。（如图 191）

图 191

第九十五式：跐换步刨虎势

动作一：(接前势。)左腿放下在落地之前，右脚迅速跳起，向壹门方向跐换。左脚落地，左腿屈蹲，右脚脚背贴向左腿膝关节后方，同时双掌由上向下经体前交叉画圆。(如图192)

图192

动作二：随即右腿向壹门方向跨出，成弓步，平膝胯，左腿伸直成丁字步。在跨步的同时双掌刨触地面后向两侧展开成拳，右手手臂屈肘弯向头前，随身体转动吊肘做击打动作；左手手臂伸直，与左腿平行，拳心向下，身体向叁门方向倾斜成刨虎势。转头，目视叁门方向。(如图193)

图193

第九十六式：掏腿势

(接前势。)起身的同时双拳变掌，由下向上经体前逆时针画圆，左腿迈向壹门方向，成拗势步。双掌经头前继续画圆，变拳，扭身向叁门方向劈砸，拳眼向上，右腿伸直。转头，目视叁门方向。(如图194)

图194

第九十七式：打虎势

右腿向壹门方向迈出，成弓步，平膝胯；左腿伸直，左脚与右脚成丁字步；同时右臂沿顺时针方向摆向右耳后方伸直，与肩做靠打之势；左臂屈肘，左拳横于右胸前，成"打虎势"。转头，目视叁门方向。（如图195）

图 195

注：力量由腰出，通过肩与手臂向壹门方向靠打。

第九十八式：撤法

动作一：右拳变掌自然向下，以左脚为轴，向右后方转体180度，右脚向叁门方向撤步，两脚与肩同宽；左拳变掌，两臂自然抬起平举于身体两侧，掌心向下。目视身体正前方。（如图196）

图 196

动作二：以右脚为轴，向左后方转体180度，左脚向叁门方向撤步，两脚与肩同宽。转体同时，左掌自然放下经体侧平举，右掌自然向上画圆至体侧平举，两掌心向下，目视身体正前方。（如图197）

动作三：左腿向叁门方向迈出，成半弓步，同时左掌变

图 197

拳收至胸前，拳心向下。右脚向叁门方向跨出，使左膝着地，同时左拳变掌，与右掌同时朝上向肩后画圆，两掌汇合于右脚前，掌心相对，成"霸王举鼎"势。目视叁门方向。（如图198）

动作四：起身向壹门方向转体90度，成"大势"。左掌成拳于左肩前，沉肩坠肘，右掌变拳置于右耳后上方伸直，两拳眼意念相对。右腿屈膝，右小腿与地面成90度，平膝胯，右腿膝关节略外翻，且右腿承担身体重量七成；左腿微屈，左脚脚尖指向壹门，膝略外翻，且左腿承担身体重量三成。胸微含，目视壹门方向。（如图199）

注：力量发自腰间，转体时意想将手中重物抛出。

第九十九式：抽身长手左顺势

动作一：身体重心向左腿转移，左拳伸直上举，右拳由上至下蓄势于左腋下。（如图200）

图198

图199

图200

动作二：左腿屈蹲，以左脚为轴，向左转体180度，同时右脚面贴靠在左膝关节后方，右腿迅速向壹门方向迈出成弓步，右脚尖指向壹门。右拳向下经体前随右脚向壹门方向画圆伸出，拳与肩齐；左拳自然伸直放下至与耳齐，两拳心向下，成左顺势。右小腿与

图 201

地面成90度，平膝胯，左腿伸直，左脚与右脚成丁字步。目视壹门方向。（如图201）

注：重心转向左腿时，左拳应尽量伸直上举；在下蹲转体时，身体应尽量成"钻"状，然后成弓步。祖父讲："抽身长手身先上，勿用膝盖把身转。"

第一百式：左拗势

右拳平行收于胸前，拳心向下；左拳伸直自下而上经体侧向前方摆打，拳心向下，同时身体向右旋转90度（如图202a）；左腿迅速向前迈出成拗势步，迈步的同时，左拳继续向上画圆后摆至与耳齐，右拳继续向下自身前由下向前伸出，拳与嘴齐。两臂伸直，左膝内扣，右腿伸直，右脚脚跟外旋，两脚横向间距与一脚等长。扣胯，目视前方。（如图202b）

图 202a

图 202b

第一百〇一式：右小势

两拳变掌自然落于体侧（如图203），身体向右侧旋转90度，重心后移，左掌经身前由下向上画圆并自然向前伸出成拳，沉肩坠肘，左脚迅速收回成虚丁字步，脚面朝前，重心完全转移至右脚，右腿屈蹲，身体下蹲成单重力。右掌变拳置于右耳后上方。胸微含，拳眼意念相对，目视壹门方向。（如图204）

图 203

图 204

第一百〇二式：右败势

动作一：左臂向壹门方向劈砸，左腿同时向壹门方向迈出成半弓步，右腿伸直，成丁字步。左拳与头齐，拳心向上。转头，目视叁门方向。（如图205）

动作二：右腿收向左腿，右脚不触地迅速向叁门方向迈出成半弓步，同时右臂向叁门方向劈砸，左腿伸直，成丁字步。右拳与头齐，拳心向上。转头，目视壹门方向。（如图206）

图 205

图 206

动作三：上身保持与地面垂直，两臂伸直，握拳，拳心转向下，身体向壹门方向倾斜，左臂尽力探向壹门，与左腿平行。左腿伸直，右腿的小腿与地面成90度，平膝胯。转头，目视壹门方向。（如图207）

注：左劈砸和右劈砸都以腰部力量带动，这样有利于身体的合整。

第一百〇三式：左大势

动作一：右拳收至胸前，拳心向下。起身，左脚向叁门方向跨出，使右膝着地，左脚跨步同时，双拳变掌同时朝上向肩后画圆，两掌汇合于左脚前，掌心相对，成"霸王举鼎"势。目视叁门方向。（如图208）

动作二：起身向壹门方向转体90度，成"大势"。右掌成拳于右肩前，沉肩坠肘，左掌变拳置于左耳后上方伸直，两拳眼意念相对。左腿屈膝，左小腿与地面成90度，平膝胯，左腿膝关节略外翻，且左腿承担身体重量七成；右腿微屈，右脚脚尖指向壹门，膝略外翻，且右腿承担身体重量三

图207

图208

图209

成。胸微含，目视壹门方向。（如图209）

注：力量发自腰间，转体时意想将手中重物抛出。

第一百〇四式：抽身长手右顺势

动作一：身体重心向右腿转移，右拳伸直上举，左拳由上至下蓄势于右腋下。（如图210）

动作二：右腿屈蹲，以右脚为轴，向右转体180度，同时左脚面贴靠在右膝关节后方，左腿迅速向壹门方向迈出成弓步，左脚脚尖指向壹门。左拳向下经体前随左脚向壹门方向画圆伸出，拳与肩齐；右拳自然伸直放下至与耳齐，两拳心向下，成"右顺势"。左小腿与地面成90度，平膝胯，右腿伸直，右脚与左脚成丁字步。目视壹门方向。（如图211）

图210

图211

注：重心转向左腿时，左拳应尽量伸直上举；在下蹲转体时，身体应尽量成"钻"状，然后成弓步。祖父讲："抽身长手身先上，勿用膝盖把身转。"

第一百〇五式：右拗势

左拳平行收于胸前，拳心向下；右拳伸直自下而上经体侧向前方摆打，拳心向下，同时身体向左旋转90度（如图212）；右腿迅速向前迈出成拗势步，迈步的同时，右拳继续向上画圆后摆至与耳齐，左拳继续向下自身前由下向前伸出，拳与嘴齐。两臂伸直，右膝内扣，左腿伸直，左脚脚跟外旋，两脚横向间距与一脚等长。扣胯，目视前方。（如图213）

图 212

图 213

第一百〇六式：左小势

两拳变掌自然落于体侧（如图 214），身体向左侧旋转 90 度，重心后移，右掌经身前由下向上画圆自然向前伸出成拳，沉肩坠肘。右脚迅速收回成虚丁字步，脚面朝前；重心完全转移至左脚，左腿屈蹲，身体下蹲成单重力，左掌变拳置于左耳后上方。胸微含，拳眼意念相对，目视壹门方向。（如图 215）

图 214

图 215

第一百〇七式：左败势

动作一：右臂向壹门方向劈砸，右腿同时向壹门方向迈出成半弓步，左腿伸直，成丁字步。右拳与头齐，拳心向上。转头，目视叁门方向。（如图 216）

动作二：左腿收向右腿，左脚不触地迅速向叁门方向迈出成半弓步，同时左臂向叁门方向劈砸，右腿伸直，成丁字步。左拳与头齐，拳心向上。转头，目视壹门方向。（如图 217）

图216

图217

动作三：上身保持与地面垂直，两臂伸直，握拳，拳心转向下，身体向壹门方向倾斜，右臂尽力探向壹门，与右腿平行。右腿伸直，左腿的小腿与地面成90度，平膝胯。转头，目视壹门方向。（如图218）

注：左劈砸和右劈砸都以腰部力量带动，这样有利于身体的合整。

第一百〇八式：右大势

动作一：左拳收至胸前，拳心向下。起身，右脚向叁门方向跨出，使左膝着地，右脚跨步的同时，双拳变掌同时朝上向肩后画圆，两掌汇合于右脚前，掌心相对，成"霸王举鼎"势。目视叁门方向。（如图219）

图218

图219

动作二：起身向壹门方向转体90度，成"大势"。左掌成拳于左肩前，沉肩坠肘，右掌变拳置于右耳后上方伸直，两拳眼意念相对。右腿屈膝，右小腿与地面成90度，平膝胯，右腿膝关节略外翻，且右腿承担身体重量七成；左腿微屈，左脚脚尖指向壹门，膝略外翻，且左腿承担身体重量三成。胸微含，目视壹门方

向。（如图 220）

注：力量发自腰间，转体时意想将手中重物抛出。

至此，右大势结于壹、叁门对角线（如图 221），后续招式将先沿贰、肆门的对角连线演练，后回到壹、叁门的对角线，再结于中线。（如图 221）

图 220

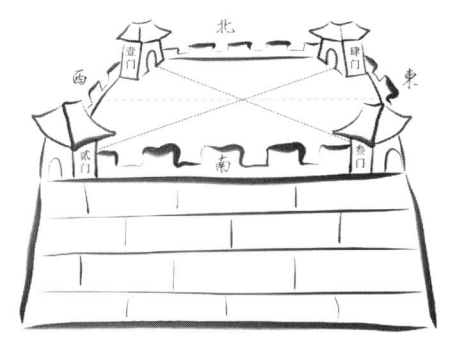
图 221

第一百〇九式：摆法

（接前势。）起身的同时双拳变掌，由下向上经体前逆时针画圆，左腿向肆门方向迅速迈出，成拗势步。双掌经头前继续画圆，变拳，扭身向贰门方向劈砸，拳眼向上，右腿伸直。转头，目视贰门方向。（如图 222）

第一百一十式：打虎势

右腿向肆门方向迈出，成弓步，平膝胯；左腿伸直，左脚与右脚成丁字步；同时右臂沿顺时针方向摆向右耳后方伸直，与肩做靠打之势；左臂屈肘，左拳横于右胸前，成"打虎势"。转头，目视贰门方向。（如图 223）

图 222

图 223

注：力量由腰出，通过肩与手臂向肆门方向靠打。

第一百一十一式：撤法

动作一：右拳变掌自然向下，以左脚为轴，向右后方转体180度，右脚向贰门方向撤步，两脚与肩同宽；左拳变掌，两臂自然抬起平举于身体两侧，掌心向下。目视身体正前方。（如图224）

动作二：以右脚为轴，向左后方转体180度，左脚向贰门方向撤步，两脚与肩同宽。转体的同时，左掌自然放下经体侧平举，右掌自然向上画圆至体侧平举，两掌心向下。目视身体正前方。（如图225）

图224

图225

动作三：左腿向贰门方向迈出，成半弓步，同时左掌变拳收至胸前，拳心向下。右脚向贰门方向跨出，使左膝着地，同时左拳变掌，与右掌同时朝上向肩后画圆，两掌汇合于右脚前，掌心相对，成"霸王举鼎"势。目视贰门方向。（如图226）

图226

动作四：起身向肆门方向转体90度，成"大势"。左掌成拳于左肩前，沉肩坠肘，右掌变拳置于右耳后上方伸直，两拳眼意念相对。右腿屈膝，右小腿与地面成90度，平膝胯，右腿膝关节略外翻，且右腿承担身体重量七成；左腿微屈，左脚脚尖指向肆门，左膝略外翻，且左腿承担身体重量三成。胸微含，目视肆门方向。（如图227）

注：力量发自腰间，转体时意想将手中重物抛出。

第一百一十二式：扎法

动作一：左拳变掌向上经体前顺时针画圆，于左侧自然伸直成拳，与嘴齐，右拳自然放下至与耳齐，两拳心向下；同时重心转移，左腿成弓步，左小腿与地面成90度，平膝胯，右腿伸直，右脚与左脚成丁字步；站成顺势。目视肆门方向。（如图228）

图227

图228

动作二：右臂屈肘，以左脚为轴，身体向左旋转180度，右拳带动身体旋转朝头前扎打，右拳收于胸前，裹身藏肩，左臂随身体转动收于体侧；击打的同时，右腿迅速向肆门方向迈出，右肩低于左肩。（如图229）

动作三：以右脚为轴，左脚迅速撤向叁门方向，成顺势步。同时身体继续向左后方旋转90度，右拳迅速向壹门方向击打，与嘴齐，拳心向下；在撤步的同时左拳自然抬起至与耳齐。左腿伸直成丁字步，右脚脚尖指向壹门方向，右腿的小腿与地面成90度，平膝胯。转头，目视壹门方向。（如图230）

图 229

图 230

第一百一十三式：撤步刨虎势

动作一：（接前势。）起身向右转体，带动右腿提膝，同时双掌一起由上向下经体前交叉画圆，左腿屈蹲。（如图 231）

动作二：随即右腿向东跨出，成弓步，平膝胯，左腿伸直成丁字步。在跨步的同时双掌刨触地面，然后向两侧展开成拳，右手手臂屈肘弯向头前，随身体转动吊肘做击打动作；左手手臂伸直，与左腿平行，拳心向下，身体向西倾斜成刨虎势。转头，目视西方。（如图 232）

图 231

图 232

第一百一十四式：掏腿势

动作一：双拳变掌，由上向下经身前的同时做逆时针画圆，身体向右侧旋转 45 度，同时左腿于身前扫过地面，脚尖向东。（如图 233）

动作二：双掌由下向上继续画圆至身体右侧后，经头前成拳向左侧反向劈

砸，拳眼向上；同时右腿沿壹、叁门的对角线反插一步，成拗势步。扭身转头，目视壹门方向。（如图234）

图233

图234

第一百一十五式：顺势两捶

动作一：左拳迅速勒于腰间，右腿沿壹、叁门方向朝叁门迈出，成半弓步；同时右拳沿右腿迈出方向自然击打，拳眼向上。目视叁门方向。（如图235）

动作二：左腿沿壹、叁门方向朝叁门迈出，成半弓步；同时左拳沿左腿迈出方向自然击打，拳眼向上，右拳迅速勒于腰间。目视叁门方向。（如图236）

图235

图236

第一百一十六式：转身拗势捶

身体向右转，朝向壹门，同时右腿后撤向叁门方向，面对壹门方向；在撤步的同时右拳自然向前平行击打，拳心向下，拳与嘴齐。左拳自然平伸于身体侧后方，拳心向下，拳与耳齐，成拗势步。目视壹门方向。（如图237）

第一百一十七式：上步占中线拿大势

动作一：右腿向右前方迈出，右拳变掌向下画圆至身体右侧。（如图238）

图237

图238

动作二：左拳变掌向上经头侧画圆至身前，左腿同时提膝，向身体左侧横跨一步，脚尖向西，成"大势"。左掌向左侧成拳后平行伸出，沉肩坠肘，右掌自然成拳置于右耳上方，两拳眼意念相对。右腿屈膝，右小腿与地面成90度，平膝胯，右腿膝关节略外翻，且右腿承担身体重量七成；左脚脚尖指向西，左膝略外翻，且左腿承担身体重量三成。目视西方。（如图239）

第一百一十八式：抽身长手左顺势

动作一：身体重心向左腿转移，左拳伸直上举，右拳由上至下蓄势于左腋下。（如图240）

图239

图240

动作二：左腿略屈，以左脚为轴，向左转体180度，同时右脚面贴靠在左膝关节后方，右腿迅速向西迈出成弓步，右脚脚尖指向西方。右拳向下经体前随右脚向西方画圆伸出，拳与肩齐；左拳自然伸直放下至与耳齐，两拳心向下，成左顺势。右小腿与地面成90度，平膝胯，左腿伸直，左脚与右脚成丁字步。目视西方。（如图241）

图 241

注：重心转向左腿时，左拳应尽量伸直上举；在下蹲转体时，身体应尽量成"钻"状，然后成弓步。祖父讲："抽身长手身先上，勿用膝盖把身转。"

第一百一十九式：左拗势

右拳平行收于胸前，拳心向下；左拳伸直自下而上经体侧向前方摆打，拳心向下，同时身体向右旋转90度（如图242a）；左腿迅速向前迈出成拗势步，在迈步的同时，左拳继续向上画圆后摆至与耳齐，右拳继续向下自身前由下向前伸出，拳与嘴齐。两臂伸直，左膝内扣，右腿伸直，右脚脚跟外旋，两脚横向间距与一脚等长。扣胯，目视前方。（如图242b）

图 242a

图 242b

第一百二十式：右小势

两拳变掌自然落于体侧（如图243），身体向右侧旋转90度，重心后移，左掌经身前由下向上画圆自然向前伸出成拳，沉肩坠肘，左脚迅速收回成虚丁字步，脚面朝前，重心完全转移至右脚，右腿屈蹲，身体下蹲成单重力。右掌变拳置于右耳后上方。胸微含，拳眼意念相对，目视西方。（如图244）

图243

图244

第一百二十一式：右败势

动作一：左臂向西方劈砸，左腿同时向西方迈出成半弓步，右腿伸直，成丁字步。左拳与头齐，拳心向上。转头，目视东方。（如图245）

动作二：右腿收向左腿，右脚不触地迅速向东方迈出成半弓步，同时右臂向东方劈砸，左腿伸直，成丁字步。右拳与头齐，拳心向上。转头，目视西方。（如图246）

图245

图246

动作三：上身保持与地面垂直，两臂伸直，握拳，拳心转向下，身体向西方倾斜，左臂尽力探向西方，与左腿平行。左腿伸直，右腿的小腿与地面成90度，平膝胯。转头，目视西方。（如图247）

注：左劈砸和右劈砸都以腰部力量带动，这样有利于身体的合整。

第一百二十二式：左大势

动作一：右拳收至胸前，拳心向下。起身，左脚向东方跨出，使右膝着地，在左脚跨步的同时，双拳变掌同时朝上向肩后画圆，两掌汇合于左脚前，掌心相对，成"霸王举鼎"势。目视东方。（如图248）

动作二：起身向西方转体90度，成大势。右掌成拳于右肩前，沉肩坠肘，左掌变拳置于左耳后上方伸直，两拳眼意念相对。左腿屈膝，左小腿与地面成90度，平膝胯，左腿膝关节略外翻，且左腿承担身体重量七成；右腿微屈，右脚脚尖指向西方，膝略外翻，且右腿承担身体重量三成。胸微含，

图 247

图 248

图 249

转头，目视西方。（如图249）

注：力量发自腰间，转体时意想将手中重物抛出。

第一百二十三式：抽身长手右顺势

动作一：身体重心向右腿转移，右拳伸直上举，左拳由上至下蓄势于右腋下。（如图250）

动作二：右腿屈蹲，以右脚为轴，向右转体180度，同时左脚面贴靠在右膝关节后方，左腿迅速向西方迈出成弓步，左脚脚尖指向西方。左拳向下经体前随左脚向西方画圆伸出，拳与肩齐；右拳自然伸直放下至与耳齐，两拳心向下，成右顺势。左小腿与地面成90度，平膝胯，右腿伸直，右脚与左脚成丁字步。目视西方。（如图251）

图250

图251

注：重心转向左腿时，左拳应尽量伸直上举；在下蹲转体时，身体应尽量成"钻"状，然后成弓步。祖父讲："抽身长手身先上，勿用膝盖把身转。"

第一百二十四式：右拗势

左拳平行收于胸前，拳心向下；右拳伸直自下而上经体侧向前方摆打，拳心向下，同时身体向左旋转90度（如图252）；右腿迅速向前迈出成拗势步，在迈步的同时，右拳继续向上画圆后摆至与耳齐，左拳继续向下自身前由下向前伸出，拳与嘴齐。两臂伸直，右膝内扣，左腿伸直，左脚脚跟外旋，两脚横向间距与一脚等长。扣胯，目视前方。（如图253）

图 252

图 253

**第一百二十五式：左小势**

两拳变掌自然落于体侧（如图 254），身体向左侧旋转 90 度，重心后移，右掌经身前由下向上画圆并自然向前伸出成拳，沉肩坠肘。右脚迅速收回成虚丁字步，脚面朝前；重心完全转移至左脚，左腿屈蹲，身体下蹲成单重力，左掌变拳置于左耳后上方。胸微含，拳眼意念相对，目视西方。（如图 255）

图 254

图 255

**第一百二十六式：左败势**

动作一：右臂向西方劈砸，右腿同时向西方迈出成半弓步，左腿伸直，成丁字步。右拳与头齐，拳心向上。转头，目视东方。（如图 256）

动作二：左腿收向右腿，左脚不触地迅速向东方迈出成半弓步，同时左臂向东方劈砸，右腿伸直，成丁字步。左拳与头齐，拳心向上。转头，目视西方。（如图 257）

图 256

图 257

动作三：上身保持与地面垂直，两臂伸直，握拳，拳心转向下，身体向西方倾斜，右臂尽力探向西方，与右腿平行。右腿伸直，左腿的小腿与地面成 90 度，平膝胯。转头，目视西方。（如图 258）

注：左劈砸与右劈砸都以腰部力量带动，这样有利于身体的合整。

图 258

第一百二十七式：右大势

动作一：左拳收至胸前，拳心向下。起身，右脚向东方跨出，使左膝着地，在右脚跨步的同时，双拳变掌同时朝上向肩后画圆，两掌汇合于右脚前，掌心相对，成"霸王举鼎"势。目视东方。（如图 259）

动作二：起身向西方转体 90 度，成"大势"。左掌成拳于左肩前，沉肩坠肘，右掌变拳置于右耳后上方伸直，两拳眼意念相对。右腿屈膝，右小腿与地面成 90 度，平膝胯，右腿膝关节略外翻，且右腿承担身体重量七成；左腿微屈，左脚脚尖指向西方，膝略外翻，且左腿承担身体重量三成。胸微含，目视西方。（如图 260）

注：力量发自腰间，转体时意想将手中重物抛出。

图 259

图 260

第一百二十八式：摘星布斗

动作一：左拳经体前变掌由下向前上方画圆伸出，右拳经体前变掌向后下方画圆按压。同时身体向左转体 90 度，面向西方，重心转向左脚，左腿立直，右腿伸直，右脚尖虚点，目视左掌伸出方向。（如图 261）

动作二：重心后移至右脚，右腿屈蹲，身体下蹲成单重力，左脚脚尖虚点，左腿略屈；同时左、右掌经体前交叉画圆后外展，右掌与头同高，左掌与胯同高。胸微含，目视前方。（如图 262）

图 261

图 262

至此，摘星布斗结于中线，后续招式将沿贰、肆门的对角连线演练。（如图263）

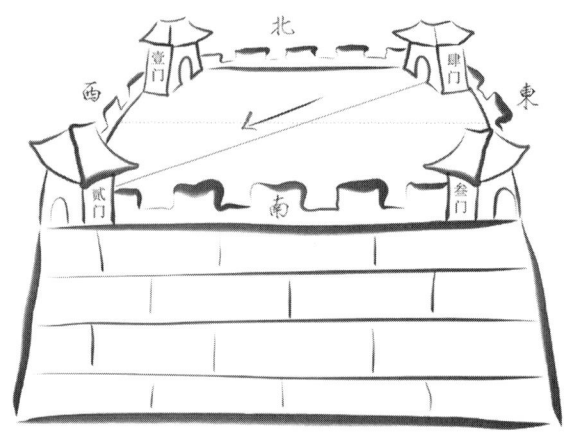

图 263

第一百二十九式：向贰门踢迎面腿

身体向左侧转 45 度，同时左腿朝贰门方向迈出，随即右腿迅速向上踢向面门，脚尖勾直。（如图 264）

图 264

第一百三十式：跐换步刨虎势

动作一：（接前势。）右腿放下在落地之前，左脚迅速跳起，向贰门方向跐换。右脚落地，右腿屈蹲，左脚脚背贴向右腿膝关节后方，同时双掌由上向下经体前交叉画圆。（如图265）

动作二：随即左腿向贰门方向跨出，成弓步，平膝胯，右腿伸直成丁字步。在跨步的同时双掌刨触地面，然后向两侧展开成拳，左手手臂屈肘弯向头前，随身体转动吊肘做击打动作；右手手臂伸直，与右腿平行，拳心向下，身体向肆门方向倾斜成刨虎势。转头，目视肆门方向。（如图266）

图 265

图 266

第一百三十一式：掏腿势

（接前势。）起身的同时双拳变掌，由下向上经体前逆时针画圆，右腿后撤向贰门方向，成拗势步。双掌经头前继续画圆，变拳，扭身向贰门方向劈砸，拳眼向上，右腿伸直。转头，目视贰门方向。（如图267）

图 267

第一百三十二式：顺势两捶

动作一：左拳迅速勒于腰间，右腿沿贰、肆门方向朝肆门迈出，成半弓步；同时右拳沿右腿迈出方向自然击打，拳眼向上。转头，目视肆门方向。（如图268）

动作二：左腿沿贰、肆门方向朝肆门迈出，成半弓步；同时左拳沿左腿迈出方向自然击打，拳眼向上，右拳迅速勒于腰间。转头，目视肆门方向。（如图269）

图268

图269

第一百三十三式：转身拗势捶

身体向右转，朝向贰门，同时右腿后撤向肆门方向，面对贰门方向；在撤步的同时右拳自然向前击打，拳心向下，拳与嘴齐。左拳自然平伸于身体侧后方，拳心向下，拳与耳齐，成拗势步。目视贰门方向。（如图270）

图270

第一百三十四式：原地大势

两拳变掌自然落于体侧（如图271），身体向右侧旋转90度，重心后移，左掌经身前由下向上画圆并握拳于左肩前，沉肩坠肘，右掌变拳置于右耳后上方伸直，胸微含，拳眼意念相对。右腿屈膝，右小腿与地面成90度，平膝胯，右腿膝关节略外翻，且右腿承担身体重量七成；左腿略屈，左脚尖指向贰门方向，左膝略外翻，且左腿承担身体重量三成。目视贰门方向。（如图272）

图271

图272

第一百三十五式：抽身长手左顺势

动作一：身体重心向左腿转移，左拳伸直上举，右拳由上至下蓄势于左腋下。（如图273）

图273

动作二：左腿屈蹲，以左脚为轴，向左转体180度，同时右脚面贴靠在左膝关节后方，右腿迅速向贰门方向迈出成弓步，右脚尖指向贰门。右拳向下经体前随右脚向贰门画圆伸出，拳与肩齐；左拳自然伸直放下至与耳齐，两拳心向下，成左顺势。右小腿与地

图274

面成90度，平膝胯，左腿伸直，左脚与右脚成丁字步。目视贰门方向。（如图274）

注：重心转向左腿时，左拳应尽量伸直上举；在下蹲转体时，身体应尽量成"钻"状，然后成弓步。祖父讲："抽身长手身先上，勿用膝盖把身转。"

第一百三十六式：左拗势

右拳平行收于胸前，拳心向下；左拳伸直自下而上经体侧向前方摆打，拳心向下，同时身体向右旋转90度（如图275）；左腿迅速向前迈出成拗势步，在迈步的同时，左拳继续向上画圆后摆至与耳齐，右拳继续向下自身前由下向前伸出，拳与嘴齐。两臂伸直，左膝内扣，右腿伸直，右脚脚跟外旋，两脚横向间距与一脚等长。扣胯，目视前方。（如图276）

图275

图276

### 第一百三十七式：右小势

两拳变掌自然落于体侧（如图277），身体向右侧旋转90度，重心后移，左掌经身前由下向上画圆并自然向前伸出成拳，沉肩坠肘，左脚迅速收回成虚丁字步，脚面朝前，重心完全转移至右脚，右腿屈蹲，身体下蹲成单重力。右掌变拳置于右耳后上方。胸微含，拳眼意念相对，目视贰门方向。（如图278）

图277

图278

### 第一百三十八式：右败势

动作一：左臂向贰门方向劈砸，左腿同时向贰门方向迈出成半弓步，右腿伸直，成丁字步。左拳与头齐，拳心向上。转头，目视肆门方向。（如图279）

动作二：右腿收向左腿，右脚不触地迅速向肆门方向迈出成半弓步，同时右臂向肆门方向劈砸，左腿伸直，成丁字步。右拳与头齐，拳心向上。转头，目视贰门方向。（如图280）

图279

图280

动作三：上身保持与地面垂直，两臂伸直，握拳，拳心转向下，身体向贰门方向倾斜，左臂尽力探向贰门，与左腿平行。左腿伸直，右腿的小腿与地面成90度，平膝胯。转头，目视贰门方向。（如图281）

图 281

注：左劈砸和右劈砸都以腰部力量带动，这样有利于身体的合整。

第一百三十九式：左大势

动作一：右拳收至胸前，拳心向下。起身，左脚向肆门方向跨出，使右膝着地，在左脚跨步的同时，双拳变掌同时朝上向肩后画圆，两掌汇合于左脚前，掌心相对，成"霸王举鼎"势。目视肆门方向。（如图282）

图 282

动作二：起身向贰门方向转体90度，成"大势"。右掌成拳于右肩前，沉肩坠肘，左掌变拳置于左耳后上方伸直，两拳眼意念相对。左腿屈膝，左小腿与地面成90度，平膝胯，左腿膝关节略外翻，且左腿承担身体重量七成；右腿微屈，右脚脚尖指向贰门，膝略外翻，且右腿承担身体重量三

图 283

成。胸微含，目视贰门方向。（如图283）

注：力量发自腰间，转体时意想将手中重物抛出。

第一百四十式：抽身长手右顺势

动作一：身体重心向右腿转移，右拳伸直上举，左拳由上至下蓄势于右腋下。（如图284）

动作二：右腿屈蹲，以右脚为轴，向右转体180度，同时左脚面贴靠在右膝关节后方，左腿迅速向贰门方向迈出成弓步，左脚脚尖指向贰门。左拳向下经体前随左脚向贰门画圆伸出，拳与肩齐；右拳自然伸直放下至与耳齐，两拳心向下，成右顺势。左小腿与地面成90度，平膝胯，右腿伸直，右脚与左脚成丁字步。目视贰门方向。（如图285）

图284

图285

注：重心转向左腿时，左拳应尽量伸直上举；在下蹲转体时，身体应尽量成"钻"状，然后成弓步。祖父讲："抽身长手身先上，勿用膝盖把身转。"

第一百四十一式：右拗势

左拳平行收于胸前，拳心向下；右拳伸直自下而上经体侧向前方摆打，拳心向下，同时身体向左旋转90度（如图286）；右腿迅速向前迈出成拗势步，在迈步的同时，右拳继续向上画圆后摆至与耳齐，左拳继续向下自身前由下向前伸出，拳与嘴齐。两臂伸直，右膝内扣，左腿伸直，左脚脚跟外旋，两脚横向间距与一脚等长。扣胯，目视前方。（如图287）

图 286

图 287

第一百四十二式：左小势

两拳变掌自然落于体侧（如图 288），身体向左侧旋转 90 度，重心后移，右掌经身前由下向上画圆并自然向前伸出成拳，沉肩坠肘，右脚迅速收回成虚丁字步，脚面朝前；重心完全转移至左脚，左腿屈蹲，身体下蹲成单重力，左掌变拳置于左耳后上方。胸微含，拳眼意念相对，目视贰门方向。（如图 289）

图 288

图 289

第一百四十三式：左败势

动作一：右臂向贰门方向劈砸，右腿同时向贰门方向迈出成半弓步，左腿伸直，成丁字步。右拳与头齐，拳心向上。转头，目视肆门方向。（如图 290）

动作二：左腿收向右腿，左脚不触地迅速向肆门方向迈出成半弓步，同时左臂向肆门方向劈砸，右腿伸直，成丁字步。左拳与头齐，拳心向上。转头，目视贰门方向。（如图 291）

图 290

图 291

动作三：上身保持与地面垂直，两臂伸直，握拳，拳心转向下，身体向贰门方向倾斜，右臂尽力探向贰门，与右腿平行。右腿伸直，左腿的小腿与地面成90度，平膝胯。转头，目视贰门方向。（如图292）

注：左劈砸和右劈砸都以腰部力量带动，这样有利于身体的合整。

第一百四十四式：右大势

动作一：左拳收至胸前，拳心向下。起身，右脚向肆门方向跨出，使左膝着地，在右脚跨步的同时，双拳变掌同时朝上向肩后画圆，两掌汇合于右脚前，掌心相对，成"霸王举鼎"势。目视肆门方向。（如图293）

图 292

图 293

动作二：起身向贰门方向转体90度，成"大势"。左掌成拳于左肩前，沉肩坠肘，右掌变拳置于右耳后上方伸直，两拳眼意念相对。右腿屈膝，右小腿与地面成90度，平膝胯，右腿膝关节略外翻，且右腿承担身体重量七成；左腿微屈，

左脚脚尖指向贰门，膝略外翻，且左腿承担身体重量三成。胸微含，目视贰门方向。（如图294）

注：力量发自腰间，转体时意想将手中重物抛出。

至此，右大势结于肆门。以下招式称"大换头"，意为动作将在贰、肆门间的对角线和壹、叁门间的对角线之间交替演练，转换方向，最后结于中线。（如图295）

图294

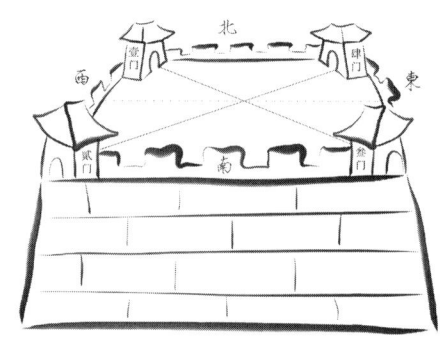

图295

第一百四十五式：扎法

动作一：左拳变掌向上经体前顺时针画圆，于左侧自然伸直成拳，与肩齐，右拳自然放下至与耳齐，两拳心向下；同时重心转移，左腿成弓步，左小腿与地面成90度，平膝胯，右腿伸直，右脚与左脚成丁字步；站成顺势。目视贰门方向。（如图296）

图296

动作二：右臂屈肘，以左脚为轴，身体向左旋转180度，右拳带动身体旋转朝头前扎打，右拳收于胸前，裹身藏肩，左臂随身体转动收于体侧；在击打的同时，右腿迅速向贰门方向迈出，右肩低于左肩。（如图297）

动作三：以右脚为轴，左脚迅速撤向壹门方向，成顺势步。同时身体继续向左后方旋转90度，右拳迅速向叁门方向平行击打，与嘴齐，拳心向下；在撤步的同时左拳自然抬起至与耳齐。左腿伸直成丁字步，右脚脚尖指向叁门方向，右腿小腿与地面成90度，平膝胯。目视叁门方向。（如图298）

图 297

图 298

第一百四十六式：撤步拿大势

动作一：起身，身体向右后方旋转180度，同时右腿向右后方撤向壹门方向，右拳变掌向下画圆至身体右侧。（如图299）

图 299

动作二：左拳变掌向上经头侧画圆至身前，左腿同时提膝，向身体左侧的叁门方向横跨一步，脚尖指向叁门方向，成"大势"。左掌向左侧成拳后平行伸出，沉肩坠肘，右掌自然成拳置于右耳上方，两拳眼意念相对。右腿屈膝，右小腿与地面成90度，平膝胯，右腿膝关节略外翻，且右腿承担身体重量七成；左膝略外翻，且左腿承担身体重量三成，左脚脚尖指向叁门。目视叁门方向。（如图300）

图300

第一百四十七式：摆法

（接前势。）起身的同时双拳变掌，由下向上经体前逆时针画圆，左腿向贰门方向迅速迈出，成拗势步。双掌经头前继续画圆，变拳，扭身向肆门方向劈砸，拳眼向上，右腿伸直。转头，目视肆门方向。（如图301）

图301

第一百四十八式：打虎势

右腿向贰门方向迈出，成弓步，平膝胯。左腿伸直，左脚与右脚成丁字步；同时右臂沿顺时针方向摆向右耳后方伸直，与肩做靠打之势；左臂屈肘，左拳横于右胸前，成"打

图302

虎势"。转头，目视肆门方向。（如图302）

注：力量由腰出，通过肩与手臂向贰门方向靠打。

第一百四十九式：撤法

动作一：右拳变掌自然向下，以左脚为轴，向右后方转体180度，右脚向肆门方向撤步，两脚与肩同宽；左拳变掌，两臂自然抬起平举于身体两侧，掌心向下。目视身体正前方。（如图303）

图 303

动作二：以右脚为轴，向左后方转体180度，左脚向肆门方向撤步，两脚与肩同宽。在转体的同时，左掌自然放下经体侧平举，右掌自然向上画圆至体侧平举，两掌心向下。目视身体正前方。（如图304）

图 304

动作三：左腿向肆门方向迈出，成半弓步，同时左掌变拳收至胸前，拳心向下。右脚向肆门方向跨出，使左膝着地，同时左拳变掌，与右掌同时朝上向肩后画圆，两掌汇合于右脚前，掌心相对，成"霸王举鼎"势。目视肆门方向。（如图305）

图 305

动作四：起身向贰门方向转体90度，成"大势"。左掌成拳于左肩前，沉肩坠肘，右掌变拳置于右耳后上方伸直，两拳眼意念相对。右腿屈膝，右小腿与地面成90度，平膝胯，右腿膝关节略外翻，且右腿承担身体重量七成；左腿微屈，左脚脚尖指向贰门，左膝略外翻，且左腿承担身体重量三成。胸微含，目视贰门方向。（如图306）

注：力量发自腰间，转体时意想将手中重物抛出。

第一百五十式：扎法

动作一：左拳变掌向上经体前顺时针画圆，于左侧自然伸直成拳，与嘴齐，右拳自然放下至与耳齐，两拳心向下；同时重心转移，左腿成弓步，左小腿与地面成90度，平膝胯，右腿伸直，右脚与左脚成丁字步；站成顺势。目视贰门方向。（如图307）

图306

图307

动作二：右臂屈肘，以左脚为轴，身体向左旋转180度，右拳带动身体旋转朝头前扎打，右拳收于胸前，裹身藏肩，左臂随身体转动收于体侧；在击打的同时，右腿迅速向贰门方向迈出，右肩低于左肩。（如图308）

图308

动作三：以右脚为轴，左脚迅速撤向壹门方向，成顺势步。同时身体继续向左后方旋转90度，右拳迅速向叁门方向平行击打，与嘴齐，拳心向下；在撤步的同时左拳自然抬起至与耳齐。左腿伸直成丁字步，右脚尖指向叁门方向，右腿的小腿与地面成90度，平膝胯。目视叁门方向。（如图309）

图309

第一百五十一式：撤步刨虎势

动作一：（接前势。）起身向右转体，带动右腿提膝，同时双掌一起由上向下经体前交叉画圆，左腿屈蹲。（如图310）

图310

动作二：随即右腿向西跨出，成弓步，平膝胯，左腿伸直成丁字步。在跨步的同时双掌刨触地面，然后向两侧展开成拳，右手手臂屈肘弯向头前，随身体转动吊肘做击打动作；左手手臂伸直，与左腿平行，拳心向下，身体向东倾斜成刨虎势。转头，目视东方。（如图311）

图311

第一百五十二式：掏腿势

动作一：双拳变掌，由上向下经身前的同时做逆时针画圆，身体向右侧旋转45度，同时左腿于身前扫过地面，脚尖向西。（如图312）

动作二：双掌由下向上继续画圆至身体右侧后，经头前成拳向左侧反向劈砸，拳眼向上；同时右腿沿壹、叁门的对角线反插一步，成拗势步。扭身转头，目视叁门方向。（如图313）

图312

图313

第一百五十三式：顺势两捶

动作一：左拳迅速勒于腰间，右腿沿壹、叁门方向朝壹门迈出，成半弓步；同时右拳沿右腿迈出方向自然击打，拳眼向上。目视壹门方向。（如图314）

动作二：左腿沿壹、叁门方向朝壹门迈出，成半弓步；同时左拳沿左腿迈出方向自然击打，拳眼向上，右拳迅速勒于腰间。目视壹门方向。（如图315）

图314

图315

第一百五十四式：转身拗势捶

身体向右转，朝向叁门，同时右腿后撤向壹门方向，面对叁门方向；在撤步的同时右拳自然向前击打，拳心向下，拳与嘴齐。左拳自然平伸于身体侧后方，拳心向下，拳与耳齐，成拗势步。目视叁门方向。（如图316）

第一百五十五式：上步占中线拿大势

动作一：右腿向右前方迈出，右拳变掌向下画圆至身体右侧。（如图317）

图316

图317

动作二：左拳变掌向上经头侧画圆至身前，左腿同时提膝，向身体左侧横跨一步，脚尖向东，成"大势"。左掌向左侧成拳后平行伸出，沉肩坠肘，右掌自然成拳置于右耳上方，两拳眼意念相对。右腿屈膝，右小腿与地面成90度，平膝胯，右腿膝关节略外翻，且右腿承担身体重量七成；左脚脚尖向东，左膝略外翻，且左腿承担身体重量三成。目视东方。（如图318）

图318

第一百五十六式：抽身长手左顺势

动作一：身体重心向左腿转移，左拳伸直上举，右拳由上至下蓄势于左腋下。（如图319）

图319

动作二：左腿屈蹲，以左脚为轴，向左转体180度，同时右脚面贴靠在左膝关节后方，右腿迅速向东迈出成弓步，右脚脚尖指向东方。右拳向下经体前随右脚向东方画圆伸出，拳与肩齐；左拳自然伸直放下至与耳齐，两拳心向下，成左顺势。右小腿与地面成90度，平膝胯，左腿伸直，左脚与右脚成丁字步。目视东方。（如图320）

图320

注：重心转向左腿时，左拳应尽量伸直上举；在下蹲转体时，身体应尽量成"钻"状，然后成弓步。祖父讲："抽身长手身先上，勿用膝盖把身转。"

第一百五十七式：左拗势

右拳平行收于胸前，拳心向下；左拳伸直自下而上经体侧向前方摆打，拳心向下，同时身体向右旋转90度（如图321）；左腿迅速向前迈出成拗势步，在迈步的同时，左拳继续向上画圆后摆至与耳齐，右拳继续自身前由下向前伸出，拳与嘴齐。两臂伸直，左膝内扣，右腿伸直，右脚脚跟外旋，两脚横向间距与一脚等长。扣胯，目视前方。（如图322）

图 321

图 322

**第一百五十八式：右小势**

两拳变掌自然落于体侧（如图 323），身体向右侧旋转 90 度，重心后移，左掌经身前由下向上画圆并自然向前伸出成拳，沉肩坠肘，左脚迅速收回成虚丁字步，脚面朝前，重心完全转移至右脚，右腿屈蹲，身体下蹲成单重力。右掌变拳置于右耳后上方。胸微含，拳眼意念相对，目视东方。（如图 324）

图 323

图 324

**第一百五十九式：右败势**

动作一：左臂向东方劈砸，左腿同时向东方迈出成半弓步，右腿伸直，成丁字步。左拳与头齐，拳心向上。转头，目视西方。（如图 325）

动作二：右腿收向左腿，右脚不触地迅速向西方迈出，成半弓步，同时右臂向西方劈砸，左腿伸直，成丁字步。右拳与头齐，拳心向上。转头，目视东方。（如图 326）

图 325

图 326

动作三：上身保持与地面垂直，两臂伸直，握拳，拳心转向下，身体向东方倾斜，左臂尽力探向东方，与左腿平行。左腿伸直，右腿的小腿与地面成 90 度，平膝胯。转头，目视东方。（如图 327）

注：左劈砸和右劈砸都以腰部力量带动，这样有利于身体的合整。

第一百六十式：左大势

动作一：右拳收至胸前，拳心向下。起身，左脚向西方跨出，使右膝着地，在左脚跨步的同时，双拳变掌同时朝上向肩后画圆，两掌汇合于左脚前，掌心相对，成"霸王举鼎"势。目视西方。（如图 328）

图 327

图 328

动作二：起身向东方转体 90 度，成"大势"。右掌成拳于右肩前，沉肩坠肘，左掌变拳置于左耳后上方伸直，两拳眼意念相对。左腿屈膝，左小腿与地面成 90 度，平膝胯，左腿膝关节略外翻，且左腿承担身体重量七成；右腿微屈，

右脚脚尖指向东方，膝略外翻，且右腿承担身体重量三成。胸微含，目视东方。（如图329）

注：力量发自腰间，转体时意想将手中重物抛出。

第一百六十一式：抽身长手右顺势

动作一：身体重心向右腿转移，右拳伸直上举，左拳由上至下蓄势于右腋下。（如图330）

图329

图330

动作二：右腿屈蹲，以右脚为轴，向右转体180度，同时左脚面贴靠在右膝关节后方，左腿迅速向东方迈出成弓步，左脚脚尖指向东方。左拳向下经体前随左脚向东方画圆伸出，拳与肩齐；右拳自然伸直放下至与耳齐，两拳心向下，成右顺势。左小腿与地面成90度，平膝胯，右腿伸直，右脚与左脚成丁字步。目视东方。（如图331）

图331

注：重心转向左腿时，左拳应尽量伸直上举；在下蹲转体时，身体应尽量成"钻"状，然后成弓步。祖父讲："抽身长手身先上，勿用膝盖把身转。"

第一百六十二式：右拗势

左拳平行收于胸前，拳心向下；右拳伸直自下而上经体侧向前方摆打，拳心向下，同时身体向左旋转90度（如图332）；右腿迅速向前迈出成拗势步，迈步的同时，右拳继续向上画圆后摆至与耳齐，左拳继续向下自身前由下向前伸出，拳与嘴齐。两臂伸直，右膝内扣，左腿伸直，左脚脚跟外旋，两脚横向间距与一脚等长。扣胯，目视前方。（如图333）

图332

图333

第一百六十三式：左小势

两拳变掌自然落于体侧（如图334），身体向左侧旋转90度，重心后移，右掌经身前由下向上画圆并自然向前伸出成拳，沉肩坠肘，右脚迅速收回成虚丁字步，脚面朝前；重心完全转移至左脚，左腿屈蹲，身体下蹲成单重力，左掌变拳置于左耳后上方。胸微含，两拳眼意念相对，目视东方。（如图335）

图334

图335

### 第一百六十四式：左败势

动作一：右臂向东方劈砸，右腿同时向东方迈出成半弓步，左腿伸直，成丁字步。右拳与头齐，拳心向上。转头，目视西方。（如图336）

动作二：左腿收向右腿，左脚不触地迅速向西方迈出成半弓步，同时左臂向西方劈砸，右腿伸直，成丁字步。左拳与头齐，拳心向上。转头，目视东方。（如图337）

图336

图337

动作三：上身保持与地面垂直，两臂伸直，握拳，拳心转向下，身体向东方倾斜，右臂尽力探向东方，与右腿平行。右腿伸直，左腿的小腿与地面成90度，平膝胯。转头，目视东方。（如图338）

注：左劈砸和右劈砸都以腰部力量带动，这样有利于身体的合整。

图338

第一百六十五式：右大势

动作一：左拳收至胸前，拳心向下。起身，右脚向西方跨出，使左膝着地，在右脚跨步的同时，双拳变掌同时朝上向肩后画圆，两掌汇合于右脚前，掌心相对，成"霸王举鼎"势。目视西方。（如图339）

动作二：起身向东方转体90度，成"大势"。左掌成拳于左肩前，沉肩坠肘，右掌变拳置于右耳后上方伸直，两拳眼意念相对。右腿屈膝，右小腿与地面成90度，平膝胯，右腿膝关节略外翻，且右腿承担身体重量七成；左腿微屈，左脚脚尖指向东方，膝略外翻，且左腿承担身体重量三成。胸微含，目视东方。（如图340）

图339

图340

注：力量发自腰间，转体时意想将手中重物抛出。

第一百六十六式：摘星布斗

动作一：左拳经体前变掌由下向前上方画圆伸出，右拳经体前变掌向后下方画圆按压。同时身体向左转体90度，面向东方，重心转向左脚，左腿立直，右腿伸直，右脚脚尖虚点，目视左掌伸出方向。（如图341）

动作二：重心后移至右脚，右腿屈蹲，身体下蹲成单重力，左脚脚尖虚点，左腿略屈；同时左、右掌经体前交叉后外展，右掌与头同高，左掌与胯同高。胸微含，目视前方。（如图342）

第一百六十七式：在起点收势

动作一：起身，以左脚为轴向右后方转体，同时右腿向壹门方向撤步，两臂

随转体自然放于体侧；左脚向右脚并拢，同时两臂伸直上举，掌心相对。（如图 343）

图 341

图 342

图 343

图 344

动作二：两掌成拳，同时深吸气，不必加意念，然后吞咽口中津液，同时徐徐将气呼出，并用意念将津液一点点送入下丹田。待气呼完时，仿佛吞咽之津液已运到下丹田。双拳随气息缓慢向下，从耳后沿胸前放下至下丹田。平心静气，目视前方。（如图 344）

在本功法中，五势（大、顺、拗、小、败）为桩步，其余招式为行步。行步演练时要求"快如风"，动作要迅速、果断；桩步演练时要求"站如松"，脚步要扎实、稳定。演练过程中要注意保持自然呼吸，切勿屏气。在桩步练习时，要求每势停留三口气的自然呼吸时间（一吸一呼为一口气），而后再转为后续招式。此功法男女老少皆宜，在家中能卧一头牛的地方即可练习。

这里主要讲的是养练之法，有关小架梅花桩拳的技击攻防之法，将在下一部书《神拳梅花桩系列丛书二——小架梅花桩拳搏击之术》里详细阐述。

# 第十一章

# 小架梅花桩拳里的经络学及其养生作用

养生里所讲的调养脏腑,是为了使人体五脏六腑的功能相对稳定、协调。《内经》里说:"凡此十二官者,不得相失也,故主明则下安,以此养生则寿,殁世不殆,以为天下则大昌。"(这里的"十二官",是指人体的五脏六腑加心包络。而"不得相失",是指各脏腑之间必须相互协调。)这是在讲人体的十二宫在心的统率下,彼此相互配合、协调,就能寿命长久。

经络是运行全身气血、联络脏腑肢节、沟通人上下表里和内外的通路。这是一个完美的"信息通路",包括手足三阴经、三阳经的十二经脉,都是信息传递的主渠道,与之配套起统率、联络、调节作用的是奇经八脉,还有加强表里联系、在局部发挥作用的十二经别、十五别络、孙络、浮络、十二经筋、十二皮部。俗语云"牵一发,动全身",就是因为人体内部存在着这样一个反应高度灵敏的信息传递系统。

道家讲阴阳,人的奇经八脉为阴,是用肉眼看不见的;人的血液循环系统为阳,是肉眼看得见的。这阴、阳两大系统维系着人的生命,经络系统还担负着人的信息传递功能。可能有人会说,信息传递系统应该是神经系统的主要功能,与经络无关。这正是中西文化的认识差异。西方认为人的肢体运动是必须由大脑来支配、由神经来感知的,其实是不完全的。以梅拳的搏击为例。梅拳认为人的肢体运动不仅仅是用脑,更多的是用心和意。比如在搏击过程中,如果刻意用脑去想怎么如何出击或防范,那么必输无疑;如果用心意,一则可以加快出手速度,二则心意一动可使全身俱动,还能有下意识的参与。下意识有两层含义:一层在医学界叫潜意识,指的是潜藏在我们一般意识底下的一股神秘力量,是相对于意识而言的,又称宇宙意识等。也就是人类原本具备却忘了使用的能力,这种能力我们称为潜力,也就是存在但却未被开发与利用的能力。潜能的动力深藏在我们的深层意识当中，也就是我们的潜意识。第二层又叫运动知觉，是通过平时的对打练习磨炼出来的一种反应。梅拳搏击只有做到这些才能说有胜算的把握。因此在搏击中光用脑是不行的，其实全靠的是心意及下意识的反应，所以应该与人体内部高度灵敏的信息传递系统经络有关联。

小架梅花桩拳拳谱讲："仙经之督脉，行于背之当中，统领诸阳经。任脉行于腹之当中，统领诸阴经。故背为阳腹为阴，二经下交会阴，上会龈交。一南一北，如子午相对，又如坎卦居北之正中，离卦居南之正中，一定不易也。"小架梅花拳的拳势在俯仰之中同样蕴含了阴阳二气，而俯仰又有阴阳之分，小架梅花桩拳拳谱接着讲："俯势为阴势，却是入阳气，益督脉，领诸阳经之气，尽归于上之前也。仰势为阳势，却是入阴气，益任脉，领诸阴经之气，尽归于上之后也。"

小架梅花桩拳拳谱还讲："天地之道不外阴阳，阴阳转结出自天然。人秉阴阳之气以生，乃自成一小天地，拳势之一阴一阳转结承递无不合阴阳造化之理，故能生生不穷，无有止息。"小架梅花桩拳的拳法，按阴阳转结的道理进行变化，练功中拳的姿势、步点都应该注意顺应自然之理。高为阳，低为阴，仰为阳，俯为阴，伸为阳，屈为阴。势高之时必向低转，若高而更高，势必不连，气必不接，阴复转阳，阳又转阴时应该一气不尽又摧一气，拳势滑快，气无间断，若一间断必另起炉灶，求快反迟，求利反钝了，这就是意不断，气也不断的道理。所以练习者要随时体悟"本阴阳之理、太极之功，动之则分、静之则合，无过不及，随曲就伸，一气贯串，刚柔相济，步随身换，气随意发，蓄劲如开弓，发劲似射箭之理，还要知宽知窄，随高就底，动之似江河，行之似波浪，浩渺如江海，圆耀如三光"的意境。

小架梅花桩拳拳谱讲："阴阳入扶各论，斜正仰俯左右旋转诸说，此即形气合一，一身之势法也。所谓浑元一气是也，此即梅花桩拳行功之势法也。前进后退，左旋右转，一身之法俱以五势为主。五势者，大势、顺势、拗势、小势、败势是也。正势，大势也，直出者顺势也，十字势为拗势也，曲丁腿势为小势，斜侧势为败势也。此即五势梅花拳是也，又为五势梅花桩，在桩上为梅花桩，在地上为落地梅花也。"

"落地梅花若以俯势入阳气，不将阴气扶起，则偏于阳，必有领拉前栽之患。若以仰势入阴气，不将阳气扶起，则偏于阴，必有掀推后倒之忧。故练功时，应注重俯仰结合，则可使无偏于阴或阳也。阴来阳逆，阳来阴逆，不偏不倚，无过不及，落点还原，所云停成即是此法。推而至于屈者还之以伸，伸者还之以屈，高者还之以低，低者还之以高，侧者还之以正，正者还之以侧，以及斜歪纽缥，旋转往来无不皆然。逐势练法，则阴阳交结自有得心应手之妙，永无失着矣。"

"以上总论一身之大阴阳，其入扶如此。至于手背为阳，膊外为阳，三阳经行于手膊之外也。'手太阳经起于手小指背，手少阳经起于无名指背，手阳明经起于食指之背，皆上行循膊外而走也。'手心为阴，膊内为阴，三阴经行于手膊之内也。'手太阴经止于大指内侧，手厥阴经止于中指内面，手少阴经止于小指内面，皆行膊内止于指也。'足背为阳，腿外为阳，三阳经行于足腿之外也。'足太阳经止于足小趾背之外侧端，足少阳经止于足第4趾外侧端，足阳明经止于足中趾及足大趾，三经皆循腿外而止于趾背。'足心为阴，腿内为阴，三阴经行于足腿之内也。'足太阴经起于足大趾内侧下，足厥阴经起于足大趾外侧上，足少阴经起于足小趾下过足心涌泉穴，三经皆循腿内也。'其手足尖之伸翘颠踏，膝胯之屈伸提落，虽用法无穷，而阴阳入扶自有一定，形合则气不牵扯，形不合则气必濡滞，逐处体验无遗纤细为妙。"以上是梅花桩拳拳谱里的论述。

小架梅花桩拳里的五势，在变动中都含有开、合、俯、仰之理。在做动作时开、合、俯、仰要协调统一，呼吸要自然，这样才能带动内部的运动，才能更好地调理气机的升降。总的来说，拳势不外乎开、合、俯、仰，但是开、合、俯、仰不离变化、转换。俯仰之间阴阳从之、开合之间呼吸从之，这样练习才能维系机体内外的协调统一。

小架梅花桩拳的五势从外形看好像仅仅变换了左右方向而已，但它对人体的作用却大不相同。这是因为，人体是一个能量的聚合体，普通人体内左侧和右侧凝聚的能量的性质与强弱是不同的，总的来说是左阳而右阴。左右是阴阳升降的道路，而且《黄帝内经》中提到"阳从左升，阴从右降"，这说明阳位在左、阴位在右。具体到每一个人，则各个不同。有的人左盛而右衰，有的人右盛而左衰，有的人左盛中有衰、右衰中又有盛，有的人右盛中有衰、左衰中又有盛，而每一盛衰之势又会有不同的比例，这就形成了每个人各自独有的身体状况和心理状态。要想追求身体健康，就需要通过正确的方法使身体的能量平衡。小架梅花桩拳的五势在初期练习中，以形带内，通过对外形的整合带动内在能量的流动，使其逐步趋于平衡、顺畅，实现身体的自我修复，从而提高生命状态。

拳谱讲："脚为全身之舟船，一腿之领袖，能载一身之重，静如山岳，有磐石之稳，稍有不合，全身之气俱不能入。"所以梅拳步法的应用更应该仔细区别各种步法的特点。如雁行步，两脚呈半斜顺；丁字步，两脚一横一顺；八字步，两脚尖外撇，或内扣。又如在动作之中的步法，踪步时后步先起，疾步则以前步带后步。各种步法都要随势顺应，不能乘其势逆其气，稍有不合则全身不稳，这当中充满了运动力学的学问。

而且医家讲养生必须勤于动脚、动腿，要经常活动，使腿脚的经络畅通，才能对身体有益。因为人老腿先老，若经常从事腿部锻炼，可延缓衰老、增强体内气机的升降，从而减少腿部关节疼痛及腰部、腰间盘疾病和颈椎病的发生。咱们从养生的角度来讲下梅拳的桩功。练梅花桩"劲起于脚"，即两脚蹬地产生的力量运于全身、贯于指，这正符合医家所说的"精从脚中生"之理，既锻炼了腿脚又增长了力量。故此久练小架梅花桩拳身体必然健康。

咱们再看梅拳五势的练法及拳理的论述。拳谱讲："梅花桩大势乃仄歪势也。仄势阴阳各居其中，故左侧势者，右边之阴阳并入，以左边之阴阳并扶之。（左势则右臂沉肩坠肘，拳眼向上，既右边之阴阳并入，劲力自然集中于右拳；而左臂上伸，贴左耳，左拳眼与右拳眼意念相对，既以左边之阴阳并扶之）右侧势者，左边之阴阳并入，以右边之阴阳并扶之。"大势要求两腿三七劲，其中后脚占七分前脚占三分（仄歪势）；含胸拔肋，一拳前伸，沉肩坠肘（阴阳并入），一拳上举于耳后（阴阳并扶之），两拳眼意念相对，意在上方。肺居上焦，在胸腔两侧，主气，司呼吸，使清气得升，浊气得降，通调全身气血运行。此势的含胸拔肋，有助于加强肺的呼吸运动。

故此，大势应该左掌向左侧成拳后平行伸出，沉肩坠肘；右掌自然成拳置于右耳上方，两拳眼意念相对。右腿屈膝，右小腿与地面成90度，平膝胯，右腿膝关节略外翻，且右腿承担身体重量七成；左脚尖向东，左膝略外翻，且左腿承

担身体重量三成。转头，目视前方。这样才符合梅拳的养生要求。（如图1）

图 1

关于顺势，拳谱讲："小架梅花桩顺势乃手膊开合势也。开胸合背者，阴气入阳；开背合胸者，阳气入阴，'势分两边'，故气亦从中劈开分入而分疾之。"顺势要求弓步平膝胯，与地面90度垂直，两臂前后平伸，拳背微往后摆（手膊开合势也），挺腰含胸拔背转头，气沉丹田。肾居下焦，腰为肾之府，气归丹田而滋养双肾，肾主纳气，加强呼吸深度。肾藏精，化生元气。元气推动人体的生长发育，逐渐激发身体各组织器官的生理活动。

故此，抽身长手左顺势应该包括动作一：身体重心向左腿转移，左拳伸直上举，右拳由上至下蓄势于左腋下（如图2）；

图 2

和动作二：左腿略屈，以左脚为轴，向左转体180度，同时右脚面贴靠左膝关节后方，右腿迅速向前迈出成弓步，右脚尖指向前方。右拳向下经体前随右脚向前方伸出，拳与嘴齐；左拳自然伸直放下至与耳齐，两拳心向下，成左顺势。右小腿与地面成90度，平膝胯，左腿绷直，左脚与右脚成丁字步。转头，目视前方。这样才符合梅拳的养生要求。（如图3）

图3

关于拗势，拳谱讲："小架梅花桩拗势乃平轮纽缥势，摇晃势也。势旋转而不停，气亦随之旋转而不息，阴入阳，阳入阴，接续连绵并无休歇，左旋右旋，阴阳旋相为宫也。"拗势要求两臂伸直，一腿内扣，一腿蹬直（要求掩裆），脚跟外旋。转动双肋（平轮纽缥势，摇晃势也），有助于双肋经络的气血运行。肝居中焦，肝经循行"肝足厥阴之脉，循阴股，入毛中，过阴器，抵小腹，上贯膈，布胁肋，循喉咙之后……与督脉会于巅"。经气通过肝经，肝受养，肝畅情志，肝藏血，主疏泄，调气机，此势有助于调节血在全身的分布。

故此，左拗势应该右拳平行收于胸前，拳心向下；左拳伸直自下而上经体侧向前方摆打，拳心向下，同时身体向右旋转90度（如图4）；左腿迅速向前迈出成拗势步，迈步的同时，左拳继续向上环绕后摆至与耳齐，右拳继续向下自身前由下向前伸出，拳与嘴齐。两臂伸直，左膝内扣，右腿绷直，右脚脚跟外旋，两脚横向间距与一脚等长。敛胯，目视前方。这样才符合梅拳的养生要求。（如图5）

图 4

图 5

关于小势，拳谱讲："梅花桩小势乃直起直落、不偏不倚势也。直身正势，阳气不得入阴，阴气不得入阳，各归本位，上至百会穴而交，下至涌泉穴而聚，阴阳并扶，只在两头也。"小势要求身体呈单重力，一拳前伸，沉肩坠肘，一拳置于耳后上方，胸微含，意在胸中（直起直落、不偏不倚势也。直身正势）。心居上焦，主血脉，主神志，主宰人体生命活动。胸为心之所在，意在胸中，加强心经气血的运行。

故此，右小势应该两拳变掌自然落于体侧（如图6），身体向右侧旋转90度，重心后移，左掌经身前由下向上环绕自然向前伸出成拳，沉肩坠肘；左脚迅速收回成虚丁字步，脚面朝前，重心完全转移至右脚，右腿微屈，身体下蹲成单重力。右掌变拳置于右耳后上方。胸微含，拳眼意念相对，转头，目视前方。这样才符合梅拳的养生要求。（如图7）

图 6

图 7

关于败势，拳谱讲："梅花桩败势乃斜偏侧身俯仰势也。左斜俯势，阳气自脊右下提于脊左上，斜入左前阴；右斜俯势，阳气自脊左下提于脊右上，斜入右前阴。斜劈斜邀手用此。左斜仰势，阴气自腹右下提于腹左上，斜入左后阳；右斜仰势，阴气自腹左下提于腹右上，斜入右后阳。斜擢斜提手用此。"败势要求列身拔肋（侧身俯仰势也），两臂伸直，意在脊中。脾居中焦，位于脊中，经气仍畅，脾气受养，脾统血，主运化，脾能运化水谷。此势有助于把食物的精华运输到全身。

故此，右败势应该包括动作一：左臂向左前方劈出，左腿同时向左前方迈出成半弓步，右腿绷直，成丁字步。左拳与头齐，拳心向上。转头，目视左前方（如图8）；

图8

和动作二：右腿收向左腿，右脚不触地迅速向右前方迈出成半弓步，同时右臂向右前方劈出，左腿绷直，成丁字步。右拳与头齐，拳心向上。转头，目视右前方（如图9）；

以及动作三：上身保持与地面垂直，两臂绷直，握拳，拳心转向下，身向左前方，左臂尽力探向左前方，与左腿平行。左腿绷直，右腿小腿与地面成90度，平膝胯。转头，目视左前方。这样才符合梅拳的养生要求。（如图10）

图 9

图 10

小架梅花桩拳拳谱又讲："炼形不外动、静。动时贵在气擎不散，静如山岳难摇，如此这样方能来去无失。"初学者在练习梅花桩拳的基本套路时，必须注意三尖相照，才无东歪西斜的毛病。例如桩步五势中的拗势，左脚在前，右手在前之时，右手正照左脚脚尖，头照右手，则上、中、下成为一线，不歪不斜。一尖不到即有牵扯，则身气也难入，三尖为气之纲领，三军之统帅，一身之怀念。头为诸阳之总会，领一身之气，头若不合，一身之气不入。人体的手三阴经止于手内，手三阳经起于手之背，为背臑往来血气之道路，指法之屈伸聚散，手腕之俯仰、伸展，一有不合则脾气不入；足三阳经止于足背，足三阴经起于足之下，为腿胯往来气血之道路，一足之尖、跟有一处不合，则腿气不入。

头是人的神经中枢，是司令部，一身之统领；动身需先动头，头一动必牵扯身动，我们练功时不能忽视这一点。小架梅花桩拳拳理中讲："头为法阳之会首，为精髓之海，为督任交会之处，统领一身之气。阴阳入扶，此处合，则一身之气俱入；此处不合，则一身之气俱失。气之结聚，落点有一定之处。正俯势为入阳气，头必俯而栽，气落额颅印堂间；正仰势为入阴气，头必仰而掀，气落脑后风府间；正侧俯势为阳气斜入，头必俯而歪，气落额角；斜侧仰势为阴气斜入，头必仰而偏。"这就是要求练拳时，姿势要稳、要准，不仰、不俯、不偏、不斜，为阴阳直入，头必正，气直入。头、手、脚被称为人体的三尖，在基本套路中应注意三尖一气，互相协调，成为一个整体。

小架梅花桩拳拳论讲武功锻炼的目的是"练形以合外，练气以实内，内外合一则自成金刚不坏之体，超凡入圣上乘可登，若云制敌犹其小焉者也"。故此久练小架梅花桩拳可令五脏调和，阴阳平衡，化生精、气、神，使气旺、精盛、神足。但在站桩前要远离声色并积攒一部分精气，精气越充足站桩功的效果就越好。梅拳前辈讲："人命在己不在天，保精养气可延年。何须外炼金丹药，梅花五势才是颐寿丹。"

综上所述，可以看出如果不懂得医家的调养之理及习武禁忌，读者在练功当中必然出现偏差，所以梅拳习练者懂点医理、懂点道学是非常必要的，因为只有在了解医理及道学的同时才能正确理解古人的以武养命之道，才能练出健康来。

# 第四部分

## 梅拳内修及武道观念

# 第十二章

## 小架梅花桩拳与道家、医家的关系

武学、道学、医学自古就是密不可分的，它们是一个整体。比如道教自创教以来就把医术作为传道济世的工具，故有"医道同源"、"医道通仙道"及"十道九医"之说，而且其中都有武功。道教界讲"未学道，先学医"，意思是说，想要修道有成，必须以医学作基础。因为道士修炼，首先要明白人体内部的经脉穴窍、气血运行、脏腑生理、阴阳升降、五行生克等的基本常识，才不至于盲修瞎炼。

修道如此，习武更是如此。习武者如不懂些医道及阴阳、五行相生相克之理，估计连拳谱都很难看懂，更不要谈其他了！如何依托医学调养脏腑更是道家养生及习武者应该懂得的常识。中国人自古就认为长寿是一种福气，他们渴望长命百岁、多子多孙。其实长寿是离不开武学、道学、医学这三家的。咱们还是先从现代医家所讲的延缓衰老、治病于未然的养生方法谈起，看看他们讲的全面否！现代医家讲的养生观念不外乎以下几种模式。

### 1. 经络养生

经络是遍布人体全身的网络系统，它控制着血和气的运行流动，以保证各组织系统的正常功能。《黄帝内经》说，经络具有决生死、处百病、调虚实的作用。古代养生学家认为，疏通经络可作为摄生的重要措施，而最简便的方法就是经常刺激、按摩、针灸合谷穴、内关穴和足三里穴这三个重要穴位。古人认为疏通合谷穴可以防治颜面及五官方面的疾病，内关穴有助于防治心脏疾患，足三里穴则对预防五脏六腑特别是消化系统的疾病最有效。

### 2. 饮食养生

医家认为，合理饮食可以调养精气，纠正脏腑阴阳之偏，防治疾病，可延年益寿。故饮食既要注意"博食"，即以"五谷为养、五果为助、五畜为益、五菜为充"，又要重视五味调和，否则会因营养失衡、体质偏颇、五脏六腑功能失调而致病。他们认为人之所以得病是因为身体缺乏某种物质。

### 3. 固精养生

医家认为，精血是人体营养物质中的精华部分，是生命的物质基础，五脏六腑得精血的供养才能保持其正常功能，而男女的生育之精更是精血里的精华。如性欲无节制就会造成精血亏损，从而身体虚弱、病变百出、减损寿命，保养生育之精则可延缓衰老。所以医家就研究出了一个固精养生法。

### 4. 顺时养生

医家认为，天有四时变化的不同，地上有万物的生、长、收、藏之规律，人体也不例外。因此，医家从衣食住行等方面提出了顺时养生的理论。人的五脏六腑、阴阳气血的运行必须与四时相适应，不可反其道而行之。要因时制宜地调节自己的生活行为，这有助于健体防病，否则逆春气易伤肝、逆夏气易伤心、逆秋气易伤肺、逆冬气易伤肾。

### 5. 排毒养生

医家认为，人若喜怒无常就会导致体内阴阳、气血失调。劳累过度会损伤脾气；伤于饮食会生湿、热、痰浊；冒犯六淫，伤之外邪会百病丛生。这种致病因素被视为人体的"毒"，因此医家提出以"减毒"来保全真气的养生之道。通过饮食调理、服用药物及其他措施来减少体内积聚之毒，可免生疾患、防止早衰，进而延年益寿。

### 6. 静神养生

静神在传统养生学中占有重要地位。医家认为，神是生命活动的主宰，保持神气清静、心理平稳，可保养元气，使五脏安和，并有助于预防疾病、增进健康和延年益寿；反之则怒伤肝、喜伤心、忧伤肺、恐伤肾，以致诱发各种身心疾患。

### 7. 修身养生

医家认为，凡追求健康长寿者首先要从修身养性做起。平日应该排除各种妄念，要多说好话、多行善事。古医家曾说"若能保身养情者，常须善言莫离口"；"口有善言，又当身行善事"。孙思邈说过"心诚意正思虑除，顺理修身去烦恼"

的话。所以养成良好的品行、常做有利于他人的事，可使自己心胸开阔、心情愉悦、身体健康。

### 8. 调气养生

医家认为，人体的元气有化生、推动与固摄血液，温养全身组织，抵抗病邪，增强脏腑功能的作用。营养失衡、劳逸失当、情志失调、病邪夹击等诸多因素可导致人体的元气发生虚、陷、滞、逆等症候，进而使机体发生病理性变化。调气养生法主张通过慎起居、顺四时、戒过劳、防过逸、调饮食、和五味、调七情、省言语、习吐纳、行导引等一系列措施来调养元气、祛病延年。

### 9. 进补养生

传统医学十分推崇用滋补药物来调理阴阳、补益脏腑、滋养精血。医家认为合理进补可以强身、防病、祛病，但进补既要辩证又要适量，还应考虑顺应四时，例如入肺的药，在秋季吃较合适；温补肾的药，在冬季吃比较适宜；入肝的药，在春季吃较合适；入心的药，在夏季吃较合适；治疗脾胃的药，在每月的最后一个星期吃最好。

以上医家所说的养生法很好，只是太偏面，对身体的作用不大。如今，养生也好，治病也好，还有各种减肥也好，人们都希望马上见效。最明显的比如减肥，如果离开了运动其效果是不会好的。况且有些人还在妖魔化脂肪，认为脂肪不好。其实脂肪里储存的是人体从饮食中精化出来的物质，是练精化气的原料，人若离开它气从何处生？现代人用饥饿疗法减肥，看起来肚子瘦下去了，其实把人体宝贵的精消耗掉了。很多人的啤酒肚，是体虚气弱加上体内有寒造成的；当人的五脏六腑有寒了，人体就会自我保护，用脂肪把寒包裹起来用于自保，这样小腹的脂肪便长厚了，这是人体的一种自然反应。其实增加阳气、多运动，用来自肾阳的真火来驱赶五脏六腑的寒凉，人的肚子自然就会小。

这些减肥者还主张不吃主食，只吃青菜，尽量减少饮食，这种方法太危险。这些人吃得瘦骨嶙峋、面如菜色，这会有生命危险的。人是靠五谷为养、五果为助、五畜为益、五菜为充的，所以人的饮食丰富，营养才能充足、精气神才能旺，才能把寒气排出去。青菜属于纤维类，不是五谷，不能养人，这些人减肥，一下子变得苍老许多，实为人体能量消耗过度造成的。所以要想通过一个方法快速达到养生的目的是得不偿失的！请思考一个问题：养生是单独性的，还是综合性的？我认为养生是综合性的，不是一种方法就能办得到的！

几千年来，医家、道家及武术的养生思想早就融为一起，而且医家养生的关键在于道家的精气神观念。比如《仙经》里讲："精气神为内三宝，耳目口为外三宝。常令内三宝不逐物而流，外三宝不诱中而扰。多记损心，多言耗气。心气内损，形神外散，初虽不觉，久则为弊。所以寡言语以养气，寡思虑以养神，寡嗜欲以养精。因精生气，气生神，神自灵也。是故精绝则气绝，气绝则命绝也。是故精、气、神，人身之内三宝也。"所以中医讲："五脏者，藏精气而不泻也，故满而不能实，六腑者，传化物而不藏，故实而不满也。"这里的"满"，是形容五脏藏精气的状态。五脏精气应当丰满充盛，才能游溢于中，供养人体，从而维持人体各组织器官正常的生理功能，如果不满而虚，就是五脏功能衰退的病理表现。这里的"实而不满"，是指水谷之精而言的，形容六腑传输水谷之精的状态。人体的五脏六腑只有藏、泻得宜，机体才有充足的营养来源，以保证生命活动的正常进行。否则，只藏不泻势必造成瘀症，人的寿命也会短暂。练功亦是如此，练功必须得法才能得功。比如在加大练习难度和强度的同时，机体能量的消耗会随之加大，因此饮食营养应该跟上，并应注意加强内养之功的练习时间，这是通过周天功法把身体所耗费的能量快速地补益上，这样机体的能量平衡才不会被破坏。久而久之，随着机体的能量补益与排泄大幅度的提高，机体的能量会逐步增强，就像蓄电池那样，加大它的蓄电量，它的能量也会随之加强。

不过这个道理又与医家的气血津理论有着千丝万缕的联系。医家的传统理念重"气"，认为它是生命所本，有"气"才有精、血、津液，有"气"才有精和神。传统理念中的"气"实际上是跟自身的先天元气有关的。人的身体需要三种气：脾胃供输的水谷之气、与大自然进行能量交换得来的自然清洁之气，以及道家所说的"精"所化之气。气于人体有推动、温煦、防御、固摄、气化等诸多作用。

"气"在人体内有五种存在形态：肾精所化的元气、胸肺所生的宗气、运行于经脉中的营气、运行于经脉之外的卫气（即现代生命物理学中所说的人体气场）。除此之外，传统中医学还广泛研究致病的"邪气"，抗病的"正气"，中药

的寒、热、温、凉四气；针灸讲气感、得气；道教修炼周天功法中所讲的气场、运气和采气，这些都与"气"有关。

气、血、津液皆由脾胃运化的水谷所生成，它们维持人体的生命活动。气和血、气和津液、血和津液在生理上相互依存、相互制约、相互为用、互为因果。五谷之精微是气血的源泉。气血既是五脏功能的物质基础，又是五脏功能活动的产物；气血由脏腑产生并运行于经脉之中，营养和调节全身各组织器官的生理活动。

气为阳，血为阴，气血同源，互为表里，这是中医传统理念中又一个极为重要的辩证组合。传统理念提到气的同时必定提到血。血是维持人体生命的重要物质，靠它营养和滋润全身，脉则是血液运输的通道。类似血液的津液是存在于人体内一切正常体液的总称，包括胃液、肠液、唾液、泪、涕等，其清稀者为津，浓稠者为液。传统理念认为津液亦是具有营养和调和人体器官功能的重要物质。

气、血、津液的主要功能在于维持人的生命，是人体的脏腑、经络等组织器官生理活动的产物，也是这些组织器官进行生理活动的物质基础。若从气、血、津液的相对属性来分阴阳，气具有推动、温煦等作用，属阳，梅拳曾讲"气为血之头，气到则血到"；血和津液都是液态物质，具有涵养、滋润等作用，属阴。气是血和津液的载体。其中"气为血帅"，强调气对于血的主导作用。《景岳全书》说："血必由气，气行则血行，故凡欲活血或攻或补，皆当以调气为先。"具体表现为气生血、气行血和气摄血，气旺则血生、气衰则血少、气行则血行、气乱则血乱、气滞则血瘀、气虚不摄则血溢。为此，中医治疗血证时多离不开调气，如补气生血、降气止血、行气活血、益气摄血等。

在机体循环过程中气与血是对立统一的。血相当于载体，气相当于信息。气是机体的生命运动的决定因素，不仅血的生成有赖于气的生化，血的运行也靠气机的推动，方可周流不息、滋养全身。医家的气血津三宝论突出了气，精气神三宝论则突出了神。"神"以"形"为依附，是人的外在表现和内在思维活动的总称，由此派生出"形神学说"，从而成为中医望、闻、问、切的理论基础。中医学内重"气"，外重"神"，重视人是否"有神"、"得神"、"失神"、"假神"。道家鉴人时认为，神爽、神秀则佳，神伤、神不守舍则凶，并由此衍生出道家的相面法。

那么，道家及医家所讲的精、气、神观念与武学修炼有哪些紧密联系呢？解读精、气、神，了解生命的先天之气、后天之精，会对人体健康有哪些帮助呢？

人的躯体存世的天年是公平的，那为什么人的生命会有长短之分呢？这是因为人的精神和肉体会受到外界各种各样的干扰。古人总结为外感六邪、内受七情，这种干扰会损伤先天元气，使精神受到挫折、肉体受到伤害，使人不能终其天年。练武能修炼真气、返补先天，但必须身心一体、养练结合，才能对身体有利，否则便会出现偏差，导致一身病痛甚至短寿。故此，练武的人应在练武之初就要采用养、练相结合的方法，以动功打拳、静功练周天等方法来调理体内的阴阳平衡，使其身心回归平衡。

梅拳前辈讲："师说身中有丹药，外边采取枉徒劳。养性修真得功力，灵台山上转一遭。回返内观宁心坐，体中日月坎离交。万事不思全寡欲，六根清净意坚牢。外练金刚不坏体，内修神光团聚牢。返老还童最容易，超凡入圣路逍遥。三年无漏成仙体，跳出轮回把命逃。"这是修炼内丹的功景。武林前辈教导我们："习武者要宠辱不惊，才能肝木自宁；要动静以敬，才能心火自定；要调息寡言，才能肺金自全；要饮食有节，才能脾土不泄；要恬淡少欲，才能肾水自足。"这些话是武林前辈心性修为后的宝贵经验。他们认为心理平稳可保养元气，使五脏安和，反之则怒伤肝、喜伤心、忧伤肺、恐伤肾，以致诱发各种身心疾患。这种思想恰恰来源于医家。习武者追求的不是单纯的健康，而是要拥有强大的内力，这是离不开"精、气、神"修炼的，而这种"修炼"应是全方位的，是身心一体的"修为"。本书前文用八段锦和十三太保功介绍如何静功内修，即道家讲的"炼气添神"的过程，用小架梅花桩拳等动功介绍身体的养练方法，即道家讲的"练精化气"的过程，如果大家按书中所说去练习，便能得到一身的内力。

清华大学有门关于物质、能量、信息的课程，揭示了宇宙中三种不同的存在形式。道家的精气神观念经常提到的"人有三宝精、气、神"，刚好对应物质、能量、信息或者光态。道家自古以来就认为精、气、神是生命中不可缺少的要素，认为人是依靠这三者而生存的，故修道者特别注重精、气、神的修养，以蓄

精、养神为根本。精、气、神分先天和后天，我们通常所说的指的是后天的精、气、神，而先天的精、气、神，道家称之为元精、元气、元神。人未生时，先天的元精、元气、元神用在体中，是一种三元合一的状态，孕育着强大的生机，不过，此种生机将会随着后天的种种行为而耗散掉。

元神是指人的先天之性，它藏于上丹田；后天之神是指思虑之神、情欲之神及散动之神，故称为欲神，亦称识神，它藏于心中。道家前辈讲："夫神者，有元神焉、有欲神焉；元神者，乃先天以来一点灵光是也，欲神者，气之。"元神者无私无虑、自然虚灵，欲神者有思有虑、灵而不虚。古人在这里把元神（先天）和识神（后天）的区别说得很清楚。古人还倡导用后天之神（识神）返归先天之神（元神），即常用先天一点灵光来感应事物，平时不要老用识神来想问题。

古圣先贤们用更广阔的视角来看待生命。他们认为一个人的生命有道则生，无道则死；道存在于开天辟地之前，为万法之源，是一切物质的本源和主宰；最初的元气是由道化生出来的，元气存在于自然运化之中，人若没有先天元气是绝不可能化生和存活的。所以对于习武者而言，练的就是后天的精气，使它"返本归元"，使后天的耗散状态复归于先天的团聚状态，以后天的精气来补先天的元气。所以练"后天之精"是习武者至关重要的起手之钥。

后天之精来源于五谷，而生殖之精是五谷之精的精华。如果我们能够长久地修炼此精，就能添补先天的元气，这就如同往油灯里添加灯油一样，以此来恢复我们的生机。不过这个修炼是要靠内家拳的各种方法才能实现的。如今许多人是不爱运动的，此时"精"与"气"的相互作用就小，人体就会处于缺"气"的状态，常见于全身没有力气和头晕脑涨。中医讲的气虚其实就是"精不化气"的缘故。若不爱运动又夜生活过度，身体就常处于精气耗损的状态，久之则身体元气大伤。如果这些人想弥补先天的损耗，就必须依托道学和武学的修炼及医家的调理。依托道学大家可以理解，但为什么说非要依托武学的修炼呢？其他的体育锻炼不行吗？答案是不行的，因为锻炼是分耗散气力与凝聚气力的。跑步、打球、爬山、游泳等体育锻炼，锻炼完后会觉得浑身没有力气，不马上休息体力是缓不过来的，这是因为这种锻炼方式会使身体的气力过多地耗散掉，久而久之，吃再好的东西都难补益回来，身体因泻得太多所以人的寿命不会太长久，运动员的健康问题就是最好的例证。而练内家拳,比如小架梅花桩拳法,习练完会觉得浑身充满力量,这是因为这种锻炼方法可形成气力的凝聚。这就是武术内家拳的锻炼与其他体育锻炼的区别所在。

有人还要问,难道不锻炼身体就没有炼精化气的过程吗?其实,"精化气、气添神"的过程是不需要练什么特别功法来推动的,只要是一个健康的活体,其本身的阳气就能推动自身"精化气、气添神"的过程,人体本身就是以这种自然转化来维持自身的生存机能的。不过,长时期的好吃懒做会造成身体里阳气的不足,身体里堆积了大量没有气化了的"精"及没有及时排出的废物,由此身体开始走入亚健康,甚至提前夭折。这都是不爱运动的结果。锻炼能生发阳气,帮助我们清除体内的垃圾,使身体没有多余的废物淤积,还能加快炼精化气的过程,从而使身体得到更多的能量,久而久之人体自然就蓄积了巨大的体能。这就是练武者的力气总会超过常人的原因!

"精"、"气"是后天修炼不可缺失的宝物,所以道家称其为修身立命的至宝。道家所说的"精养灵根气养神,养功养道见天真。丹田养就长命宝,万两黄金不与人"足以说明对"精""气"的重视。《黄帝内经》讲"夫精者,身之本也";"气者,人之根本也"。人若精气枯竭,便离死亡不远了。古人认为后天的生殖之精是人的生命中枢,若节制得法,不使它妄动,那么它便成为精力之源。古人把炼精补气的方法称为返老还童法。仙师钟离权曾说"晚年之修持,先论救护",这就是说,晚年的修持要从"补精气"出发,知道爱精、节欲,不要纵情妄为,才能活得健康长久。

上面说了人的元气就像油灯中的油,而生命活动就像灯火的光辉,如果平时不注意节养,就好像油灯用大灯芯,油很快就会耗尽,寿命就会短暂;若能注意节养,就好像用小灯芯,油消耗得慢,灯熄得也慢,这其中的要领全在于如何避免对精气的过度损伤及如何将后天的生殖之精转化为先天的元气。

这里,要提一下与保养精气关系最大的性。古人的性养生的重大意义就在于协调人体的阴阳平衡:阴阳平衡得好,衰老就能延缓,寿命就会延长。实践证明,家庭幸福、夫妻恩爱的人,寿命多偏长;反之,家庭不幸、夫妻不和的,少有长寿者,足见性养生的重要性。不过,自古房事如水火,能生人也能杀人,古

人讲"房事者,阴阳调和之道,不当禁,当禁者,淫欲也,凡淫者,无度也,乏身劳精,抽髓费血",所以纵欲的危害是极大的。

若人体的生殖之精过多遗漏,就会损伤自身的元气,使人感到身体疲乏、无力,类似于失血过多。古人基于此提出了一滴精相当于十滴血的观念,虽然有点危言耸听,但并不为过。这样的表述,会使人们对自己的性行为更加谨慎。就本身来讲精要比血珍贵得多。习武者通过实践还证明了性生活如果过度频繁,会直接影响练功,不光练拳没劲,还很难练出功夫来。所以武林界的人士以欲不可早、欲不可绝、欲不可纵、欲不可强、欲有所忌和欲有所避作为自身的修养原则。由此不难看出,古人的精、气、神理念对于现代习武者来说是多么重要。

关于以后天之精、气、神补先天之元气,道教《金丹心法》中这样提到过:培后补先的方法是固精、养气、凝神,不过必须体用兼全。在三才各得后把它们还原于各自的场所,即精还原于生精之所、气还原于生气之所、神还原于生神之所,这样才能以后天至足补先天的不足。这里所说的"三才各得"是指精、气、神得到了完善的运化,达到了还精、还气、还神的最佳生命状态,从而达到后天补先天的不足,故此,积精以养命、练气以安神才是修道的重点,才是习武者得到内功的基石。

那如何依托精、气、神得功呢?小架梅拳秘谱里的"聚精会神气力渊源论"中称:"神者,气之灵明也,是神化于气,气无精不化,是气又化于精。盖人之生也,禀先天之神以化气,气化精以成此形骸。既生之后,赖后天水谷之精液以化精,积精以化气,积气以化神,结于丹鼎,会于黄庭,灵妙不测,刚勇莫敌,为内丹之至宝,气力之根本也。气无形属阳而化于神,血有质属阴而化于精,神虚故灵明不测变化无穷,精实故充塞凝聚坚硬莫敌,神必藉精,精必附神,精神合一,气力乃成。夫乃知气力者,即精神能胜物质之谓也,无精神则无气力矣。武备知此,惟务聚精会神以壮气力,但不知精何以聚,神何以会,是以殚毕生心力而漫无适从也。夫精以神聚,神以气会,欲求精聚神会,非聚气不能也。"

上段文字指出练拳者不仅要练形、练气,还要练神。练拳者需积精以化气、积气以化神,才能结成内丹,内丹成则"灵妙莫测,刚勇莫敌",这才是人的气力之根本。小架梅花桩拳认为,人的气力来源不单纯是筋肉,而是精气神合一的结果。实际上这是中国传统武文化以人的整体观来看待气力的问题。精气神合一，内外成为一体，人体各部分的筋骨、肌肉都成为一体，当然可以发出巨大的力量。此时如心念一动则全体俱动，动则如风吹不停，行则如流星赶月。如果在精气神没达到合一的状态下用意念，则只是单纯使用肌肉的力量，是局部的。在全身内外不一致的状态下，身体各部会散乱又相互牵扯，使其气力的发出受到一定的限制。故此练成精气神合一，内外成为一体才是最重要的，而只凭打坐行周天功法是办不到的，这就需要内家拳的锻炼方法，即内外三合的习练方法。

小架梅花桩拳的习练不外乎从外三合、内三合入手。内三合即"心与意合，意与气合，气与力合"。外三合即"肩与胯合，肘与膝合，手与足合"。是为六合。平时习练小架梅花桩拳必须先求外三合的合整，进而带动内三合的统一，这样练久了自然就内外合整了。小架梅花桩拳的内外兼练从练精开始，到练气，再到练神，最终才能达到形气合一、神气合一的地步。小架梅花桩拳谱中所讲的内丹，实际是静功练习与动功练习的产物。小架梅花桩拳谱讲："仙炼之则为内丹，武炼之则为外丹，然内丹未有不借外丹而成者也，盖动静互根，温养有法，自有结胎还原之妙。""武炼之则为外丹"实为练精化气所得之物，"仙炼之则为内丹"则是用练精化气所得之物去练气添神，直至自有结胎还原之妙。可见动功为静功之基础。

小架梅花桩拳谱《浑元论》中讲："浑元一气吾道成，道成莫外吾真形，真形内藏真精神，真精内藏气擎停。欲将形形求真形，须将真形合形形，真形合来有真诀，合到真形彻底灵。"武道练成之后即得"真形"。"真形"内有"真精神"，而"真精神"的核心是"气擎停"，这是武功达到高层次时内气的自然团聚。只有在武功达到神化阶段后，所表现出的内外合一、精气神一体的现象才是"真形"练出的样子。武功锻炼的目的也就是追求"真形"。上述引文把武术运动中的一势一法都称为"形形"，这个"形形"只是武术运动的表象而已，习练者应该通过一招一势去追求自身"真形"的团聚。小架梅花桩拳的前辈们练武就是通过小架梅花桩拳里的动功及静功来修炼自己精神与肉体的统一，也就是内形的"真我"，即元神、识神、魂、魄、意、志等，在修炼完整后，所形成的真形再与外形的"假我"肉身相统一，小架梅花桩拳称之为形形相合。练形以养神、用神

以领形，小架梅花桩拳就是用此法来达到神形合一的。

有人对"真我"、"元神"、"识神"、"魂"、"魄"、"意"、"志"不理解，其实它们是古人对五脏的"神"分别给予的别名。五脏神又称神志或神明，是五脏的主帅，指五脏当中所藏的动力及精神因素。其实这是狭义上的五神定义。根据天人相应、形神统一的观点，神的含义有三：其一，泛指自然界的普遍动力规律，包括人体生命活动的动力规律；其二，指人体生命活动的总称及人的形象、面色、眼神、言语、应答、肢体活动、姿态等；其三，指人的精神、意识、思维、情志、感觉、动作等生理活动。

神藏于心。神是指人的精神意识思维活动。心神能主持人的意识思维，主宰五脏六腑的功能活动。

肝藏魂，又藏血。肝的精血能滋养魂，使魂安藏于肝中，若肝血不足，则魂失所养，导致魂不守舍。常见于失眠易怒，精神恍惚，甚至梦语、梦游或潜意识躁动不安等现象。古人讲"随神往来谓之魂"，魂是与神并存的，是指潜意识活动或潜在的精神状态。古人认为魂是能离开形体而独立存在并活动的。

肺藏魄，魄为生命力的外现。肺的精气充盛，人就精神振奋，做事就果断持久，并且意志坚定、有毅力；若肺的精气不足，人易精神萎靡，心胸气魄也就不足。古人讲"并精而入者谓之魄"，魄是依附于形体而存在的。魄包含人自身的本能和动作，如听觉、视觉、皮肤的冷热痛痒等感觉及四肢的动作等。

意藏于脾。若脾气旺盛，则人的意念丰富、联想能力强、记忆力好；若脾气虚，则意念活动迟钝、联想力差、记忆力不好。意是指人的意志和记忆力。中国古代中医理论认为，意是脾（精）的外观，脾的精为意，脾主运化。意，忆的意思，又称为意念。意就是将从外界获得的知识经过思维取舍，保留下来形成的回忆的印象。《灵枢·本神》说："心有所忆谓之意。"《类经·脏象类》也谈及"谓一念之生，心有所向而未定者，曰意"。

肾藏志，志是由精所化。若肾精充盛，则做事目的性强，具有胸怀大略的品质；若肾精气不足，则行为目的性不明确。古人认为志是人的志向和奋斗目标，"意之所存谓之志"。人的意识经验储存于心中，就是志。"志"是指肾的"神"，有收藏能力，是定力的象征。《灵枢·本神》曰："意之所存谓之志。"《类经·脏象类》曰："意已决而卓有所立者，曰志。"《中西汇通医经精义·上卷》进一步指出："志者，专意而不移也。"即意已定而确然不变，并决定将来之行动，欲付诸实践者，专志不移，这是志的基本内涵。由此可知五脏神分别代表身体的主神，"真我"就是练就身体各部神明的统一，死后而不散的真魂，达到此便能与世长存，这就是道教所追求的。通过这些不难看出小架梅花桩拳的理论中医家及道家的身影。

  总之，练拳不懂医、不懂道是不行的。三者所谈的养生不是一个单独的话题，而是密不可分的。道学、武学、医学具全才是养生文化的整体。这句话在过去是不用特别强调的，因为古人知道它们是一体的，是密不可分的，只是今人出于利益的考量，人为地把它们分开了，并声称只有自己教授的功法才是最好的养生功法，其实这只是一个笑话而已！当您听到某个武术家或医家或道家的个别大师们只谈论自家的功法多么的养生时，心里不妨打一个问号，这是祖先留下来的养生功法吗？小架梅花桩拳的老师在讲养生时也应该注意这个问题。

# 第十三章

## 何时习武为宜及练梅拳五忌

在正常情况下，阴阳是互根、互补、互制的，说得通俗一点，人体正常的生命功能与物质之间是互补、互制的，也就是说阳气和阴精是互根的。一旦出现一方不足或有余，另一方就会来代偿，目的在于纠正失衡，维持阳气与阴精的平衡。如果阴阳失衡，不能相辅相成，代偿功能失调，就会出现种种健康问题。故此我们平时要注意调养，减少"三急"、"四高"、"五少"的发生。三急即指心态急、工作急、生活节奏急；四高是指心理高压、高强度竞争、高节奏、高消费等一切过度的奢华生活；五少则是指睡眠少、吃得少、娱乐少、交际少、运动少。其实人体亚健康的形成主要有如下几个原因：1.在超负荷劳动下造成的体力透支，包括过度的运动等；2.由于心理打击造成的精神创伤或长期的过度紧张，以及在高压力状态下造成的生物钟紊乱，如频繁的三班倒等；3.由于营养不良、睡眠不足以及噪音过大、环境污染和环境毒素超标等对人体形成的伤害。

### 一、何时习武为宜

目前有些中医学者在讲养生时提出，白天是人体阳气生发的时候，如果此时锻炼身体，就是在帮助身体的阳气外发，所以白天锻炼身体是在温养我们的阳气；晚上是人体阳气由外转内的时候，如果这个时候锻炼身体，动用我们的阳气，则对脏腑的滋养不利。于是有些习武者依据此种理论把锻炼身体的时间安排在清晨。

我认为清晨做剧烈运动是不好的习惯，其中的道理有很多，比如早晨的空气并不新鲜。气象统计资料表明，一年中的绝大多数早晨（特别是5-8时），陆地上空的近低层大气都会出现逆温层，它像一个盖子一样，使城市中较多的烟尘和杂质聚集在其下面，加上早晨的空气扰动小，致使烟尘、杂质不易扩散到高空和周边，造成近地面层的空气污染加重。早晨有时在旷野中看到的近地面一层水平的"烟带"，就是其明显的表现。在晚间，由于地面温度较低，上层空气温度高，加之空气扰动较强，则逆温层不易形成，烟尘可以扩散出去。

有人会说清晨由于光合作用植物会吸收二氧化碳，并释放氧气，所以，早晨的空气是最新鲜的。但是他忘记了一点，氧气是轻的它会随着清晨上升的气流到达高空，而较重的浊气会停留在地面，可到了夜晚，氧气会随着下降的气流降下来，所以人们会觉得夜晚的空气比较清爽。这就是大自然每天一次的阳升阴降所造成的现象，也是我强调傍晚练拳的好处之一。

其次，从生理学角度讲，早晨不是最好的运动时间。近年来，生理学家们发现，下午4点到晚上正常睡眠前是最佳的运动时间。因为在这个时候人体内各器官和肌肉的温度最高，而且关节的灵活性也好；当体温升高时，人就会产生强烈的运动欲望，会更自觉、更努力，从而收到更好的效果。同时发现，较高的体温对几乎所有的运动项目都是有益的。近年来，越来越多的体育比赛的决赛，都安排在下午或晚上举行，原因之一就在于此。另外，从我们的经验中也可体察到，早晨睡眼惺忪时并无锻炼的欲望，晚饭后反倒踊跃了。专家认为傍晚5点到8点，体力和耐力是一天中的最高峰，是最佳的运动时间，能达到非常好的效果。综合考虑，我们不妨选择5点到8点练小架梅花拳。

如果早上运动，我建议大家热热身就好。虽然早上7点到8点是最佳的有氧运动时间，但由于刚睡醒，身体的各个机能还处在僵硬状态，所以最好以中轻度的有氧运动为主，运动量不能大，达到身上微微出汗的热身效果就好。运动后要立即擦汗，换上干净衣服，以防着凉。无论是年轻人还是中老年人，早上都不能做力量型运动和过于剧烈的有氧运动，这些运动会造成人体血液黏稠，尤其对于有心脏病、高血压的高危人群，很容易诱发疾病。如果早上喝了水，要过20分钟左右再去练拳，这样有利于消化系统的健康。

晚上10点钟左右，体温开始下降，睡意会慢慢袭来，身体的功能趋于低潮，不适合做剧烈运动。有些医家关于晚上运动等于慢性自杀的话多半有道理，但我们不妨思考一下，现代人从早上到下午，一整天都在办公室里坐着。晚上好容易有点自由支配的时间，还不适当活动一下？再说，如今食物极大地丰富，晚餐又

是一天中最为丰盛的一餐，难道天天晚上吃饱了坐在沙发上看电视或上床睡觉会更有利于健康么？

无论是清晨锻炼，还是晚上锻炼，运动都要适量。对于健康而言，从任何年龄开始运动都有效，有时间多锻炼，没时间少锻炼，只要动起来就好，哪怕只是一招一式地练上一会儿。运动需要因人而异、循序渐进，开始的时候活动不要太剧烈，以后逐步增加运动量。衡量运动是不是过量，除了可以用心率来反映外，最简便的办法就是若今天锻炼完了明天再也不想动了，这就是运动过量的表现。

总之，运动是好的，但要依据个人情况而定。有些医家所讲的白天人体阳气生发，清晨运动最好；晚上阳气内收，不宜锻炼的理论是否正确，读者应参考中医的子午流注自行判断。有关阳气什么时间生发、什么时间内收、什么时间做什么，子午流注已经写得很明白了，大家参照子午流注一看便知。

## 二、子午流注十二时辰养生法

古人提出"因天之序"，即应遵循春生、夏长、秋收、冬藏的四季变化来设计我们一天的起居生活，子午流注学便由此应运而生。子午流注是古人用十二地支把一日分为十二时辰，从半夜子时（23时）算起分别为子、丑、寅、卯、辰、巳、午、未、申、酉、戌、亥。这十二时辰的起居要符合一日四季变化的规律。中医学认为人的脏腑在十二时辰里的气血运行是环环相扣且连续有序的。古人用子午流注法来掌握人体一昼夜中的阴阳消长及盛衰，并将此理念用于养生、锻炼、用药及作息之道。

### 1. 日之春时的养生

寅时、卯时、辰时（3点至9点）为一天中的春天，主萌生。

（1）寅时养生

寅时（3点至5点）肺经当令，故此时肺经最旺。肺的功能是将贮藏的新鲜血液输送至百脉周身，故中医讲"肺朝百脉"。肝在丑时把推陈出新之后的新鲜血液提供给肺，通过肺送往全身。所以人在清晨时面色红润、精力充沛。寅时是人从静变为动的开始，是转化的过程，这就需要有一个深度的睡眠。人睡得最香的时候应该是3点到5点，人体气血由静转动的过程就是通过此时的深度睡眠来完成的。心脏功能不太好的老人不宜早锻炼，有心脏病的人一定要晚点起床，而且要慢慢地起，也不宜早上锻炼；晚上可以活跃一下。

寅时是大地由阴转阳之时，这时人们需要保持熟睡以适应自身阴阳的转变。寅时睡得好的人，第二天清晨肯定精力充沛。肺有病的人经常会在此时醒来，这是由于肺的输送功能不好造成的气血不足的表现。

（2）卯时养生

卯时（5点至7点）大肠经当令，故此时大肠经最旺，利于排泄。中医讲："肺与大肠相表里。"肺将充足的新鲜血液布满全身，紧接着促进大肠经进入兴奋状态，完成吸收食物中的水分与营养、排出渣滓的过程。《素问·灵兰秘典》说："大肠者，传导之官，变化出焉。"大肠主传化和疏导，有传化糟粕和主津的功能。卯时我们最应该做的就是排便。因此，大便不正常者可以在此时进行调理。这个时候，天基本上亮了，天门开了，五点醒是正常的，我们应该在此时正常地排便，把垃圾毒素排出来。这个时候代表地户开，也就是肛门要开，所以要养成早上排便的习惯。排便不畅时，应该憋一口气，而不是攥拳。

清晨起床的时间被人称为"魔鬼时间"，因为此时人体内的血糖、血压是一天中最高的，血液黏稠度也最高。如果是在冬天，清晨的温度低再加上述情况，若此时不能把握适合自身的运动方式，极易使身体不适或发生中风等心脑血管疾病。清晨锻炼要适度，以不做剧烈运动为宜。我认为清晨做抽筋、拔骨、窝腰、压腿等运动最合适。

（3）辰时养生

辰时（7点至9点）胃经当令，故此时胃经最旺。辰时气血流注于胃经，这有利于消化，所以人在7点吃早饭最容易消化。胃火过盛者，可以在7点清胃火；胃寒者可以在7点养胃健脾。辰时吃早饭，最容易补充营养。早饭吃多了是不会发胖的，因为有脾经和胃经在运化，所以早饭一定要吃多、吃好。

《素问·经脉别论》说："食气入胃，散精于肝，淫气于筋。食气入胃，浊气归心，淫精于脉，脉气归于肺，肺朝百脉，输精于皮毛……饮入于胃，游溢精气，上输于脾，脾气散精，上归于肺，通调水道，下输膀胱，水精四布，五经并行。"意思是，胃主降浊，食物入胃，经胃腐熟后，必须下行进入小肠，才能进

一步消化吸收；脾主升清，脾气上升，水谷精微等营养物质才能输送到全身，发挥其营养功能。

中医讲"人以脾胃气为本"，常以脾胃并称。《素问·灵兰秘典论》的"脾胃者，仓廪之官，五味出焉"，将脾胃的受纳运化功能比作仓廪，可以摄入食物，并输出精微营养物质以供全身之用。通降是胃的生理功能中的一个重要环节，中医称胃"以降为和"。如果胃失和降，饮食滞留于胃，就会出现胃脘胀痛、食欲不振等症；如果胃气上逆，则会出现恶心、呕吐、嗳气、呃逆等症。另外，胃气不降还会影响脾的升清作用。胃在完成受纳和腐熟水谷的工作之后，还要将初步消化的食物传递到小肠，在那里完成对食物的精华物质的吸收。所以胃还必须具备向下传递食物的功能即主通降。食物的精华被小肠吸收后，剩下的下移大肠。

胃在膈下，膈将胃分为上、中、下三部。胃的上部称上脘，包括贲门；中部称中脘，即胃体部位；下部称下脘，包括幽门。胃主受纳，腐熟水谷。胃在人体中的作用主要是容纳、消化食物，使之转化为人体可以吸收，利用的营养物质。因此中医讲"内伤脾胃，百病由生"。

《素问·五脏别论篇》指出："胃者，水谷之海。"它为人体提供能量来源，所以按时吃早餐可以增加人体的能量，以调节人体的胃肠功能。长期不吃早餐会使人精神不振、气色差。很多人将气色不好归咎于晚上睡眠差，其实它与长期不吃早餐也有一定的关系。

### 2. 日之夏时的养生

巳时、午时、未时（9点至15点）为一天中的夏天，主滋长。

（1）巳时养生

巳时（9点至11点）脾经当令，故此时脾经最旺，利于吸收营养、生血。中医讲："脾主运化，脾统血。"脾是消化、吸收、排泄的总调度，又是人体血液的统领。"脾开窍于口，其华在唇。"脾的功能好，消化吸收好，血的质量就好，表现为嘴唇是红润的，否则唇白，或唇暗、唇紫。脾虚者9点健脾；湿盛者9点利湿。脾是主运化的，早上吃的饭在这个时候开始运化。我们的胃就像一口锅，吃了饭怎么消化？那就靠火，把胃里的东西一点点消化掉。而脾就像一个烧火的丫头，在旁边加点柴、扇点风什么的。如果脾病了，五脏六腑就不舒服，得所谓的富贵病，比如糖尿病什么的。人体出现的消瘦、流口水、湿肿等问题，都属于脾病。

我们应少食用燥热及辛辣刺激性的食物，以免伤胃败脾。脾胃为后天之本、气血生化之源。人出生后，所有的生命活动都有赖于脾胃摄入的营养物质。先天不足的人，可以通过后天调养补足，同样可以健康长寿；先天非常好的人，如果长期不重视后天脾胃的调养，则会多病减寿。当脾的运化水谷精微功能旺盛，机体的消化吸收功能才能健全，才能为化生精、气、血、津液提供足够原料，使脏腑、经络、四肢百骸，以及筋、肉、皮、毛等组织得到充分的营养。反之，若脾的运化水谷精微功能减退，机体的消化吸收机能就会失常。

在五行中，脾属土，土位居中央，四方兼顾，土能生养万物。脾与胃，一阴一阳，互为表里，脾与胃共同参与饮食的消化和吸收。食物进入胃以后，由胃进行磨化腐熟，初步消化食物，将其变成食糜，然后由脾进行消化、吸收，化生为精微营养物质。脾为阴土，喜燥恶湿；胃为阳土，喜润恶燥。脾的运化有赖于胃阳的动力，胃的受纳有赖于脾阴的资助，当不燥不湿，不冷不热，两者相辅相成时，才能完成纳运过程。人的脾恶湿但多湿证，人的胃恶燥但多燥证，这是不良饮食习惯所造成的。脾胃居中土，与其他脏腑关系密切，所以《填斋遗书》有言："脾胃一伤，四脏皆知。"脾胃健运，脏腑才能和顺协调，元气才能充沛。所以，在调理机体时尤其要注意调理脾胃的气机。

《灵枢·五阅五使》说："口唇者，脾之官也。"《素问·金匮真言论》指出：脾主肌肉，开窍于口，在液为涎。气对液有收摄作用，脾气虚，不摄液则流涎，脾虚之人肌肉弹力不足，容易松弛，因此睡后会张口，形成口水外流，这就是脾气虚的表现。脾"开窍于口"，说明饮食口味及食欲的正常与否与脾的运化功能有密切关系。若脾经通畅，则饮食有味，食谷感觉香甜；反之，则食欲减退或口味异常，如口淡无味、口腻不思食等症候。

（2）午时养生

午时（11点至13点）心经当令，故此时心经最旺，利于血液循环与消化。中医讲："心主神明，开窍于舌，其华在面。"心推动血液运行，养神、养气、养筋。人在午时睡片刻，对于养心大有好处，可使下午乃至晚上精力充沛。心率

过缓者 11 点补心阳；心率过速者 11 点滋心阴。子时和午时均是天地气机的转换点，人更应注重这种转换。对于人来说，睡子午觉是最为重要的，睡不着觉闭一会儿眼睛都有好处。因为天地之气在这个时间段转换，此时我们别搅动它，因为你没那么大的能量去干扰天地之气。这个时候一定要睡一会儿，对身体有好处。

再者，子午时刻是人体气血阴阳交替转换的临界点。阳气从半夜子时生，午时阳气最旺盛，午时过后阴气渐盛，到子时阴气最为旺盛。午时少息养阳，又称"合阳"；子时少息养阴，又称"合阴"。因此，要想照顾好心经，午时宜静不宜动，以使心火下降。此时修炼八段锦效果更佳，若再配以导引、吐纳等方法，能使气机通畅、血脉调和。

古人提倡睡子午觉，但千万不要反其道而行之。比如，子时熬夜、午时睡大觉，这样违反自然规律，对身体无益。应该子时大睡、午时小歇，这样对身体才有益处。午觉前可以吃一些养心阴的东西，帮助精神内守，如冰糖莲子羹、小米红枣粥、藕粉，或桂圆肉、百合，或一杯牛奶、一块茯苓饼等。因为人入睡后五脏仍在辛苦地工作，在五脏中心最辛苦，所以适当地补益心阴，将有助于健康。

中医称心主血脉、神志，心藏神。若心主神志的生理功能正常，则神志清明、思维敏捷、精力充沛；若心主神志的功能失调，就会出现失眠、多梦、神志不宁或者反应迟钝、健忘、精神不振甚至昏迷等症状。中医所说的心与西医所说的心脏略有不同。中医所说的心包括心脏和精神、脑力以及与心相关的其他脏腑组织。《素问·灵兰秘典论》说："心者，君主之官，神明出焉。"中医认为，心是五脏之首，是人体的君主。心主血脉，它能够配合其他脏腑的功能活动，推动血液输送全身；心藏神，统管全身的精神、意识活动。心脏的正常搏动主要依赖于人的心气，心气旺盛才能使血液在脉内正常运行，不出差错；如果心气不足，就会使心脏发生心律失常、不齐、心绞痛、心肌梗等症。心脏通过自身的搏动闭合将血液源源不断地输送到全身各处，为全身器官提供活动时急需的养分，并带走其活动所产生的代谢物质。也就是说，心的功能旺盛则全身组织器官得到的营养就充足；反之，全身组织器官就会因营养不足导致功能减退，甚至衰竭。

心的病变通常主要反映在血脉失调和神志异常等方面。血脉失调是心气虚致使血行无力，如出现心悸、气短、脉弱无力等症，则宜用补益心气法。若气虚又见寒象，如肢冷、自汗、四肢厥冷、唇甲表紫、大汗淋漓、脉象散乱，则为心阳欲脱之症候，宜用急救回阳法。若见心悸、失眠、多梦、面色不华、脉细，则为心血不足，宜补养心血。若血虚又见虚热现象，则属阴虚。若心胸憋闷、心前区疼痛（有时牵引肩背）、舌质暗红或有瘀斑、脉涩，甚至可见面表和唇甲表紫，为心血瘀阻，当活血祛瘀。心包为心之外卫，故温热病邪内陷，多为心包所受，从而出现神昏、谵妄等病候。虚证多起于内伤，表现为心气、心血之亏虚和心神暗耗；实症多由痰、火、瘀血内阻所致。

若心血不足，就会出现"脏燥"病，以悲伤欲哭、躁扰不宁为主要症状，需用养心润燥法给予治疗。若以失眠为主，兼见心烦、盗汗、舌红、脉细等症状，则为心火偏亢，属阴血不足，需用清热养血安神法给予治疗。若热邪内陷心包，扰乱心神，出现高热烦躁、神昏谵语、舌红绛、脉数等症状，可用清热解毒、开窍醒神的方法治疗。若痰火扰心，出现失眠烦躁，甚至言语错乱、嬉笑不休、打人毁物、弃衣而走，即癫狂病，则用降火逐痰法治疗才能见效。

其他病症，比如汗多，由于汗为心之液，所以很多汗症可以从心论治。若劳心过度，心血耗伤，导致血不养心，或久病血虚所导致的心悸少眠、盗汗、舌淡、脉细，应当以补血养心、安神敛汗为主；若心阳不足、四肢寒冷、神疲自汗等，应以益气温阳，佐以固涩为主。心脏对应手少阴心经，属里；腹内有小肠，为腑，对应手太阳小肠经，属表。二者通过经脉的络属构成表里关系。心脉属心，下络小肠，小肠之脉上络于心。二者经脉相连，故气血相通。两者相互协调，心之气通于小肠，小肠之气也上通于心。人一旦心火过旺，火邪随经脉上延至舌，除了会出现口烂、舌疮外，还会有小便短赤、灼热疼痛等小肠热症症候，这叫做"心移热于小肠"。如果小肠实热，也会顺经上行于心，出现心烦口苦、舌尖溃疡等症状。因此，当出现上述情况时，在治疗上既要清泻心火，又要清利小肠之热，相互兼顾，才能有成效。

以饮酒为例，在中午饭后适量饮酒有益于健康。《老老恒言》认为："酒固老年所宜……午后饮之，借以宣导血脉，古人饮酒，每在食后。"《本草纲目》亦指出："人知戒早饮，而不知夜饮更甚。既醉且饱，睡而就枕，热壅伤心伤目。夜气收敛，酒以发之，乱其清明，劳其脾胃，停湿生疮，动火助欲，因而致病者多

矣。"此话是说，到了晚上，夜气收敛，一方面所饮之酒不能发散，热壅于里，有伤心、伤目的害处；另一方面，酒本是发散走窜之物，会扰乱夜间人气的收敛和平静，导致人体生病。故早、晚饮酒对身体是不利的，不过，若在午饭后饮一小杯温过的，用古法酿制的，五十度以上的白酒，量在五钱左右，对人体是有益的，因为它能起到活血行气等众多作用。

（3）未时养生

未时（13点至15点）小肠经当令，故此时小肠经最旺，利于吸收营养。中医讲"小肠分清浊"，能把水液归于膀胱，糟粕送入大肠，精华输送进脾。小肠经在未时对人一天的营养进行调整。饭后两肋胀痛者在此时吃些降肝火、疏肝理气的药吸收效果会好些；小肠是主吸收的，它的功能是吸收被脾、胃腐熟后的食物精华，然后把它分配给各个脏器，同样也把调理肝的药物带给肝。午饭要吃好，营养价值要丰富一些。

未时是保养小肠经的最佳时段。午餐最好在13点之前吃完，这样才能在小肠精力最旺盛的时候促进营养物质吸入人体。《素问·灵兰秘典论》说："小肠者，受盛之官，化物出焉。"这告诉人们小肠是用于受盛化物和泌别清浊的。小肠是食物消化和吸收的主要场所。小肠接受了胃传递过来的食物，然后将食物进一步消化成为人体可以吸收和利用的物质，并将其中的精华物质吸收，提供给人体使用，最后再将剩下的糟粕物质传递给大肠。如果小肠的受盛功能失调，传化停止，则气机失于通调，滞而为痛，这时腹部疼痛等病症就会出现；如果小肠的化物功能失常，就会出现消化、吸收障碍，其典型表现为腹胀、腹泻、便溏等症。

通过了解心脏和小肠的表里关系，我们还可以预测心脏功能。心脏功能不良时会出现心脏不适的症状。还有，如果心出了问题，就会从面部色泽上表现出来。古人认为"有诸内，必形诸外"，即内脏精气的盛衰及其功能的强弱，往往会显露在相应的体表组织器官上。由于小肠经循于面部，故心脏出问题会通过小肠经表现在面上。

道家讲善能生阳，这善字的一阳生起，就会带动体内真阳的升腾，便会热了人的心肠。如果我们在别人需要帮助的时候伸出手来帮别人一把，便能提升小肠的传化能力。行善的人心情是好的，心情好时能让小肠的运化能力提高，这是一种行善与身心健康的良性循环。

### 3. 日之秋时养生

申时、酉时、戌时（15点至21点）为一天中的秋天，主收获。

#### （1）申时养生

申时（15点至17点）膀胱经当令，故此时膀胱经最旺，有利于泻掉小肠下注的水液及周身的"火气"。水液排出体外，津液循环在体内，此时新陈代谢最旺。若膀胱有热，可致膀胱咳，即咳而遗尿。申时人的体温较高，尤其是阴虚的人，在这个时间滋肾阴可调此症。膀胱经从足后跟沿着后小腿、后脊柱正中间的两旁，一直上行到脑部，是一条大的经脉。比如小腿疼、后脑疼那就是膀胱经出问题的表现。而且记忆力衰退也是和膀胱经有关联的，主要是阳气上不来，上面的气血不够所致。如果这个时候特别容易犯困，就是阳虚的毛病。

此时宜适时饮水。一定不要憋尿，因为膀胱的功能是储藏和排泄尿液，一旦膀胱发生病变，就会出现尿频、尿急、遗尿、尿失禁等现象。《素问·脉要精微论》说："水泉不止者，是膀胱不藏也。"尿失禁是因为膀胱不能储藏津液。如果膀胱的排尿功能失调，就会出现小便不利、淋漓不尽，甚至小便癃闭不通等问题。

膀胱是一个储藏尿液的容器，除非经常性憋尿，或受寒邪的侵扰，否则本身不容易致病。《素问·咳论》："肾咳之状，咳则腰背相引而痛，甚则咳涎……肾咳不已，则膀胱受之，膀胱咳状，咳而遗尿。"中医认为膀胱与肾相表里，主一身水气之通调，水分不足或过剩都会致病，又因"肾主骨，肝主筋，肾水滋养肝木"，水亏则筋病。我们平时看到的那些筋骨经常酸痛、坐骨神经及头颈腰背疼痛，特别是到了冬季容易感冒伤风的人，都与膀胱经不好有关。若平时用灸对膀胱经理疗一下，对健康是大有好处的。

为什么说下午4点是运动的最佳时间呢？每天下午4点，是人体新陈代谢率最高的时候，肺部呼吸运动最活跃，人体运动能力也达到最高峰，此时锻炼身体不易受伤，而且此时阳光充足、温度适宜、风力较小，可谓是锻炼的最佳时间段。细心的人会发现，很多运动员破纪录的时间多在下午这段时间，道理不言而

喻。运动必然出汗，通过运动出汗可放松肌肉，这样不仅可以疏通全身经络，也可以改善人的心情，还可以使皮肤更健康、晚上睡眠更深。此时打拳练功踢腿最为适宜。

（2）酉时养生

酉时（17点至19点）肾经当令，故此时肾经最旺，有利于贮藏一日的脏腑精华。中医讲："肾藏生殖之精和五脏六腑之精。肾为先天之根。"人体经过申时的泻火排毒，肾在酉时进入贮藏精华的时辰。肾阳虚者在酉时补肾阳最为有效。肾主藏精。肾藏的是人的生殖之精。生殖之精就像家里的钱，什么都可以买，什么都可以变现。人体细胞组织哪里出现问题，精就会变成它或帮助它。生殖之精是人体中最具有创造力的一个原始力量。当你需要什么的时候，把精调出来就可以得到这个东西。比如你缺红细胞，精就会变现出红细胞。从另外一个角度讲，元气藏于肾，元气是我们天生带来的，也就是所谓的"人活一口气"。所以人到一定年龄阶段都讲究补肾，而身体自有一套系统，经脉要是不通畅的话，吃多少补品都没用，补不进去，一定要看自己的消化吸收能力。肾精足的一个表现就是志向。所以人要做大事，首先就是要保住自己的肾精。

肾经是人体协调阴阳能量的经脉，也是维持体内水液平衡的主要经络，由于酉时是工作完毕需要稍事休息之时，因此不宜过劳。中医所说的肾不是西医所说的肾脏，前者涵盖肾脏、输尿管等泌尿系统和生殖系统，是人体生命的根本，关系到其他脏腑，所以非常重要。肾经主生长、发育、生育，为全身阴阳之根本。此外，肾主水液，主纳气。如果一个人肾气亏损，就会表现为腰膝酸软、易生疾病、易衰老。《素问·六节藏象论》说："肾者，主蛰，封藏之本，精之处也。"肾所藏之精有先天之精和后天之精。先天之精来自父母，是与生俱来的；后天之精，来源于水谷精微，由脾胃化生，转输五脏六腑，成为脏腑之精。先天之精有赖于后天之精的滋养。

肾所藏之精可化生为肾气，肾气属于元气的一种，它的充盈与否与人体的生、长、壮、老、死的生命旅程密切相关。平时我们所说的肝气、脾气、心气都属于元气。元气又称真气，是人体中最根本的气。元气充沛的人，脏腑组织功能旺盛，身体则强壮少病；反之，如元气衰败，人就会生病、衰老甚至死亡。元气包括元阴和元阳。元阴与元阳之间的相互作用使得人体生长发育、繁衍生息，因此，这两种物质是密不可分的。由于肾所藏的元阴与元阳是生命的原物质，是一切生命活动的源泉所在，所以我们把肾称为"先天之本"。

肾的精、气、阴、阳虚衰不足，是为肾虚。肾虚可分四种：肾气虚、肾阳虚、肾阴虚和肾精不足。肾气虚多表现在功能上，可细分为肾气不固和肾不纳气。如果腰膝酸软、听力减弱或遗尿失禁，或滑精早泄，女性怀胎易滑等，则属于肾气不固；如果腰膝酸软，症见咳喘呼多吸少，气不得续，动则喘息益甚，自汗神疲，声音低怯，舌淡苔白，脉沉弱，则为肾不纳气。肾气虚较甚、全身机能低下且伴有寒象者，则属于肾阳虚，表现为比如腰膝酸软疼痛，畏寒肢冷且下肢为甚，头晕目眩，精神疲惫，面色苍白或黧黑，舌淡胖苔白，脉沉弱。或见男子阳痿，女子宫寒不孕；大便久泄不止，完谷不化，五更泄泻；水肿，腰以下较茂，按之凹陷不起，甚则腹部胀满，全身肿胀，心悸咳喘等。肾精不足者，小儿则常见发育迟缓，成人则见男子精少不育，女子闭经不孕，性机能减退，早衰，发脱齿摇，耳鸣耳聋，健忘恍惚，动作迟缓，足痿无力等。肾阴虚的症状为腰膝酸软，眩晕耳鸣，男子阳强易举，遗精，妇女经少经闭，或见崩漏，形体消瘦（瘦人多阴虚，胖人多阳虚），潮热盗汗，五心烦热，咽干颧红，溲黄便干，舌红少津脉细数等等。

《素问·阴阳应象大论》又说："肾主骨髓。"肾藏精，精生髓。髓分为骨髓、脊髓、脑髓，这些都是由肾精化生出来的。肾精的盛衰，不仅影响骨髓的发育，而且影响脊髓及脑髓的充盈。脊髓上通于脑，脑由髓聚而成。《素问·五脏生成论》讲："诸髓者皆属于脑。"视、听、嗅、触觉及思维记忆等功能都源于脑，而且这些功能只有在脑髓充实的情况下才能发挥作用，而髓海的充实又依赖于肾气的温煦、充养。如果脊髓不足、髓海空虚、脑失所养，就会出现脑转耳鸣、颈酸感冒、目无所见、懈怠安卧等症。《医方集解》说："肾精不足，则志气衰，不能上通于心，故迷惑善忘也。"可见肾精亏虚是导致老年痴呆的根本原因之一。

古代养生家很注重以"吞唾"来养肾精，他们把舌下分泌的唾液称为"金津玉液"，吞咽之并用意念将其送入小腹，古人称此法为"玉液还丹"。老年人平时多吞唾有助于固肾养精，还可以预防老年痴呆等症。

（3）戌时养生

戌时（19点至21点）心包经当令，故此时心包经最旺，有利于清理心脏周围的病邪，利睡眠。中医讲："心包为心之外膜，附有脉络，气血通行之道。邪不能容，容之心伤。"心包是心的保护组织，又是气血通道。心包戌时兴旺可清除心脏周围的外邪，使心脏处于完好状态。心发冷者戌时补肾阳；心闷热者戌时滋心阴。心包经主喜乐，戌时阴气盛，阳气弱，喜乐出焉，人应在这时放松娱乐，比如弹弹古琴，研究一下搏击之法等，心是不受邪的，那么谁来受邪呢？心包来受邪，因为心包是心脏的外膜组织，主要是保护心肌正常工作的。很多人出现的心脏毛病都可以归结为心包经的病，比如心脏跳得特别厉害，那就是心包受邪了。

心脏病最先表现在心包经上。心包经之病叫"心中澹澹大动"，患者感觉惊慌。心脏不好的人，最好在戌时循按心包经，此刻还要给自己创造安然入睡的条件，不要进行剧烈运动，否则容易失眠。晚餐不要过于肥腻，否则易生亢热而致胸中烦闷、恶心、心慌等症。

《素问·灵兰秘典论》说："膻中者，臣使之官，喜乐出焉。"膻中又称心包募穴，在两乳之间，为八会穴之气会聚之所，是穴位；心包是解剖学的概念，它是心脏的外膜，可见两者有着必然的联系。中医认为心包保护着心脏，好像君主的"内臣"，心脏产生的喜乐情绪都是从这里发出来的。心包能代心行事，又代心受邪。有时心包受到寒邪、湿邪等的干扰，但并不会马上就表现出症状。比如，风湿热侵入心包常会蛰伏10年后，才会发展为风湿性心脏病；寒凉侵入心包，则会阻塞血路，成为心绞痛；水湿之邪侵入心包，则会成为心包积水。

4. 日之冬时养生

亥时、子时、丑时（21点至3点）为一天中的冬天，主储藏。

（1）亥时养生

亥时（21点至23点）三焦经当令，故此时三焦经最旺，三焦通百脉，应睡眠，能使百脉休养生息。三焦指连缀五脏六腑的那个网膜状的区域，是六腑中最大的腑，有主持诸气、疏通水道的作用。人如果在亥时睡眠，百脉可休养生息，对身体十分有益，可惜现代人能做到的很少。人体的三焦一定要通畅，不通则生病。所以在亥时我们就要休息，让身体和灵魂都沉浸在温暖的黑暗中，让生命和身体在休息中得以轮回。

古人又称此时为"人定"，寓意为夜已很深，人们应停止活动，安歇睡眠。《类经》中说："三焦者确有一腑，盖脏腑之外，躯壳之内，包罗脏腑，一腔之大腑也。"三焦可通元气。元气通过三焦而输布全身的五脏六腑，充沛于全身，以激发、推动各个脏腑组织的功能活动，所以说三焦是元气通行的通道。

三焦为元气、水谷、水液运行之所。三焦分为上焦、中焦、下焦。上焦位于横膈以上，包括心、肺、胸、头面部及上肢。《灵枢·营卫生会》说"上焦如雾"，也就是说像雾露弥漫的样子灌溉并温养全身的脏腑器官。此外，上焦还受纳水谷精微，故称"上焦主纳"。

中焦是指膈以下脐以上的部位，包括脾、胃、肝、胆等脏腑。《灵枢·营卫生会》认为"中焦如沤"，形容中焦脾胃腐熟、运化水谷，需要像沤田一样才能进而化生气血。因中焦、脾的胃能化生水谷精微与气血，所以又称"中焦主化"。

下焦是指胃以下部位，包括大肠、小肠、肾、膀胱和下肢等。《灵枢·营卫生会》认为"下焦如渎"，其中渎指水沟、小渠，这是形容下焦的肾与膀胱排泄水液犹如沟渠，使水浊不断外流的状态。

三焦经多气少血，气乱就会生病，如耳聋、耳鸣、喉干痛。精神病或练气功走火入魔者均需要调理此经。三焦经通畅即水火交融、阴阳调和。平时照顾好三焦是对健康的最大保证。

从亥时之初开始到寅时之初，是人体细胞休养生息及推陈出新的时间。亥时气血流至三焦经，而三焦经掌管人体诸气，是人体血气运行的主要通道，此时容易水肿的人尤不宜多喝水。

（2）子时养生

子时（23点至1点）胆经当令，故此时胆经最旺，乃胆汁推陈出新之时。胆汁需要新陈代谢，人在子时入眠，胆方能完成代谢。中医讲："胆有多清，脑有多清。"凡在子时前入睡者，晨醒后头脑清新、气色红润；反之，长期子时不入睡者面色青白，易生肝炎、胆囊炎、结石一类的病症，其中一部分人还会因此"胆怯"，所以这个时辰养肝血（阴）也最好。子时是一天中最黑暗的时候，阳气开始生发。《黄帝内经》里有一句话叫做"凡十一藏皆取于胆"。取决于胆的生

发,胆气生发起来,全身气血才能随之而起。子时睡眠好了,对一天至关重要。子时是阴阳交汇之时,也是万籁俱静之时,这个时候最好是睡觉。睡的时候宜屈膝卧,变换姿势,环境宜静,全神凝聚,不悲不喜,不念不妄,也就是说要全力的睡觉,不要想其他事情。因为阴阳交感之时是元气始生之时,如果这个时候还在用思不宁、劳作不息,就会干扰阴阳交合,使元气的生发受到干扰。

古人讲:"凡五脏六腑皆以气机通顺为要,肝胆气机通顺自可对五脏六腑之气机给予有力的支持,五脏六腑功能自可正常运行。"所以顺应胆经的主令会使人体的气机顺达,五脏六腑都会受益。胆又是决断之官。为了生存,我们每天都会有很多的"谋虑",为工作而谋、为前途而谋、为人际关系而谋、为生意而虑、为孩子而虑、为健康而虑、为情感的纠葛而虑。如果我们谋虑的事情能够被"决断",并得以顺利执行,也就是心想事成,那自然会气血通畅、肝胆条达了。但是,现实生活中的诸般事情难尽如人意,多是壮志难酬、事与愿违的,所以,我们会有很多谋虑积压在肝而没有让胆去决断执行,肝胆的通道被阻塞,进而肝胆的消化功能、供血功能、解毒功能都受到严重影响,人体就会百病丛生。所以心中常记子时胆经当令应该注意什么,自会身体康健。

《灵枢·营卫生会》指出:"夜半为阴陇,夜半后而为阴衰。"夜半即子时,阴陇是指阴气极盛。子时阴气最盛,过子时阴气转衰,阳气开始发出。此时为阴阳大会、水火交泰之际,古人称为"合阴",合阴乃"日入阳尽,而阴受气,夜半而大会,万发皆卧,命曰合阴"。阳主动,阴主静,此时才是最需要安静的时候。因此,古人认为子时睡眠效果最好。不过对于修炼之人来说是最好的时机,如在此时打坐练功行周天功法,能起到事半功倍的效果。

人的睡觉方向和练坐功,应该随春、夏、秋、冬四季交替而改变。《备急千金要方》指出:"凡人卧,春夏向东,秋冬向西。"这是依据《黄帝内经》中"春夏养阳,秋冬养阴"的理论而提出的:春夏属阳,阳气上升旺盛,而东方属阳主升,头向东以应升之气而养阳;秋冬二季属阴,阳气收敛潜藏,而西方属阴主降,头向西以应潜藏之气而养阴。

在子时,我们的养生应该按照天时的阴阳消长变化及气的升降变化规律进行,比如,午后是气升的时候,高血压的人就不要生气、酗酒,以防气血大升而得中风；子时是气降的时候，气虚的人最好防止出现脱症，尤其是心气虚的人最应注意，可以在晚上十点左右喝碗人参汤以防万一。

《黄帝内经》说："凡十一脏皆取于胆。"也就是说其他十一脏的功能的发挥都取决于胆的少阳之气，这恰恰说明胆经的重要。如果胆经出现问题，则会出现口苦、时常叹气、胁部作痛以致身体不能转动等症状；病情严重时，会出现面部像有灰尘一样毫无光泽、全身皮肤干燥而失去润泽，以及足外侧感觉发热等症状。

（3）丑时养生

丑时（1点至3点）肝经当令，故此时肝经最旺，乃肝血推陈出新之时。中医讲："肝藏血。"人的思维和行动要靠肝血的支持，废旧的血液需要淘汰，新鲜血液需要产生，这种代谢通常在肝经最旺的丑时完成。如果丑时不入睡，肝还在输出能量支持人的思维和行动，就无法完成新陈代谢。所以丑时未入睡者，面色青灰、情志倦怠而躁、易生肝病。这个时候一定要有好的睡眠，否则你的肝就养不起来。

《素问·五脏生成论》指出："故人卧血归于肝。肝受血而能视，足受血而能步，掌受血而能握，指受血而能摄。"意思是说，人躺下休息时血归于肝脏，眼睛得到血的滋养就能看到东西，脚得到血的滋养就能行走，手掌得到血的滋养就能握物，手指得到血的滋养就能抓取。丑时保持熟睡是对肝最好的关怀。肝五行属木，要及时梳理性情，以维持肝正常的疏泄功能，否则就会导致气血运行失常、脏腑和筋脉失养，就会产生疲劳感。同时，如果肝失疏泄、肝气郁结，肝气就会乘脾犯胃，重者还会产生各种疾病。

肝具有维持全身气机疏通畅达之功，故肝主疏泄，疏就是疏通，泄就是发泄，能够起到通而不滞、散而不淤的作用。"人动血运于诸经，人静血归于肝。"当人休息或情绪稳定时，机体的需血量会减少，大量血液便储藏于肝中；当劳动或情绪激动时，机体的需血量就会增加，肝便排出其储藏的血液，供应机体活动的需要。如果丑时还不休息，血液便会继续不停地"运于诸经"，无法归于肝，起不到养肝的效果。所以丑时一定要睡眠，而且必须在这段时间内睡着。

女性特殊的生理活动与肝脏的关系最为密切，故有女子以肝为先天之说。冲

脉为血海，任脉主胞胎，冲任二脉与足厥阴肝经相通。女性以血为本，其行血耗血、妊娠血聚养胎、分娩下血，无不涉及血。冲脉隶属于肝，为血海，主月经；任脉主胞胎，孕育胎儿。如果肝的疏泄功能正常，肝经之气调畅，则任脉通利，太冲脉盛，月经就会准时到来，带下也会分泌正常，妊娠和分娩也会顺利；如果肝失疏泄，则可致冲任二脉失调，导致气血不和，引发妇科类疾病。

人以血为体，以气为用。如果营血亏乏，则储藏于肝的血量不足，分布到全身的血液便不能满足生理活动的需要，则人常会感到乏力，也不耐劳累。

肝阴虚是血虚加虚热象，主要表现为眩晕耳鸣，目涩干痛，胁肋疼痛，面部烘热，五心烦热，潮热盗汗，口干舌燥，或手足蠕动，舌红少苔，脉细数而弦。上述证候多因情志不畅，肝气郁结，气郁化火，或肝病、温热病后期耗伤阴液，濡养功能不足所致，应该以滋阴养肝为主。

《黄帝内经》称"肝者，将军之官，谋虑出焉"。作为将军之官，肝脏是专门为身体打仗的，任何不属于人体内的外来毒素，肝脏马上会去对付它，因此肝当然容易受到伤害。《灵枢·脉度》说："肝气通于目，肝和则目能辨五色矣。"肝的精血充足，肝气调和，眼睛才能发挥视物辨色的功能。所以耗伤肝血也会影响人的视力，因为"肝开窍于目"、"目得血而能视"。

以上是古人的养生经验，是古人留给我们的宝贵财富。现代人为什么亚健康这么多，是与人们不懂得四时养生之法和一天如何健康地安排好自己的起居有关。亚健康的人之所以还能像正常人一样生活、工作，只是有劳累感，原因是人体有着惊人的适应力和代偿能力，从而能长期处于病态平衡的状态，这样就掩盖了一些疾病，可一旦发病，往往为时已晚。

人虽是万物之灵，但在广阔无际的宇宙中，人不过是一个小小的个体，时时刻刻受到大宇宙的影响。宇宙通过运动产生阴阳变化，然后形成四季变化，从而影响万物、影响生命，人也不例外。所以养生的原则是，顺应天时气候的变化来调整我们自身的阴阳，使我们的生命活动顺应四季阴阳变化，而不是违背天时、阴阳。

综上可知人在一天之中体内的阳气变化是不同的，所以在选择练拳的时间上应有讲究，读者要依据自身的状态来选择练拳的时间，以四季练功法来调整自身的阴阳。比如春季（寅时到辰时）练功，应畅其"生发"之机，以调养肝气为主，此季应多进行抻筋拔骨及十三太保功的练习。夏季（巳时到未时）练功应以调养心神为主，应多练习八段锦等功法，以此来宁心安神，顺其"长养"之势。秋季（申时到戌时）练功应该顺应"收敛、肃降"之气，应以练小架梅花桩拳及各种打法、各种器械等为主，可助"精、气、神"圆全，以此来清肺益气，可得秋季之时令。冬季（亥时到丑时）应合于"闭藏"之气，故应行周天功法，以此来增肾固本，易达"归根复命，返本还元"之境。

## 三、练梅拳五忌

习练武术如不明白医家的养生之法，不但得不了功，而且往往还会练出一身病来，所以懂得医家的养生之道是非常重要的。那习练梅拳者应注意什么呢？我总结如下五忌，请习练梅拳者注意。

第一忌：练拳后切忌受凉、受风。梅拳前辈说："热成功，凉看病"。在练拳之后全身出汗、发热为正常现象，此时切忌受凉、受风。因练功时或在练功后身体的毛孔是打开的，就像房屋门窗洞开一样，若热身突然受凉、受风，身体必然生病。习练梅拳者在练功出汗后，不可洗凉水澡及吹风，应该用干毛巾擦汗。汗出后要保汗，不但不要脱衣服，反要穿上衣服，待全身汗自干后，再用热毛巾擦洗身体。

我祖父曾对我讲过练功时或练功后一定要避风，"避风如同避剑"，此时如不注意风邪的侵扰会很容易损伤自身，故需特别提防才行。练铁砂掌等硬功之人，停功后一小时内不可遇凉水、摸凉处（手掌不可碰冷水、石头、铁管等一切凉物），否则功夫退尽而成疾病，严重者还会有截肢之虞。习练硬功者必须忌凉而知保暖，平时练完功后还需用特制药水浸泡祛除热毒才行。

第二忌：练功出汗后不可大量饮水。正确的方法应是在练功前先饮一杯温开水，练完拳出汗后要等汗干后再饮一杯或二杯，最好鼓漱口中津液小口慢饮为宜，这样有利于对水的吸收。练完功后切记不要马上喝大量凉水，因为人在剧烈运动后身体各个器官不会随运动的结束而结束，它们还在激烈工作着，这时大量喝凉水会很容易伤害到它们，严重者还会有炸肺的现象发生。

第三忌：大雾天不应练功，且尽量不要出屋子，因为雾毒浊气重，对人体有极大伤害。在这样的天气，应知解雾防毒之法，否则身体会越练越坏。

第四忌：练功不要太过。练功之后，身体若出现疲累现象，用打拍身体穴位的方法可以解除。一是拍打双肩井穴。右手掌拍打左肩井穴，左手掌拍打右肩井穴，双手交叉同时进行，各三十六下。二是用手按摩涌泉穴。涌泉穴位于足底，在足掌的前三分之一处，屈趾时的凹陷处便是，为全身腧穴的最下部，乃肾经的首穴。中医认为，肾是主管生长发育和生殖的重要脏器，肾精充足就能发育正常，耳聪目明、头脑清醒、思维敏捷、头发乌亮、性功能强盛；反之，若肾虚精少，则记忆减退、腰膝酸软、行走艰难、性功能低下、未老先衰。因此，经常按摩此穴，有增精益髓、补肾壮阳、强筋壮骨之功，并能辅助治疗多种疾病，如头痛、休克、中暑、偏瘫、耳鸣、肾炎、阳痿、遗精及各类妇科病和生殖类病。三是砍打足三里穴。双掌以掌根部同时砍打双腿足三里穴三十六下。以上三法可使全身轻松，解除全身疲累。不过，练功要有度，最好不要出现过度疲累的现象，这也是一忌。

第五忌：房事不要太过。习练梅拳要以保肾壮阳为主。壮阳保肾的方法有很多种，现讲两种方法。一是洗足法：每天练功后或睡前，用热姜水洗脚，泡足十分钟左右，然后用右手揉左足涌泉穴处三十六次，再用左手揉右足涌泉穴处三十六次，久之即可健肾；二是双掌摩擦后背的"后精门"处，摩擦时要屏住呼吸，以感觉"后精门"处发热发烫为止，然后将两掌捂住"后精门"，用意念守住后精门约几分钟即可；如此反复练习几次。如能天天坚持以上方法，可治愈肾虚病，而且还有壮阳奇效。

习武者在午饭后要饮三小杯好白酒，每杯五钱左右，可行阳气于全身。一小杯酒亦可，然三杯最好，多喝则有害。中医认为"酒具有通血脉，散湿气"；"行药势，杀百邪，恶毒气"；"除风下气"；"开胃下食"；"温肠胃，御风寒"；"止腰膝疼痛"等作用，故有百药之长一说。所以适量饮酒对身体是有益处的，不过必须是古法酿制的好酒才行。

# 第十四章

# 古人的天人合一观和小架梅花桩拳拳理

梅拳所说的"气"在"天人合一"的哲学思想中既是一个哲学概念，又是构成宇宙、万物生化的基本物质与形态的概念。"气"作为一种精微物质是看不见却又客观存在的，为万物之根本。《黄帝内经·素问》云："气始而生化，气散而有形，气布而蓄育，气终而象变。"《易经》也有"精气为物，游魂为变"之说。朱熹在《朱子语类》卷三说："屈伸往来者，气也。天地间无非气。人之气与天地之气常相接，无间断，人自不见。"黄宗羲在《宋元学案·濂溪学案》中也说过："通天地，亘古今，无非一气而已。气本一也，而有往来、阖辟、升降之殊。"人是由真气所化生的，乃是天地万物的一分子，当然是和天地万物融为一体的。因此，我们平日练习梅拳时，一定要遵循道家的哲理以引导自身精神的升华，通过自身的力量与外界相联系。这种练习是有方法的，必须遵循先练就身体的内外合整，然后再逐步达到天人合一的境界。只有这样，才有好的效果。

祖父给我讲过一个故事。一位武林前辈功夫很深、声名远扬。一日，他家中盖房子要上房梁。这时有一位好事之人一个劲地用话刺激老前辈，让老前辈自己一个人把房梁抬上去。那巨大的房梁四五个普通人抬着都困难，何谈老前辈独自上梁了？老前辈被激得答应了下来，不过他有一个条件，叫那好事之人多叫一些人来围看。不多时消息传开，全村轰动，村里人把小院围了个水泄不通。这时老前辈来了精神，甩掉上衣，稳步走到大房梁的旁边。他不慌不忙地弯下腰，用双手托住房梁，先是"哼"的一声把房梁移动，然后随着"哼"声一点一点地把房梁举起。在他顺着梯子上完房梁的一刹那，只听得扑通、扑通几声，好几个围观者倒是被累得口吐鲜血，摔倒在地。而老前辈却行若无事，如同没举过一样，所有在场的人不禁都竖起了大拇指，连声赞叹老前辈的功夫了得。

这个故事听起来有些不可思议，先不论其真实与否，但是其中表达了一种现

象,即特定的人在特定的场合,如果自身的能量场与现场大众的能量场相融合,是有可能达到借用他人的能量之目的的,同时也是符合道家的天人合一理论的,即通过精神来借助自然的力量与他人的力量。这是习武之人的梦想。但,习武之人如何和合自然、如何利用自然的变化来养生,我认为这才是最重要的。

天地万物只有和谐相处,才能共生共长,这是亘古不变的自然规律。道家认为,道化生万物,自然与万物相通,人是道的中和之气所化生,是万物之中最有灵气、最有智慧的生物。因此,把人放在"万物之师长"的位置,为"理万物之长"。也就是说,人负有管理和爱护万物的职责,人的行为要符合"天道",人应该"助天生物"、"助地养形",使自然更加完美,人与自然要更加和谐,而不是去迫害它,更应顺其规律去做事,否则人类将亡矣!所以人一定要顺应自然,而不是违背自然,这一点对我们自身非常重要。因为任何生命体和大自然都是一个整体,是和谐统一的,与自然和谐生命才能协调,如果与自然相违背,我们便会陷入孤立,就会被大自然抛弃。梅拳养生之要妙,就在天地人和上。让人体之气血运行,与日之出没、月之盈亏、地之运转相合,梅拳的"四时行功加减论"妙就妙在借天地之力来养生上。

道家认为天道与人道、自然与人能够相通,人天的世界是相应的。在道家来看,天是自然,人是自然的一部分。因此庄子说:"有人,天也;有天,亦天也。"天人本是合一的,但由于人制定了各种典章制度、道德规范,使人丧失了原来的自然本性,变得与自然不协调。人修行的目的,便是"绝圣弃智",打碎这些加于人身的藩篱,将人性解放出来,复归于自然,达到一种"万物与我为一"的精神境界。

古人认为人体是法天而成,所以才要依天道而行。认为人的四肢九窍为人体之表,五脏六腑为人体之里。人体内外各相联通,肝主目、肾主耳、脾主舌、肺主鼻、胆主口,浑然天成。大自然天圆地方,故人头圆而法天,人脚方而法地。天地间唯有人顶天立地生存,可见人是天地间至灵的生物。天有四时、五行、九曜、三百六十日,人有四肢、五脏、九窍、三百六十节;天有风雨寒暑气候之分,与之相应人亦有喜怒爱憎情感之别。胆为云,肺为气,脾为风,肾为雨,肝为雷。人与天地相类,万端功能皆归于心,以心为主,统摄五脏六腑、四肢九窍。所以修心统万物才是天人合一的关键。当心能上通于天、下应于地、中合于万物时，才有神灵映化于人身的能力。道教称这种人为高功，有请神、送神的法力！并认为神有天神和人神，二者相互感应，才能天人合一。

医学典籍《内经》反复强调人"与天地相应，与四时相副，人与天地相参，与天地如一"，认为作为独立于人的精神意识之外的客观存在的"天"与作为具有精神意识的主体的"人"有着统一的本源、属性、结构和规律。《内经》"天人相应"学说，可以从两方面来探讨：一是从大的生态环境，即天地的本质与现象来看"天人合一"的内涵，这个内涵离不开天文学；二是从生命的本质与现象来看"天人合一"的内涵，这个内涵离不开养生之道。

中国古代天文学是指以地球为参照物的天体运动学，认为天体是地球的扩大版，或地球是天体的缩小版；古代天文学认为天球的南北极所形成的天轴与地球南北极所形成的地轴处在同一条直线上，它们与公转轨道平面的夹角均为66.5度，即无论地球运行到公转轨道上的哪一个点，地轴与黄道平面的倾斜方向始终保持不变，北极总是指向北极星附近。这是天地感应最本质的表现。此理论得到现代天文学和磁力学理论的支持。现代天文学和磁力学理论认为，天体是一个巨大的磁体，天轴南北两极是南北磁极；地球居天体之间，是一小磁体，其南北两极也是南北磁极，分别与天体的两大磁极发生磁感应，所以天地的轴心倾向相同。《黄帝内经》所述五运六气的种种感应之道，统统建立在这个天地感应性上。这种感应性或磁力，都属于无形的能，中医名之曰"气"。关于人与天地的对应关系，古人认为耳目象征着日月，气血象征着风雨。若日月行驶略有差池，就会出现日食、月食等奇特的天象，预示着灾祸的降临；若风雨不适时，则折毁五谷、扫荡田园，生灵皆受其害。同样，耳目的运作不可不清明血脉的流淌不可不平和，否则都会成为人体的病因。所以人要取法天地之象，安鼎炉于己身，四时、八节、十二辰、二十四气、二十八宿环行于身，头上北斗七星运行无端，阴阳升降循环往返无有终期，使人与天地合一，这种境界是古人追求的理想！天、地、人三者是相感相应。子时为大自然天地交泰、一阳升起的时候，我们会受到宇宙能量更多的滋润。修炼者在此时练功，效果非常显著。另外，修炼者也不要放过天地交合、天地开泰、阴阳生化的这些时间。天地开泰之日为"每年的阴历

的三月初三、五月初五、九月初九、冬至、夏至",天地交合之日为"每月阴历的初一、初三、十三、十五",阴阳生化之时为"子时、午时、卯时、酉时"。以上这些时间都是根据阴历、古历讲的。

冬至、夏至练功往往进步很快,冬至和夏至因为地球的运行速度发生突变,所释放的能量多,练功时很容易采气。冬至起阳能从地心向上走,阳气开始生发;夏至起阴气慢慢从地心往上走,阴气来了,所以冬至是阳生,夏至是阴生。冬天,地球表面很冷,这个时候热能向里面收缩,所以井里或者湖里的水,下面是暖的;反之在夏天,下面的水是凉的。相应地,我们冬天吃火锅,什么都不怕,胃是暖的,消化力很强;而在夏天,胃的消化力就不行了,胃是寒的,所以夏天要多吃姜。这就是天地阴阳与人体阴阳变化的道理。

宇宙有个总的生命能,就在一消一息之间那么转,形成一年十二个月,春、夏、秋、冬四季的现象。实际上一年可以看作只有二季,就是一冷一热。用阳代表热,春天是热的开始,到夏天是热之极;"阳极阴生",秋天是冷的开始,到了冬天是冷之极。这就是一阴一阳的来往消息。

冬至和夏至就是一顺一逆。《易经》有句话,"先王以至日闭关",闭关斋心是中国古代养生文化之一。《庄子》所说斋心,就是沐浴的意思,是把心境洗清,把心中的杂念洗净。一个人闭关,每天一样,每月也一样,到了那个时候就要清心寡欲,斋戒沐浴,就是打坐修行了。用宗教语言来讲,就是六根六尘都关起来叫做闭关。至是一阳来复或者一阴初生的时候,如果这个时候把握住天地法则,你打坐一个时辰,等于平日打坐三个月的工夫。当然这有点夸张,是鼓励性的。

《黄帝内经》说:"故阴阳四时者,万物之终始也,死生之本也。"一年三百六十天,分十二个月,一个月三十天,五天叫一候,三候叫一气,所以一年七十二候,二十四个节气,都有变化。就一年来讲,从冬至一阳生开始,白天慢慢变长,到了夏至一阴生,白天开始变短,这个道理要配合天文。阴阳四时对人的影响非常重大,所以才有梅拳的四时加减论一说!"逆之则灾害生,从之则苛疾不起。"违反这个原则就会生病,顺着这个四时的变化,就不会生病。道家认为当人体阴阳顺应天地阴阳变化时,"是谓得道"。这个道是什么意思?就是守住那个原则、那个法则。顺随这个法则生活,你就得道了。这个法则就是古人如何顺应天地阴阳变化的五运六气学说。

五运六气是中国古代研究天时气候变化及其对人体的影响的一门学说。五运实际上是天之五气与人之五行相互交感变化而形成的气流运动，是以自然气候变化及人体对这些变化的相应反应为基础，把自然气候变化与人体生命现象、发病乃至预防、治疗、用药规律统一起来，从天体运动角度来探讨自然气候变化与人体的密切关系。这种自然与人相统一、气候变化与疾病相统一的理论，充分反映了中医学理论体系中"天人相应"的整体观。

天时中的六气，是四季阴阳气化产生的，是养人的，每一种气对人体都是不可少的，就是说，人的生命活动离不开天地中的六气。异常的六气又叫六淫，是非正常气候形成的风、寒、暑、湿、燥、火，六淫侵害人体会形成疾病。所以六气既养人也伤人，正如"水能载舟，亦能覆舟"。

疾病的发生和流行与四时气候的变化密切相关。五运六气是用五行与三阴三阳来标记的，而五脏六腑也是用五行与三阴三阳来标记的，因此，运用五运六气理论在测知气候变化的同时，亦可以推测疾病的发生与流行，甚至精确到某一经、某一腑的病变。所以人要顺应自然，而不是违背自然。这一点对我们自身非常重要。

古人认为人类生活在自然界之中，其生理、病理无不受自然环境的影响，因此人类不仅要适应自然，更要主动地与自然相融合，从而提高自己的健康水平，以此来减少疾病的发生。《内经》讲："心者通于夏气；肺者通于秋气；肝者通于春气；肾者通于冬气；脾者通于长夏之气。"从中不难看出，人体的心、肝、脾、肺、肾五脏是与自然界的春、夏、长夏、秋、冬五季相应的。古人认为人体五脏只有适应了五季的气候变化，才能"苛疾不起，是谓得道"，否则，"逆春气，则少阳不生，肝气内变；逆夏气，则太阳不长，心气内洞；逆秋气，则太阴不收，肺气焦满；逆冬气，则少阴不藏，肾气独沉"。因此，人与自然界是一个动态变化着的整体。中医学认为，一年四季的气候变化经历着春温、夏热、秋凉、冬寒的规律，它对人体的脏腑、经络、气血、阴阳均有一定的影响。五运六气运行所形成的正常气候是人类赖以生存的必备条件。人体各组织器官的生命活动，一刻也不能脱离自然条件。人们只有顺从自然的变化，及时作出适应性的调节，才能保持健康。

大自然的五运六气对人体的影响，主要包括六气的病因作用、疾病的季节倾

向、不同地区的气候及天气变化对疾病的影响等。从发病规律看，由于五运变化、六气变化，运气相合的变化，各有不同的气候，所以对人体发病的影响不尽相同。每年气候变化的一般规律是春风、夏热、长夏湿、秋燥、冬寒，这种变化与发病的关系是春季肝病较多、夏季心病较多、长夏脾病较多、秋季肺病较多、冬季肾病较多。

从五运来说，木为初运，相当于每年的春季。由于木在天为风，在脏为肝，故每年春季的气候变化以风气变化较大，在人体以肝气变化为著，肝病较多为其特点。火为二运，相当于每年的夏季的由于火在天为热，在脏为心，故每年夏季在气候变化以火热变化较大，在人体以心气变化为主，心病较多为其特点。土为三运，相当于每年夏秋之季的由于土在天为湿，在脏为脾，故每年夏秋之间，在气候变化上雨水较多、湿气较重，在人体以脾气变化为主，脾病较多为其特点。金为四运，相当于每年的秋季，由于金在天为燥，在脏为肺，故每年秋季的气候变化以燥气变化较大，在人体以肺气变化为主，肺病较多为其特点。水为五运，相当于每年的冬季，由于水在天为寒，在脏为肾，故每年冬季的气候比较寒冷，在人体以肾气变化为主，肾病、关节疾病较多为其特点。

六气与五运基本相似。初之气为厥阴风木，相当于每年的初春，多风，疾病流行以肝病居多。二之气为少阴君火，相当于每年的暮春初夏，逐渐转热，疾病流行以肝心病居多。三之气为少阳相火，相当于每年的夏季，炎热，疾病流行以心病、暑病居多。四之气为太阴湿土，相当于每年的暮夏初秋，湿气为重，疾病流行以脾病居多。五之气为阳明燥金，相当于每年秋冬之间，燥气较重，疾病发生以肺病居多。六之气为太阳寒水，相当于每年的严冬，严寒，疾病发生以关节病和感冒居多。

除五运六气外，古人还有以八卦对应八方的九宫八风之理。此理论称四季节气应时而来的风为正风，正风来时不会伤人，主生长，养育万物，如果风从所居方位应时而来，但风势暴烈，称为"实"风，此风伤人；如果风从当令节气相对之方而来，称为"虚"风，是违背时令的邪风，主杀害，此风伤人后会深入不去，容易使人得病。例如，冬至，居坎宫，又名叶蛰宫，故顺风为北方之风，名为"大罡风"，反之则为邪风。如伤人在内，此风可侵入人的肾脏伤及肾阳；如在外则伤及人的骨骼和肩背，发病多为寒冷不温之症。这是古人为的顺应季节的变化总结出的九宫八风之理。

具体来讲，由冬至到小寒到大寒，周行46天至立春。立春乃居艮宫，又名天留宫，名为"凶风"，故顺风为东北之风，反之则为邪风。邪风若伤人在内，可侵犯人的大肠；若在外，则伤人于两肋、腋骨，故发病多为下肢体关节之处。

由立春到雨水到惊蛰，周行46天而至春分。春分乃居震宫，又名仓门宫，名为"婴儿风"，故顺风为正东方之风，反之则为邪风。邪风若伤人在内，可侵入肝脏；若在外，则伤害筋的联结处，发病多呈湿盛之症。

由春分到清明到谷雨，周行46天而至立夏。立夏乃居巽宫，又名阴洛宫，名为"收弱风"，故顺风为东南风，反之则为邪风。邪风若伤人在内，可侵入胃；若在外，则伤害人的肌肉，发病多呈困重不扬之状。

由立夏到小满到芒种，周行46天而至夏至。夏至乃居离宫，又名上天宫，名为"大弱风"，故顺风为正南风，反之则为邪风。邪风若伤人在内，可侵于心；若在外，则伤人的血脉，发病多呈热病。

由夏至到小暑到大暑，周行46天而至立秋。立秋乃居坤宫，又名立委宫，名为"谋风"，故顺风为西南风，反之则为邪风。邪风若伤人在内，可侵入脾脏；若在外，则伤害人的肌肉，发病多呈虚弱之症。

由立秋到处暑到白露，周行46天而至秋分。秋分乃居兑宫，又名仓果宫，名为"罡风"，故顺风为西风，反之则为邪风。邪风若伤人在内，可侵入肺；若在外，则邪气留于皮肤之间，发病多为阴虚、燥盛为主的病症。

由秋分到寒露到霜降，周行46天而至立冬。立冬乃居乾宫，又名新洛宫，名为"折风"，故顺风为西北风，反之则为邪风。邪风若伤人在内，可侵入小肠；若在外，邪气易伤害人的手太阴经，可造成疾病恶化扩散，严重者可造成脉气闭塞，导致气机聚结不通，很容易出现猝死。

由立冬到小雪到大雪，周行46天而至冬至。到此一年的八风之气循环终结。习武者讲究"避风如同避剑"，要懂得辨明风向，遇邪风应避之，平时最好不要在风口上练功。

古人的四时摄生是在"天人相应"思想的指引下提出的一条重要的养生之

路。古人"天人相应"、顺应天时，就是通过人体内部的调节使之与外界的自然环境的变化相适应，从而保持正常的人体生理功能。当外界自然环境发生变化，而人体的调节功能又不能适应时，人体内外环境的相对平衡就会遭到破坏，从而引起疾病的发生。其实人生在天地之间、宇宙之中，一切生命活动不仅与大自然息息相关，而且会受到社会的制约和影响。这种把人体的生理现象、精神活动与自然、社会结合起来考察人类生命规律的观点，就是中国古代文化所特有的宇宙万物一体的观念，也就是"天人相应"的思想。

《素问·生气通天论》里说："天地之间，六合之内，其气九州九窍，五脏十二节，皆通乎天气。"这段话清楚地阐明了自然界的一切事物和一切现象彼此之间都是相互影响、相互关联、相互依存的，而不是孤立存在的。

古人所讲的天地气交的实质是天地人本源于一气，天人合一最重要的体现也是合于气。《素问·六微旨大论》提出"气交"的概念："言天者求之本，言地者求之位，言人者求之气交。曰：何谓气交？曰：上下之位，气交之中，人之居也。"求之本、求之位、求之气交皆指求气之本。天地人三者是一气分布到不同领域的结果，因而是可以认知和掌握的。"天枢之上，天气主之；天枢之下，地气主之；气交之分，人气从之，万物由之。"即，人与万物生于天地气交之中，人气从之则生、长、壮、老、已，万物从之则生、长、化、收、藏。人虽有自身特殊的运动方式，但其基本形式——升降出入、阖辟往来，是与天地万物相同、相通的。气交产生的原因是地之寒热与天之阴阳之节气相差三节。按理，一年中冬至日为阴之极，应该最冷，夏至日为阳之极，应该最热，故天之太阳为夏至，天之太阴为冬至。但事实上大地有一个白天吸热。夜间散热的过程，所以冬至之后经小寒、大寒、立春三节气达到积寒的高峰，即地之最冷在冬至后三节气。此三节之差，古人十分重视。《类经图翼》讲："然一岁之气始于子，四季之春始于寅者，何也？盖以建子之日，阳气虽始于黄钟，然犹潜伏地下，未见生化之功及其自丑转寅，三阳始备，于是和风至而万物生……故阳虽始于子而春必起于寅。"即天之温起于子，而地之温却始于寅，天地之气相差三节。由于气交相差三节，便产生了天地之气的"升降沉浮"、"气交易位"等变化。所谓"气交易位"，是指气候的太过和不及导致气交的位置发生移动，由于阴阳之气与寒热之气相差三节,"时有定位,气无必至",即一年四季二十四节气有一定的次序和时位,温热寒凉的秩序是不会错的,但,气有未至而至,至而不至的现象是会经常发生的。

那么人如何与天地气交?《阴符经》说:"天地,万物之盗;万物,人之盗;人,万物之盗;三盗既宜,三才乃安"。古人认为天地被万物盗取而生造化,万物被人盗取而繁衍不息,而人总容易被欲望控制,而沉沦于声色犬马,为外物所役,殉身丧命,反而被万物所盗取。这就是天地人三才之间的生态关系:天人万物既相互戕贼,又相互协调。所以人只能是两个方面的结果:其一,躲不开"万物,人之盗"的规律,只有盗取天地、万物的造化,才能截取生机,生而为人;其二,逃脱不了"人,被万物之盗"的宿命,身死道消,终归逃离不了被天地万物盗取的结果。所以养生其实只有一句话"盗亦有道",即遵循自然之道,归根到底只是一个词"天人合发"——天人合一而不分。天人合一的养生观念是离不开"盗"、"贼"二字的。人从出生到40岁是盗取天地万物造化的年龄,过40岁以后就会被天地万物所盗取,所以40岁后必须懂得天人合一的道理,以减少天地万物的盗取,尽量截取生机,否则就会过早的夭折,落个人生苦短之命!

《阴符经》说:"天有五贼,见之者昌,五贼在心,施行于天,宇宙在乎手,万化生乎身。"五贼对应于人的感官欲望,比如色、声、臭、味、触,分别对应着缘起于耳、目、鼻、舌、身的欲望。《道德经》中也说"五色令人目盲,五音令人耳聋"。如果不能看清楚这些欲望,相反"认贼作子"——以为人生匆匆,视被感官欲望奴役为正常,以满足欲望为人生目标,就会损伤生命,难登寿域,不得安康。所以如何减少外界的干扰,如何顺应自然规律来养生、练拳,才是本文重点研讨的话题。

夏天是阳气最旺的时候,阳虚的人在夏天应注重保养阳气,因为效果要比冬天更好;反之,冬天是阴气最浓之时,阴虚的人冬天养阴必然效果会更佳。同样,练功也要根据四季的变化而变化,应用四时阴阳的变化练功可以起到事半功倍的效果,否则便会给自己造成伤害。因为人的气血在不同的节气有不同的活动规律,我们必须知道并顺应其规律来练,才能养身强体。读者可以通过四季练功法来调整自身的阴阳,这要比不练功之人顺应得更好、更快。下面以小架梅花桩拳练功的方法加以说明。

练小架梅花桩拳的时间长短、运动量的大小，是随着季节的不同而有所变化的。在农历节气变化的前后，人的气血活动规律常有较大的改变，练功者常会感到疲劳或不适，比如立春、立夏、立秋、立冬之时人体会出现疲劳或不适感，梅花门称此现象为"换气"，所以在大自然"换气"之时可减练或停练。小架梅花桩拳拳理讲："四时者春夏秋冬也。由冬至春，天之阴，阴中之阳也，由春至夏，天之阳，阳中之阳也，由夏至秋，天之阳，阳中之阴也，由秋至冬，天之阴，阴中之阴也。此为四气也。四气之内又分八节，即立春、立夏、立秋、立冬、春分、秋分、夏至、冬至，此为四时八节也。"四时八节气候阴阳变化的不同，人的气血变化随之不同，所以小架梅花桩拳习练的方法及内容，应随着季节的不同而有所变化，才能盗取天地的能量。春季是人体气血活跃之时，这时练功的运动量应该逐渐加大；夏季应随着气候的转热而逐渐减少运动量，此季节一定要以养练为主，以免伤及心脏；到了秋季，要随着气候的转凉逐渐加大运动量；冬季是气血收藏之时，练功者应该随之减少运动量。如遇到节气交替之时，当身体有疲劳感时，练功的运动量随之应该减少；当练功者拳艺进展缓慢，练完后跟没练似的，这时候需要加大练功的运动量，这样才能使功夫进一步提高。这就是小架梅花桩拳中称之为"四时行功加减论"的练功方法。

小架梅花桩拳前辈们讲："练功要紧了崩，慢了松，不紧不慢才成功。"故此，习武者要牢牢掌握好练功的时期、节奏、要点，才能取得好的效果。习练小架梅花桩拳者应该根据自己的身体情况科学地把握"四时行功加减论"，合理地安排练功的时间及运动量，遵照循序渐进的原则，以便收到与天地万物相通、合于"气"的良好效果。

结合上述论证我们不难看出，脏气活动与外在环境取得一致时，我们才能活得健康。因为四季的变化是与我们人体相关联的，人的健康如此，其实练功亦如此。只有顺时令而练，身体才能不虚，才能聚集能量。古人的四时摄生的养生理念是被实践验证过的，现代人理应遵守，不要视其为伪学而不予理睬，习武者更不要违时而练，特别是习练小架梅花桩拳者，一定要依据四时加减论来练拳，这样才能长功，否则，练武不但没养生，反而会练出一身疾病来，这是何苦呢？所以懂得古人的天人合一养生观念是多么的重要啊！

# 第十五章

## 以武入道

身处社会之中，与人接触是必然的，当然被人欺负的事也是不可避免的，甚至还会被不法分子伤及性命。平时因为柔弱无力，而无法捍卫自己的尊严，只能忍气吞声，因此拥有自卫防身的本领就成为许多人的愿望，他们渴望自己的尊严及生命有所保障。当然使用正确的练武方法是可以拥有自卫防身的能力的。可这就是习武的唯一目标吗？习武的真正目的是什么？是为了强身健体，还是为了自卫防身，或是为了寻得工作？关于后者，如做武打演员、安保公司职员、参军、当警察、当运动员、当武术教练等等，这些是武术的附属品，练习到一定程度就有机缘获得这种就业机会，这个不是练武的真正归宿。

有些人羡慕武侠小说里的英雄，天天梦想当侠客，拥有一身的武功在江湖上行侠仗义。不过，这种思想有些过时！目前是法治社会，法律没授予你这种权力，警察抓坏人是法律授予的，你抓坏人若防卫不当，还会受到法律制裁。我是赞同习武者要敢于与坏人做斗争的，不过要讲究个度。再者，真正的传统实战武术是不具观赏性的，一般只有一两个回合便见高下，没有小说里写得那么精彩诱人。

我认为练武的目的大致有五个：一是弘扬传统的武文化；二是磨炼自身的意志；三是锻炼出强健的体魄；四是学到自卫防身的本领；五是在得功后，以自身的感悟来追求更高的精神境界，也就是以武入道。那么如何通过梅拳以武入道？武道又是什么呢？

先从武字说起。武字上戈下止，上边的戈是一种古代兵器；而下面的止，不少人解释为停止的止，认为武字应该理解为解除战斗，停止搏杀。其实这是错误的。查阅一下古汉语字典，便能查出武字下面的止意为脚趾，是足底生根的意思，表示人的厚重、挺拔和稳健。武字中的戈是两只强健的胳膊紧握着一柄威震四方、锋锐无比的矛戟，最上方的那一个点代表由上向下、由近至远、虽远能诛的箭矢，也是要把它当作一双锐利的眼睛，恰如一束凝目神光、闪耀自己的光芒，震慑敌人的邪恶。因此武字应该理解为手拿戈这种兵器，徒步去打仗去搏斗。所以武不是停止舞戈，而是要弘扬兵民合一、人人能武的尚武精神，使我们的民族屹立于世界民族之林，达到无人敢犯的辉煌！

武是与军事分不开的。圣人言："刀兵，乃不祥之器也！君子不得已而用之。"武必须要由道和德来约束，中华文明倡导的是威而不怒、强而不横、悍而不蛮、勇而不狂、儒雅俊秀的君子之象。所以练武首先要德、功并重。拳谚说："无德无拳，无拳无勇。"不做无德、无谋的武夫才是一个习武者应该注意的！我希望大家多研究道学，从中吸收营养丰富自己、升华自己。

老子曾讲："以道佐人主者，不以兵强天下，其事好还。师之所处，荆棘生焉；大军之后，必有凶年。善者果而已，不敢以取强。果而勿矜，果而勿伐，果而勿骄，果而不得已，果而勿强。物壮则老，是谓不道，不道早已。"这段话说出了一个治国强民的大道理——不以兵戈争天下；万物皆由出生而生长：由成长而壮大，由壮大而衰老，由衰老而死亡，想维持永远的强大而仗势欺人的行为是不合乎大道的。无数历史事实印证了上述观点。譬如，秦始皇嬴政平定六国、统一天下后，怕百姓不服，采取了极端的禁武政策，收缴天下兵器铸成十二金人。可是他不懂得什么是治国养民之道、什么是惠民平天下之德，以至于失身、失民、失国。任何时候，使用武力解决问题都不是上策，也不符合道，是长久不了的。处理事情应以德为先，只有在迫不得已的情况下才能使用武力。古时的习武者都不是以武力来征服人的，梅拳老一辈的武术家深谙以德服人的道理，自古那些号称天下第一、喜欢以武力来征服人的习武者，哪个得到好结果了？

过去武林界是不会为自己的私利而随便动武的。我曾写了一首诗："明镜勤拂武常修，光芒内敛锋自留。宁入匣东殿外，不与物散身无求。正己效法圣贤理，虚怀厚德仁义就。脱俗拔尘离六道，琴心剑胆世间留。五千青史谁人著，万里功名一念休。清潭静舍慕野鹤，笑看闲人舞春秋。"这是我悟出的道理，其实每个武术家也都是这样做的。他们都懂得"善战者不怒，善胜敌者不争"的道理。

道学里关于武学的修炼，有一个为学与为道的关系。为学的目的是获得经验知识以及观念知识,在学的过程中,知识一天比一天多,每天皆有所增益。学是一种追逐,是无止境的,庄子讲:"吾生也有涯,而知也无涯。以有涯随无涯,殆已。"人的精力是有限的,习武者把武术及与它相关的知识研究明白就很不错了,千万别见什么学什么,到头来什么都不专还拖累了身体。为道的目的是反身自证、自明,以求洒然自适、倡导自然,故为道的方向是与为学相反的。为学是向外取、向前追,用的是识神,最终伤神劳思;为道则是向内归、向后反,是养神的,用的是元神,先天的灵性。为学用头脑,而为道用心。武术搏击时的关键是要以先天的灵性来指引自己,而不是后天所学的招法。明白此理,才能真正理解梅拳里所讲的"拳无拳,艺无艺,无艺之中是真艺"的道理。这个道理告诉我们不要太依赖后天的拳术招法,因为它们是人为创编的,属于为学的范畴。我们需要练出先天的灵性,在与敌人交手的一刹那充分地展现自身灵性,这样才能有效地制约敌人。习梅拳者平时还要静修内养以保证身体康健,而不要太伤神劳思,这就是为道的好处。所以结合道家的思想才能更深刻地理解武术深层次的东西!

道家思想认为无论是自然界还是人类社会,无时无刻不在运动变化之中,并从中概括出一系列相互矛盾的范畴,如有与无、福与祸、美与丑、善与恶等。道家认为,每一个矛盾范畴的两个对立面都是相互依存、相互转化的,比如"天下皆知美之为美,斯恶已",就是说,当天下人都知道美之所以为美的时候,也就知道丑的含义了;"祸兮,福之所倚;福兮,祸之所伏"则说明对立面双方并非一成不变,而是无不向其相反方向发展的。这种朴素的辩证思想难能可贵。说到武术上,在武术的对搏中,一方用招法制住对方的同时,他也会有被对方控制的危险,这种制与被制、被制而能反制的转变就在一刹那间完成。其实这个转变全凭感应和控制好自己的心态:不能在自己占上风时得意忘形,也不应该在占下风时灰心丧气,要很好地把握住自己,要在得势时不欢喜,而是加强防备,不给对方使用反制招法的机会;在失势时不要悲观,而要蓄劲以待、趁空反击。武学里的这种搏击心态正与道家所讲的"福祸双倚"有异曲同工之妙!

道学中所讲的道是形而上的,是不能由目视、耳听、手触就能获得的。道虽然无形,但却是真实存在的,虽然它不可以由感官而得,但可以由体悟而知。道

是指万事万物的规律，是一切的本源和主宰者，它无形无相并不断变化着。

道有四种特性，即重生、重和、重德、重术，此处的重读第四声，意为重视、注重。重生说的是生与道是合一的。有道则生，无道则死，所以古人希望道炁常存。重和说的是内求阴阳调和，体内才能自安。平时要处事谦逊、和光同尘。重德说的是德就是道性的体现。重德讲的是顺其自然、不占有、不图报、不干涉，以毫不利己、专门利人为宗旨。重术中的术意为各种方式方法。修道之人可以有各种术，但不能以术敛财，要把术用在济世度人上。当然术要运用得当，运用不当就会折寿，比如《三国演义》中的诸葛先生三把火烧了百万雄兵，结果折寿三十年大寿，所以使用术要符合道义。道又有指导的意思，它能指导人们走向光明，所以道是拯救你的灵魂的良师。

现在谈谈武术。其实武术一词是今人的叫法，在民国时期被称为国术，不光包括打斗的技术，它还涵盖内养疗病之法、心性内修之术，并把育德、尊师重道放在首位。所以国术是育人的工具，含有丰富的文化内涵和哲理，是中华民族的瑰宝。如果单独把国术的某一项拿出来发展，我认为是错误的。比如只注重技击方法，虽然能训练出一批打架高手，但他们四肢发达、头脑简单、言语粗鲁，这不就是古人所鄙视的武夫吗？又比如只强调国术中的心性内修之法，天天行善积德，并在房间里打坐修炼，这种修炼法偏离了武的本质。所以习武既要懂武的搏击之术，又要懂修心、修德及其内养之道，这样才能成为一个武文化的整体；要藉武修道，又要借道悟武。

习练梅拳者要想以武入道就必须先要做到无欲、自然、无为、柔弱、清静、朴素、不争，因为这是道的特性。德是道性的体现，所以习练梅拳者修德就得做到顺其自然、无私欲、不图报答、不干涉，并且要放下，做到豁达、随缘、平等、慈悲、真诚、毫不利己专门利人。习梅拳者若能做到如此，自然可以去除内心的繁杂，成为一个有德行的好人。梅拳前辈曾讲："人为善时，福虽未至，祸已远离。当人为恶时，祸虽未至，可福已远离！所以练功不修德，必定要着魔。修德神自明，神明法自得。"道是行的，德是做的。学梅拳的真正目的应是在学习拳术的招式中磨炼自己的心性；在练拳术技法的同时用心去体会拳中的哲理；在习拳与体会拳理的过程中炼出武的技能。这时就得以德及内修来升华自己的内心，如果再遇到与人发生争端，就要做到宠辱不惊，不轻易使用武力，这样就有涵养，就能以武入道。

什么是武道？武道就是将真正的武功修炼上身入命，进而相合于道。我认为修炼武道是一个长期而艰辛的过程，要有以武入道的大志向，还要做好吃苦的心理准备并能持之以恒，因此要想修成武道这三者是缺一不可的。

我认为一个真正习武修道的人，须具有如下这四种气质：一是有底气，遇事不退缩，解难有分寸，凭能力自立，靠智慧取胜；二是有豪气，能让男子褪去阴柔之气，肝胆沥云霄，不落俗流，不拘繁琐；三是有霸气，在困苦中能坚毅，有山崩不变色，舍我又其谁的性格；四是有生气，能诙谐驱烦闷，幽语解千愁，赠别人笑声，给自己愉悦。这样的人比只知道打打杀杀的武夫，比文弱抑郁的书生，更像大丈夫。

武道的修炼是离不开修心的，这里的心并不是指心脏，而是指人体的思维和意识。心为万法之宗、一身之主，也是善恶的根源。修心就是要固守人心的纯朴本性，使心不放纵外驰，要修去内心的奸诈虚伪，使心地真诚、心神泰定。这样才能有"一心定而王天下，一心定则万物服"的本事！

古人讲："心神定则鬼不能作祟，心神定魂魄才能相安，才能全性命之真以养性。"而习武者的心神定还有另外的喻义，其不同点在特殊的心理素质训练上，这应该可以理解为抵御外界干扰的心理承受能力。习武者在遇到挫折、失利、失败，甚至危险或突发事件时，能够迅速调整自己的心态，审时度势，遇险不惊，反应灵活，并且施用得当。人们常讲的胆大心细、遇事不慌，是指在遇上惊心动魄的事件时，表现出胸有成竹的心理素质和审时度势的应变能力。当面对手持凶器的歹徒时要有沉着的心态、冷静的头脑，这是以静制动战胜对方的前提条件，否则就不会有一个估量克敌手段的瞬间准备，面对歹徒时就会方寸大乱，如果再表现得鲁莽急躁或胆小退缩就更不成了。只有用冷静的头脑，正确地分析敌我双方的优劣条件，评估环境，再加上巧妙的制敌方法，才能巧度险关。

所谓的审时度势，是指迅速观察事件的发展变化，包括对敌方的身体状况的观察、心理动机的捕捉，还包括对地形及事物的利用，以及对方出手进攻时的意图和力量等的把握，寻找对方的破绽，在施用招法时迅猛、果敢，这样才能将敌制服。传统武术特别注重这方面的心理素质的培养，要求习武者无论在何时何地，经历怎样的荣、辱、顺、逆，都要保持一种平和的心态，因为有了这种心态才能无坚不摧。若未经这种特殊的心理素质训练，在遇到事情的时候便会思想紧张、肌肉僵硬，动作不如平时灵活，这谈何制敌呢？

有一些人练功的动机是不符合道的。他们抱有某种不良动机、图谋不纯，所以不会有什么好结果。这种人即便练出点功夫，也会由于其心术不正而到处惹是生非，甚至危害社会，日后必遭恶报。所以，在学习武术、以武入道的过程中，武德是重要的培养方向。一个明白此理的梅拳老师在教授的过程中往往会重视练功者的品德，对练功者制定许多规章，要求习武者要有德行、以德服人，生怕培养出一个恶徒来。

祖父曾跟我讲："借道悟武，是增长武德、提高武艺、修炼道法的捷径，否则，便可能出现练武如养虎，练不好这只老虎就会伤到自己的问题。"这句话其实有三层意思：第一层是，如果没有名师指点，不懂练武的要领，盲目练习，会导致身心受到伤害；第二层是，如果光注重练武，不注重自身的修为，盲目地狂傲自大，以武称强，在遇强敌时会给自己造成伤害；第三层是，如果习武不修德，甚至做坏事，还会遭到天谴。

过去，梅拳前辈常和徒弟们说这样一句话："练拳宜在静处用功，不要在人前卖弄精神，夸张技艺。务以德行为先，要恭敬谦逊不与人争，以练涵养拳为本，要一势精灵，得练千遍；若不熟练，还得千遍。"对欲拜师者常说："若想打天下第一，请另寻高明，若要修心健体防身，吾之所授，绰绰有余。"他们教导的这种"勤学涵养"、"虚心修德"，正是现在有些人所缺失的内容。习武者要想达到武与道的真正结合，必须先以德行来约束自己攻击人的欲望，逐步使自己谦逊起来。

我认为德高者有善良的品性。他们正直，遇事出于公心，凡事为他人着想，宁静处事，淡泊名利，不为世俗势力所动，更不会为此而蝇营狗苟，敌意、仇恨、不友好、争论等与他们无缘。德高者的心胸是坦荡的，他们有良好的心境。因为道德修养好的人，对人对事都能胸襟开阔、无私坦荡、光明磊落、无患无求，身心处于淡泊宁静的良好状态。德高者都有良好的人际关系。与人为善、乐于助人是建立良好的人际关系的根本所在，其核心是正确认识自我，对现实生活具有较强的适应能力。我祖父曾对我讲："清醒、坦诚是做人之必须；聪明、智慧是做事之必须。能看到别人的错误，是清；能看到自己的错误，是醒；能够承认自己的错误，是坦；能够改正自己的错误，是诚；能够发现自己的优点，是聪；能够发现别人的优点，是明；能够学习别人的优点，是智；能够利用别人的优点，是慧。"德高者能尊重整个社会的需要，遵守社会的道德规范，与人为善，尊重他人，充满信心与责任感，互谅互助，宽厚待人，能够妥善解决人际交往中的各种矛盾与冲突。他们乐于助人，能唤起被助人和社会的感激和赞赏，反过来让他们产生温暖的感觉。

综上所述，练武与修德是来不得半点虚假的。练武者要有恒心、有毅力，必须扎扎实实、不怕苦累、持之以恒地坚持下去，将功夫真正养在身上，同时还要养心、养德，修成武道。我认为武道的境界才是习练梅拳者一生的追求，也是习武的最终目的。所以从武术的刚柔相济、内外兼练、尊师重道，到道教的修心、修德及其内养之道，构成了中华武道文化的基本元素，也证明了中华武道文化的发展与道家思想理念的演变是互相促进、紧密联系在一起的。希望当今的梅拳爱好者们从道学着手研习拳理，最后一定能体悟到武学的真谛。

# 第十六章

# 修德与养生及搏击的关系

养生是一个有关身、心修养的问题。身可以通过食疗、练武等方法求得强壮，那么该如何修炼心？古人已经感悟到修心需先修德，而且认为修德与养生相关，并提出以德育来强固生命之本的说法。翻开历史画卷，历代思想家、政治家无不崇德、谈德，主张德心、德教、德章、德治，这充分说明古人对德的重视，他们"修德以养性"并把修身如执玉、积德胜遗金的名言作为自己的座右铭。

道教讲："心正则身修矣。"因为正心才能复性，复性才能近道，只有悟道、近道才有机会成真。修真、成真是道教人士的最高目标。老子曾讲："正汝形，一汝视，天和将至；摄汝知，正汝度，神将来舍。德将为汝容，道将为汝居。"当自己的德行达到至真至善的境地，神明自会居于身而护其体。

古时的人们讲五福。一福为长寿，二福为康宁，三福为富贵，四福为善终，五福为德全。古人把德全看得比较重，认为只有在处事时自身有德，才能在平时减少口舌是非，人的一生才能康宁、富贵、长寿。

中国的养生之道历经几千年的传承与发展，人们可从中清楚地认识到，人的寿命长短是与品德高低密不可分的。孔子早在两千多年前就提出"仁者寿"的观点，认为"大德必得其寿"；《周礼·地官·师氏》中也讲"敏德以为行本"；《寿问·上古天真论》中也有"德全而不危"的话。

在道教的内丹功法中倡导"未炼还丹先炼心"，把炼己作为丹道的最初功夫。祖师曾讲炼己就是炼水源清浊分辨之功，即去浊存清之功。在内丹中称为最初还虚，即寻找先天虚无状态。凡是杂念、存想、知见、睹闻、谷气等都属于后天之浊源，凡是无念、无虑、无识、无知、虚极、静笃皆属于先天之清源。要想达到上述状态就要从以下两个方面入手：一、行为与道德方面的修养；二、心意锻炼。

道德方面的修养，是功与德方面的内容。古人讲"德为功之本"，因为无德何以言功呢？修炼之人，在初期虽然做不到舍己利人的大公无私，但起码要做到心境坦荡、利己助人。尽可能地去帮助他人，多替他人着想，不可做出违背道德与良心的事。因为人性本善，人一旦做了欺师灭祖、栽赃陷害、欺凌老弱、自私贪欲等的亏心事，人心就会受到良知的谴责而感到不安。有这种不安的情绪，人就无法静下心来，更不要说练功了。一个乐于助人的人，能从被帮助的人身上找到快乐，因此他的心情就会愉快。当善事做多了，心中以我为本位的意识形态就自然地看轻了，私欲也就小了，欲望也就淡了。心容易宁静，不会被外在的物欲所惊扰。当然这样的习武者练功，也就更容易进入状态。因此修炼要从注重品德练起，这样习修武道才有可能成功。

葛洪仙师曾说："欲求仙者，要当以忠孝、和顺、仁信为本。若德行不修，而但务方术，皆不得长生也。"他还说："览诸道戒，无不云欲求长生者，必欲积善立功，慈心于物，恕己及人，仁逮昆虫……赒人之急，救人之穷，手不伤生，口不劝祸，见人之得如己之得，见人之失如己之失，不自贵，不自誉，不嫉妒胜己，不佞谄阴贼，如此乃为有德，受福于天，所作必成，求仙可冀也。"

孙思邈说"养生有五难：名利不去为一难；喜怒不除为二难；声色不去为三难；滋味不绝为四难；神虑精散为五难。五者必存，虽心希难老，口诵至言，咀嚼英华，呼吸太阳，不能不回其操，不夭其年也。五者无于胸中，则信顺日跻，道德日全，不祈善而有福，不求寿而自延。此养生之大旨也"。他认为行善是长寿的重要条件，主张养生以养性（即培养高尚的道德情操）为主。在《备急千金要方》中，孙思邈说："夫养性者，欲所习以成性，性自为善，不习无不利也。性既自善，内外百病自然不生，祸乱灾害亦无由作，此养性之大经也。"他一再强调"德行不充，纵服玉液金丹，未能延寿"的道理。

著名医家张仲景也讲："纵情恣欲会导致疾病，只有知止知足，恬憺虚无，怡养精神，去除名利之心，才能身心健康。"淡泊名利虽然会使生活清贫寒苦，但却能丰富精神世界，使自己的天地更广阔，也有更多的闲暇。若平时或闲庭信步，或习武练功，或晒台观景，或花前赏月，或树下听蝉，或鼓瑟弄琴，有这样的心情和爱好能不添年添寿吗？如果能使每一天的生活足慰情怀，这当然会对自身的健康有利。

因此修身先修心，修心先修德，这是古人早有的箴言。换句话说，修德是养生的基础，是养生的先决条件，也是养生的根本。我们的一生会经历生、壮、老、死的过程，在这个过程中我们的追求是会发生变化的，比如我们在青年时期会因为生活问题而更加追求利，以此来满足我们的物质需求；到了壮年时期，会对名更感兴趣，以满足自己的虚荣心；到了老年时期，追求的则是精神的愉悦与超脱，因此我们的思想应尽早成熟起来并觉悟，不要让名利禁锢我们的思想。古人讲："淡泊名利，（才能）宁静致远。"如果为名利牵肠挂肚，那样的生活能说是幸福的吗？其实人生有很多东西是可遇而不可求的，更不要特意和不择手段地去追逐。无论你有何种成功与失败，如果能做到得志时莫猖狂、失意时勿失志，那么就永远不会失却自己，在悠然的心境中度过充实的一生。

《内经》曾提到："上古之人，其知道者，法于阴阳，和于术数，饮食有节，起居有常，不妄作劳，故能形与神俱，而尽终其天年，度百岁乃去。"也就是说，生活有规律，人就会延年益寿；反之，不注意道德修养的人，"以酒为浆，以妄为常，醉以入房，以欲竭其精，以耗散其真，不知持满，不时御神，务快其心，逆于生乐，起居无节，故半百而衰也"。

孙思邈曾说过："夫人之死，非因依也，非疴瘵也，盖以积不仁之多，造不善之广，神而追之则矣。人若能补其过，悔其咎，布仁惠之恩，垂悯恤之念，德达幽冥，可以存矣，尚不能逃其往负之灾。不然者，其祸日多，其寿日促。"又说："人若奉阴德而不欺者，圣人知之，贤人护之，天乃授之，人以悦之，鬼神敬之。居其富而不失其富，居其贵而不失其贵，祸不及也，寿不折矣，攻劫之患去矣，水火之灾除矣，必可保生全天寿矣。"用现在的话来讲，就是权钱交易、权色交易、吃喝嫖赌等恶劣行为是对健康有百害而无一利的，这也反证了行善积德对健康的重要性。因为经常做坏事的人，既要算计别人，又要防备别人的暗算或报复，终日不得安宁，紧张、恐惧、不安、愤怒、沮丧，致使身体各个系统的功能失调、免疫力下降，导致疾病丛生，这才是"多行不义必伤身"呢！即便在国外，也有医家对道德品质与人的疾病关系进行了研究。巴西有一位医生名叫阿尼赛托，经过长达10年的调查研究，他发现那些玩世不恭而卷入腐败行为的人，容易得癌症、心肌梗死、过敏症、脑溢血和其他心脏疾病。他对583名被指控犯有各种贪污受贿罪的官员和583名廉洁官员作了比较：不廉洁的官员中有60%的人生病和死亡，在126名死亡者中，癌症占60%，心脏病23%，其他疾病17%；廉洁官员中生病或死亡者仅占16%。上述数据证明修德养生的关键是严于律己，要从品行修养入手。

孔子提出的三戒养生之道就是要求人从小到老应注意什么。他认为人生分三个阶段，即少年、中年及老年，这三个阶段会因身体的变化而影响人自身心态的变化。孔子说"少之血气未定，戒之在色"，就是说人在青少年时期因为气血未定，所以要戒色，克制生理欲望；"及其壮也，戒之在斗"，指人到了身强力壮的成熟年龄时，不要过分地争强好胜，不要与人争斗；"及其老也，血气既衰，戒之在得"，指老年人气血已衰，更要从欲望上约束自己，不该追求的就不要再去想了。故此老人养老要注意"耳无妄听，口无妄言，身无妄动，心无妄念，此皆有益于老人也"。这是古人养老的经验。

修德行的目的是好的，但在修德使精神内敛的同时还得学会情绪的合理宣泄，因为在修德行的初期，还没有学会如何对不良事物进行转化，很容易产生情绪上的压抑，造成情绪淤滞，从而容易增加癌症或者肿瘤的发病率，久而久之便会对身体造成伤害。在这个时期，我建议多参加体育锻炼，比如踢球、爬山、练拳，把心中淤滞的情绪舒发出来，等到修成内圣的时候，就能对不良事物的转化运用自如，更谈不上心理压抑了。此外，梅拳常讲"冬练三九，夏练三伏"，是指通过利用天气的变化来锻炼筋骨、磨炼心性及意志，既能养成不畏严寒酷暑，不达目的决不罢休的坚韧品格，又能对情绪淤滞及心理压抑起到疏导作用。所以习练武道能培养人、塑造人，这是有根据的。

先圣曾讲："天以阴阳五行化生万物，气以成形，而人即受此气以生以长，但自阳极生阴，先天入于后天，五行不能和合，自相贼害，各一其性，木以金为贼，金以火为贼，火以水为贼，水以土为贼，土以木为贼，是谓天之五贼也……人秉五行之气而生身，身中即具五行之炁。然心者身之主，身者心之室，五贼在身，实在心也。但心有人心、道心之分；人心用事，则五贼发而为喜、怒、哀、乐、欲之五物；道心用事，则五贼变而为仁、义、礼、智、信之五德。若能观天而明五行之消息，以道心为运用，亦步亦趋，尽出于天而不由人，宇宙虽大，如

在手掌之中；万化虽多，不出一身之内，攒五行而合四象，以了性命，可不难矣。"老子曾说："人生大限百年，节护者可至千岁。如膏用小炷之与大炷，众人大言而我小语，众人多繁而我小记，众人悖暴而我不怒。不以小事累意，不临时俗之仪。淡然无为，神气自满。以此为不死之药，天下莫我知也。"因此练武修道就是将散在肉体之中的能量合整如一。内炼仁、义、礼、智、信，时刻反听于内、回视于内，把所有外来的识染抛开，将迷乱之心性溯本归源，修得内圣境界。练就这些还不能说算完，因为一时的内圣并不代表能长久地内圣下去，只不过为入世建功立业或出世修道打下一个坚实的基础而已。在这个基础上反复锤炼、不断升华，才能圆满成真。

然而从另一个角度来讲，虽然"道心用事"是修炼的要求，可我们毕竟还都是社会的人，在人情世故的污染下，会有各种各样的弱点和缺憾，不可避免地会以"人心用事"，产生喜、怒、哀、乐、欲等情绪。因此，在修炼道心的同时要注意减少"人心"的干扰、把控自己的心态。而梅拳的发劲是与心态有着紧密关系的，比如梅拳拳理讲"霹雳交，心火动"、"遇敌好似火烧身"，再比如惊起四稍之劲中就谈到"怒气填膺，竖发冲冠，血轮速转，敌胆自寒，毛发虽微，摧敌何难"等。这些关于发劲与情志之间关系的论述其实都是在讲动用五志情感的力量。五志情感的力量是十分巨大的，并且由此而作用的功力是难以想象的，如果没有德行的驾驭，会很容易出现偏差，比如由于情绪失控导致伤人的现象等。

小架梅花桩拳拳谱讲："怒动肝来声动心，鼻纵气促发肺金，唇吻开撮振脾气，眉绉睛突肾家寻。五行之气内合五脏，肝合木，心合火，脾合土，肺合金，肾合水；外通五窍，目为肝窍，耳为肾窍，口为脾窍，鼻为肺窍，舌为心窍；凡一动之间，势不外屈伸，气不外收放，面上五行形象亦必随之相合，方得气实形坚之妙。收束势者，气自肢节收入中宫，面上眉必绉，眼包收，鼻必纵，唇必撮，气必吸，声必噎，此内气收而外象聚也；展拓势者，气自中宫发于肢节，面上眉必舒，眼睛突，鼻必展，唇必开，气必呼，声必呵，此内气放而外象开也。练习之时，内气合外形，外形顺内气，神者气之子，气者神之母，形者神室，心为使气的神，心一动全体俱动，内外结成一起，出手必然勇猛，坚刚，动如风吹不停，行如流星赶月。"

梅拳是修炼意识能量的功法，更是一种把精神意识在身体上用物质体现的拳法，在拳法姿势的动静互换中用意引身行，身随意转，是以神来驱动肉身的变换，来达到虚灵独存，真气在周身内外激荡回旋的。梅拳拳理讲的"神色皆可伤人"的境界是很多习练梅拳者所梦想的，而要想达到此境界，只有在平时修炼时神藏内敛，精神内守，保持清静守中的心态，厚积薄发，才能在用时通过心中一念，将内收之神气瞬间释放，显示于人，达到震慑对方的目的。神藏内敛是需要心性磨炼的，对此，祖父曾给我讲过一个庄子的寓言故事。

周朝的周宣王喜好斗鸡。一日，地方上给周宣王进贡了一只名贵的斗鸡，周宣王见鸡大喜，并命当时著名的斗鸡驯养好手纪渻子好生驯养。过了十几天，周宣王到鸡舍来问纪渻子："那只鸡驯养好了吗？"纪渻子答道："还没驯养好，因为现在这只鸡虚浮骄矜，正处于自恃得意的状态，故此现在还不能拿出去斗。"又过了十几天，周宣王到鸡舍来问纪渻子："那只鸡驯养好了吗？"纪渻子答道："现在不行，这只鸡正处于听见响声就叫，看见影子就跳来跳去的状态，心性还没有安定下来，故此不能拿出去斗。"又过了十几天，周宣王到鸡舍来问纪渻子："那只鸡驯养好了吗？"纪渻子答道："现在还是不行，它正处于左右顾看迅疾、意气强盛之时，故此不能拿出去斗。"又过了十几天，周宣王到鸡舍来问纪渻子："那只鸡驯养好了吗？"纪渻子答道："差不多了，此时这只鸡见到别的鸡打鸣也看不出它有什么变化了，从远处看上去就像一只木鸡，此时它的德行可以说是完全具备了，精神已到了神藏内敛之境地，此时如要拿出去斗，一旦调动其精神外发，便可以做到神色皆可拒敌的地步，别的鸡一见到它绝没有敢于应战的，只会掉头就跑。"

庄子讲的关于这只天下无敌的神鸡的训练，历经四个过程："方虚憍而恃气"、"犹应向景"、"犹疾视而盛气"，直到最后的"鸡虽有鸣者，已无变矣，望之似木鸡矣"，讲述的正是从被外界刺激反应，心为外物所累，发展到完全不被外界煽动的境界的过程。

祖父是通过纪渻子驯鸡的故事来说明静心内修的重要性。要想做到神藏内敛，看起来简单，但长久保持就难了。只有在平时做到为人谦逊，放下自我，精神才能达到内收，真气才能积养于丹田。但要做到这些，最好有名师在旁谆谆教

导，用武来炼心，以道来收心，才能谈及真气的内收与外放，才能得其武道之精华，做到神色皆可拒人，进而领悟到不战而屈人之兵的大成境界。所以，武术的习练不只在身，还在心，更在名师的指点上。只有身练和心练同时进行才有成果。若心练不够，心结不开，则身练到了一定的程度就很难再有所突破，充其量为勇士、武夫而已，是无法达到大成境界的；若身练不够，不能"载营魄抱一"，不能内外合整，不能用身体领悟到自然的力量，也很难"专气致柔"。

今天，竞争空前激烈，整个社会就是"斗鸡"模式，其中包含利益相斗、观念相斗、情感相斗，无处不争，无处不斗。职场工作是"斗鸡"态，回到家中也常常是"斗鸡"态，亲人之间，言语相斗、口角龃龉成了家常便饭。微博、微信上，一句话，几个字，都会卷起一场观念大战、言语争斗。这时不管别人怎么向你"鸣"，怎么谩骂你、责怪你、激怒你，你的内心都要完全不起变化，看着就像一只木鸡一样，这就是庄子所说的"鸡虽有鸣者，已无变矣"的境界。

在红尘争斗中，做一只不受外在刺激反应的"木鸡"，是最实在的修行。当有人指着鼻子骂你，那一刻你没有刺激反应，心完全不受伤；当家人引爆你的情感伤疤，戳到痛处，你也是呆呆的，不争辩，不恼怒；当对手故意激怒你，等着看你发飙，可你的呆萌反倒把他吓跑了。现在不少人热衷的修行是每天花时间静坐。静坐两三小时，人呆呆的，是有木鸡态了。可是转身杀入红尘，与人互动，马上就被破了功夫。其实这样的呆坐，往往收效甚微。古人讲："战场出将军，实践出功夫。"心的功夫，只有在事上磨、在人上练。我认为人生就是战场，有人的地方就会相左，就会相斗。把人际互动的"斗鸡场"，变成心的修炼场，让自己的心呆一点，尽量学做一只"木鸡"，才能练出无敌之境。

我认为最好的养生，是做一只"木鸡"。现代人普遍神经失调，每天都处在交感神经紧张的状态。交感神经的功能是让人瞬间进入"斗鸡态"，瞳孔放大、心跳加快、呼吸急促、血压升高、消化能力减弱，整个人进行战斗状态，副交感神经的功能是掌管"发呆"、"木鸡态"，能使瞳孔变小、呼吸变慢、心跳缓慢、消化力增强、吸收营养、睡觉香甜、滋补身体。很多企业家英年早逝，原因大多是天天处在"斗鸡"的战场上，应对来自四面八方的各种"鸣"，这种"鸣"声如钩，钩得心情七零八落，情感撕得皮开肉绽、伤痕累累，一不留神就万箭穿心，每时每刻交感神经极度亢奋，副交感神经完全得不到滋养，使得免疫力极度低下，长久下去人就完了。所以这只"木鸡"才是你生命的守护神。它能帮助你提振副交感神经，越是斗争激烈处，心态越是呆萌，这样在唾沫里才不被淹死、能量才不被榨干。因此最好的养生方法，就是提振副交感神经，学做一只呆呆的"木鸡"。

修炼"木鸡"的基本功是不计毁誉。千夫所指、万人唾骂、千万人反对，还能笑看风云，自在平和地保持"木鸡态"，全神贯注于自己内心的志向！生命能量何其强大，心力境界天下无敌！从小喜欢听好话、听表扬，沉溺于他人的评价的人，容易"犹应向景"，深受外在刺激反应。别人一声"鸡鸣"，就可以操纵他，一句话可以让他得意，一句话也可以让他跳楼。而精英教育的准则是从不听好话，不管外界评判，我行我素，明辨是非，独有见识。梁启超写的《李鸿章传》说："天下惟庸人无咎无誉。……天下人云者，常人居其千百，而非常人不得其一，以常人而论非常人，乌见其可？故誉满天下，未必不为乡愿；谤满天下，未必不为伟人。语曰：'盖棺论定。'吾见有盖棺后数十年、数百年而论犹未定者矣。各是其所是，非其所非，论人者将乌从而鉴之？"大人物掀起的"毁誉大浪"，在其死后几十年甚至上百年也不会消停。这就是他的暗能量。这股暗能量在他死后还控制着参与"毁誉大战"的人们。毁派与誉派的斗争越久，说明他的暗能量越强。毁誉阴阳，相生相长，"誉派称之灵魂不灭"，毁派"称之为阴魂不散"，而那伟人的魂魄飘飘荡荡，目睹这场永不停息的毁誉大战，正在偷着笑呢！

兵家、儒家和道家的理论相结合，就有了"修身、齐家、治国、平天下"的名言。《吕氏春秋·先己》中也说："昔者先圣王，成其身而天下成，治其身而天下治。"看来古人在这方面的看法是一致的。因此，练武功不仅应表现在平时肢体的演练上，更应以内在的德行来促进武道的提升，这才是练内家拳的根本。

总之，道，遍布于整个宇宙之中、渗透于万事万物之内，它与生俱来、潜藏在我们的心灵之中。道，没有时间和空间的障碍，当我们心中的道体与宇宙的道相印，就必然出现与整个宇宙的道德能量场相应，就会集合成一股无穷无尽的、强大无比的能量而实现无为无不为。道，远远超越了所有的有相、有欲、有智，

这个能量没有极限。道，时时都在关注每一个众生，当然，德性缺失的多少，会决定你与道融合的难易，这是真正的天人合一。道，既可以布遍我们的体内，也可以充满我们的家庭，使家庭和睦安宁；既可以弥散在我们整个民族之中，使整个国家富强安定，还可以播散到整个地球，给世界带来和平和生态平衡。道德的光明，远远超越我们的视觉、听觉的范围，它没有任何界限和极限，自然地朗照乾坤。道，不增不减、无为平易、慈悲爱生，是人类的良师。只有道才是可以信任的导师，能拯救我们，使我们这个尘封的道心、真性重现光明。道无形无相，德是道的体现，所以习修武道先要养德。有了良好的品德，做人才能成功，才能与他人和谐共处，这样生活才有质量、生命才有意义，才能健康快乐一生，这不仅符合现代医学理论，也符合人类发展的规律。

医家已经证实，心胸宽广、助人为乐、与人为善的高尚行为有助于增强人体的免疫功能，产生抵抗感染的细胞，从而免受多种疾病的侵袭，所以有德者寿。不过，修德是一个渐进的长期的过程，不可能一蹴而就，需要从小事入手，大处着眼，而且要从儿时做起，养成良好的习惯并坚持终生。这样才能有益于自己，有益于家庭，广之才能有益于社会，这是本人的浅见，望读者指正。